역사는 지나치게 자세히 설명하면 지루하고 딱딱할 수 있고, 그렇다고 재미 위주로만 풀어가다 보면 역사의 본질을 놓칠 수 있지요. 그런데 이 책은 재미와 역사의 본질, 두 마리 토끼를 다 잡은 것 같아요.

— 김현애 서울영림초등학교 교사

단순한 역사적 사실 암기가 아닌 원리와 근본을 이해할 수 있습니다.

— 박성현 상일초등학교 교사

《용선생의 시끌벅적 한국사》를 사회 교과서와 함께 갖고 다니라고 얘기하고 싶습니다. 가장 빠르고 꼼꼼하게 역사 공부를 시작할 수 있는 입문서라고 생각합니다.

— 이종호 순천도사초등학교 교사

아이들이 힘들어하는 역사가 암기 과목이라는 생각에서 벗어나 '왜?'라는 질문만으로도 충분히 멋진 수업이 가능하다는 점을 보여 주고 있습니다.
초등학생뿐 아니라 중학생들에게도 좋은 책입니다.

— 정의진 여수여자중학교 교사

이 책은 시간, 공간, 인간을 모두 다루면서도 전혀 어렵거나 지루하지 않습니다.
내가 주인공들과 함께 역사 여행을 하는 것 같습니다. 이 책을 읽은 6학년 여학생은 "작년에 교과서에서 배웠던 것이 이제야 이해가 돼요"라고 하더군요.

— 황승길 안성초등학교 교사

✔ 읽기 전에 알아두기

❶ 이 책은 2016년 《용선생의 시끌벅적 한국사(전면 개정판)》을 증보·개정하여 출간하였습니다.

❷ 보물, 국보, 사적은 문화재보호법 시행령[대통령령 제32111호]에 의거하여 지정번호를 삭제하여 표기하였음을 알려드립니다.

❸ **저자 현장 강의 전면 개정판**에서는 책 속의 QR코드를 통해 영상을 보실 수 있습니다. QR코드를 스캔하여 회원 가입 및 로그인 진행 후 도서 구매 시 제공된 쿠폰의 시리얼 넘버를 등록해 주세요.

▶ 영상 재생 방법

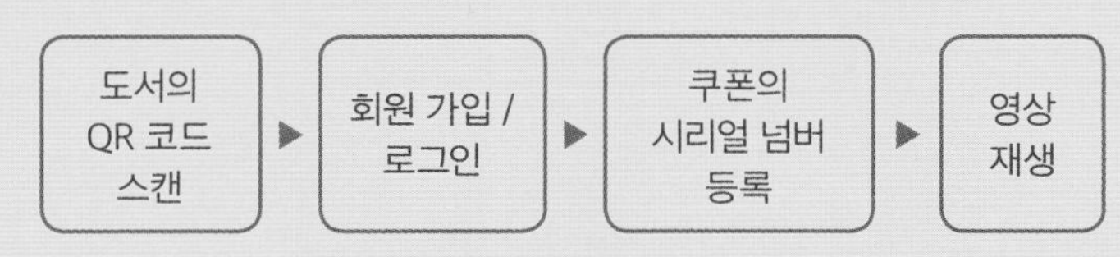

▲ 용선생 현장 강의 영상 재생 방법

- 회원 가입 후에는 로그인을 위해 다시 한번 QR코드를 스캔해 주세요.
- 시리얼 넘버는 최초 한 번만 등록하면 됩니다. 등록된 시리얼 넘버는 변경하거나 양도할 수 없습니다.
- 로그인이 되어 있으면 바로 영상이 재생됩니다.
- '참고 영상'은 링크 영상으로 시리얼 넘버 인증 없이 바로 시청 가능합니다.
- '용선생 현장 강의' 영상은 **용선생 클래스**(yongclass.com) 홈페이지를 통해 PC로도 시청하실 수 있습니다.
- **저자 현장 강의 전면 개정판**을 구매하지 않은 독자님은 용선생 클래스 홈페이지에서 결제 후 '용선생 현장 강의' 전체 영상을 보실 수 있습니다.

용선생의 시끌벅적 한국사

글 금현진

서울대학교 국어교육과를 졸업하고 월간 《우리교육》에서 기자로 일하였고, 엄마가 된 후 어린이 책 작가가 되었습니다. 이 책을 쓰기 시작하면서 어떻게 하면 역사를 어려워하는 우리 아이들에게 역사를 올바르고 재미있게 알려 줄 수 있을까 계속 고민했습니다. 이를 위해 여러 책과 논문들을 읽고, 우리 역사를 생생하게 담아내기 위해 역사의 현장을 직접 돌아보기도 했습니다. 역사 공부에 첫발을 내딛는 어린이도 혼자 읽고 이해할 수 있는 책을 만드는 데 공을 들였습니다.

글 손정혜

문예 창작을 전공하고 신춘문예로 등단했습니다. 생태 동화 《거북이랑 달릴거야》, 역사 동화 《이선비 한양에 가다》, 속담이 담긴 그림책 《천하장사 옹기장수》 등 다양한 분야의 어린이 책을 썼습니다.

글 주유정

인류 문명의 비밀을 추적하는 모험가가 되고 싶어 대학에서 역사를 전공했으나 계획이 살짝 틀어지는 바람에 모험 대신 글 쓰는 일을 하게 되었습니다. 신문, 잡지, 사보, 웹진 등에 다양한 분야의 글을 써 왔고, 이야기 만드는 재미에 푹 빠진 이후로는 소설과 희곡도 쓰고 있습니다.

글 정상민

연세대학교 사학과에서 학사, 석사 학위(한국 고대사)를 받았습니다. 박사 과정을 마치고 민족사관고등학교와 대학교 등에서 학생들을 가르쳤습니다. 우리 역사를 재미있고 깊이 있게 풀어내는 것을 좋아하여 스스로 만족할 만한 역사 교양서를 쓰는 것이 꿈입니다.

그림 이우일

홍익대학교에서 시각디자인을 공부한 만화가입니다. '노빈손' 시리즈의 모든 일러스트레이션을 그렸으며 지은 책으로는 《우일우화》, 《옥수수빵파랑》, 《좋은 여행》, 《고양이 카프카의 고백》 등이 있습니다. 그림책 작가인 아내 선현경, 딸 은서, 고양이 카프카, 비비와 함께 그림을 그리고 글을 쓰며 살고 있습니다.

정보글 홍기승

서울대학교 국사학과를 졸업하고 같은 학교 대학원에서 박사 과정을 수료하였습니다. 현재 국사편찬위원회에서 근무하고 있습니다.

지도 박소영

홍익대학교 시각디자인과를 졸업한 후 어린이 교육용 소프트웨어 개발 일을 하며 틈틈이 만화를 그리던 것이 일러스트레이션 일을 시작하는 계기가 되었습니다. 쉽고 재밌는 그림으로 이야기를 풀어 나가려 노력하고 있습니다.

지도 조고은

애니메이션과 만화를 전공했으며 틈틈이 그림과 만화를 그리는, 계속해서 공부하고 배우는 중인 창작인입니다.

기획 세계로

1991년부터 역사 전공자들이 모여 함께 고민하고 연구하며 한국사와 세계사를 가르치고 있습니다. 역사를 주제로 한 책을 읽어 배경지식을 쌓고 이에 대해 자신의 생각을 이야기하는 '독서 토론 프로그램', 우리나라와 세계 여러 나라의 역사, 문화 현장을 답사하며 공부하는 '투어 캠프 프로그램'을 운영하고 있습니다. 지은 책으로는 《이선비, 한옥을 짓다》 등 역사 동화 '이선비' 시리즈가 있습니다.

검토 및 추천 전국초등사회교과모임

전국 초등학교 선생님들이 모여 활동하는 교과 연구 모임입니다. 역사, 사회, 경제 수업을 연구하고, 학습 자료를 개발하며, 아이들과 박물관 체험 활동을 해 왔습니다. 현재는 초등 교과 과정 및 교과서를 검토하고, 이를 재구성하는 작업을 통해 행복한 수업을 만드는 대안 교과서를 개발하는 데 힘쓰고 있습니다.

자문 및 감수 임기환

서울대학교 국사학과를 졸업하고 경희대학교 대학원에서 박사 학위를 받았습니다. 현재 서울교육대학교 사회과교육과 교수로 재직 중이며, 푸른역사아카데미 원장으로 활동하고 있습니다. 지은 책으로 《고구려 정치사 연구》, 《미래를 여는 한국의 역사 1》, 《온달, 바보가 된 고구려 귀족》 등이 있습니다.

문화재 자문 오영인

서울대학교 대학원 고고미술사학과에서 도자사학 전공으로 석사·박사 학위를 받았습니다. 서울대학교에서 강의를 진행하고, 문화재청 문화재감정위원으로 근무했습니다. 현재 사회평론 역사연구소 연구원으로 역사책을 만들고 있습니다.

2
세 나라가 성장하다

글
금현진 손정혜 주유정 정상민

그림
이우일

기획
세계로

검토 및 추천
전국초등사회교과모임

자문 및 감수
임기환

사회평론

초대하는 글

여러분! 시끌벅적한 용선생의 한국사 교실에 오신 것을 환영합니다.

먼저 기억에 관한 어느 실험 이야기를 소개할까 해요. 기억 상실증에 걸린 환자들과 평범한 사람들이 똑같은 질문을 받았대요. “당신은 지금 바닷가에 서 있습니다. 앞에 펼쳐져 있는 모습을 상상해 보세요. 자, 뭐가 보이나요?” 질문을 받은 평범한 사람들은 하얗게 부서지는 파도며 노을 지는 해변, 물장구치는 아이들, 또는 다정한 연인의 모습을 떠올리고는 그로부터 여러 가지 상상을 풀어 놓았답니다. 그런데 기억을 잃은 사람들의 대답은 아주 간단했어요. 그들이 떠올릴 수 있는 것이라곤 그저 ‘파랗다’는 말뿐이었대요. 물론 기억 상실증에 걸린 사람들도 바다가 어떤 곳인지 모르지 않습니다. 파도나 노을, 물장구 같은 말들에 대해서도 알고 있고요. 그런데도 그들은 바닷가의 모습을 그려 내지는 못한 거지요. 이쯤 되면 기억이란 것이 과거보다는 현재나 미래를 위한 것이 아닌가 싶은 생각도 듭니다. 그래서 과학자들은 이 실험 이후 기억에 대해 새로운 해석을 내리게 되었대요. 기억은 단순히 과거의 일들을 기록해 두는 대뇌 활동이 아니라, 매순간 변하는 현재와 다가올 미래를 대비하기 위한 ‘경험의 질료’라고요.

재미난 이야기지요? 우리가 역사를 공부하는 이유에 대해서도 새삼 생각하게 하는 이야깁니다. 한 사람의 기억들이 쌓여 인생을 이룬다면, 한 사회의 기억들이 모여 역사가 됩니다. 무엇을 기억할지, 또 어떻게 기억할지에 따라 우리의 현재와 미래는 달라지겠지요. 그래서 이런 말도 있답니다. ‘역사에서 배우지 못하는 이들에게는 미래가 없다!’

책의 첫머리부터 너무 무거웠나요? 사실 이렇게 거창한 말을 옮기고는 있지만, 이 책의 저자들은 어디 역사가 뭔지 가르쳐 보겠노라 작정하고 책을 쓴 것이 아니랍니다. 오히려 그 반대였지요. 이 책을 쓰는 동안 우리는 처음 역사를 공부하던 십대 시절로 돌아갔어요. 시작은 이랬습니다. 페이지마다 수많은 인물과 사건들이 와장창 쏟아져 나오는 역사책에 대고 '그건 무슨 뜻이죠?', '대체 무슨 일이 있었던 건데요?' 하고 묻게 되는 거예요. 그것으로 끝이 아니었어요. 겨우 흐름을 잡았다 싶으면 이번엔 '정말이에요?', '왜 그랬을까요?', '그게 왜 중요한데요?' 하며 한층 대책 없는 물음들이 꼬리를 잇더군요. 그럴 때마다 우리를 도와준 것은 바로 이 책의 독자인 여러분이랍니다. 여러분도 분명 비슷한 어려움을 겪으며 무수한 물음표들을 떠올릴 거라고 생각하니, 어느 한 대목도 허투루 넘길 수가 없었어요.

하여, 해가 바뀌기를 여섯 번! 짧지 않은 기간 동안 이 책의 저자와 편집자, 감수자들은 한마음으로 땀을 흘렸답니다. 우리는 무엇보다 과거에 일어난 일들을 최대한 있는 그대로 파악하려는 노력과 다양한 관점에 따라 풍부하게 해석해 내려는 노력을 동시에 기울이고자 했어요. 널리 알려진 역사적 지식이라도 사실과 다른 점은 없는지 다시 검토했고요. 또 역사책을 처음 읽는 학생들이라도 지루하지 않게 한국사 전체를 훑을 수 있도록 하기 위해 흥미진진한 구성, 그리고 쉽고 상세한 설명에 많은 공을 들였답니다. 한국사를 공부하는 일은 오늘 우리 자신의 모습을 뿌리 깊이 이해하는 일이자, 앞으로 써 갈 역사를 준비하는 과정이기도 해요. 그 주인공인 여러분을 초대합니다. 유쾌하고도 진지하고, 허술한 듯 빈틈이 없는 용선생의 한국사 교실로 들어오세요!

금현진

차례

1교시

사람이 알에서 태어났다고?

교과서 단원: 5학년 2학기 사회 1-1. 나라의 등장과 발전 / 중학교 역사② Ⅰ-3. 삼국의 성립과 발전

2교시

백제, 한 발짝 앞서가다

교과서 단원: 5학년 2학기 사회 1-1. 나라의 등장과 발전 / 중학교 역사② Ⅰ-3. 삼국의 성립과 발전

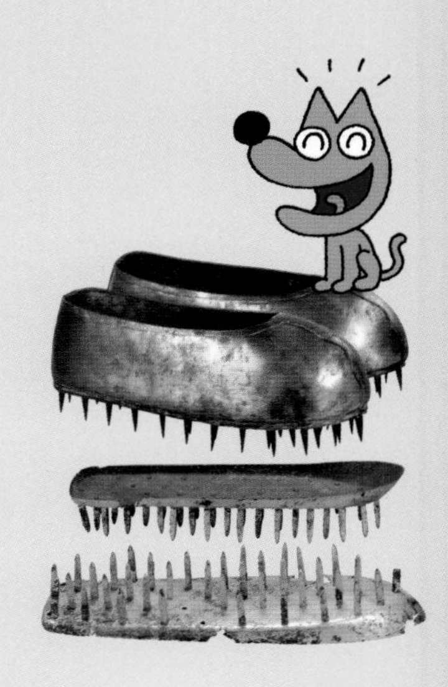

3교시

천하의 중심, 고구려

교과서 단원: 5학년 2학기 사회 1-1. 나라의 등장과 발전 / 중학교 역사② Ⅰ-3. 삼국의 성립과 발전

4교시

신라, 한강을 마지막으로 차지하다

교과서 단원: 5학년 2학기 사회 1-1. 나라의 등장과 발전 / 중학교 역사 ② Ⅰ-3. 삼국의 성립과 발전

5교시

잊힌 나라, 가야를 찾아서!

교과서 단원: 5학년 2학기 사회 1-1. 나라의 등장과 발전 / 중학교 역사 ② Ⅰ-3. 삼국의 성립과 발전

6교시

삼국 시대 사람들의 생활 속으로

교과서 단원: 5학년 2학기 사회 1-1. 나라의 등장과 발전 / 중학교 역사 ② Ⅰ-4. 삼국의 문화와 대외 교류

7교시

삼국, 다채로운 문화를 꽃피우다

교과서 단원: 5학년 2학기 사회 1-1. 나라의 등장과 발전 / 중학교 역사 ② Ⅰ-4. 삼국의 문화와 대외 교류

등장인물

'용쓴다 용써'

용선생

허술하지만 열정만은 가득한 선생님. 하늘을 향해 거침없이 솟아나 있는 용머리와 지저분한 수염이 인간미(?)를 더해 준다. 교장 선생님의 갖은 핍박에도 불구하고, 생생한 역사 수업을 위해 물불을 가리지 않는다.

'장하다 장해'

장하다

'튼튼하게만 자라 다오.'라는 아버지의 소원대로 튼튼하게만 자랐다. 공부는 짱이지만, 성격은 짱이어서 시험을 못 봐도 씩씩하고, 애들이 공부 못한다고 놀려도 씩씩하다.

'오늘도 나선다'

나선애

똑소리 나는 우등생. 공부도 잘하고 아는 게 많아서 잘 나선다. 차갑고 얄미워 보이지만, 사실 누구보다 따뜻한 마음을 가지고 있다. 티는 안 나지만.

'천재는 괴로워'

주몽

뭐 하나 빠지는 구석 없는 '엄친아'. 신의 자손인 데다가 알에서 태어나신 특별한 몸. 너무 잘난 나머지 부여 왕자들의 시기와 질투를 한 몸에 받던 그는 결국 고향을 떠나기로 마음먹는데…….

'터 잡기의 달인'

온조

'굴러 온 돌'인 유리 때문에 고향을 떠나 한강 근처에 직접 나라를 세운 의지의 인물. 현재 짠물만 나오는 곳에 나라를 세운 비류 형님 걱정에 밤잠을 못 이룬다고.

'표주박 같은 알에서 나왔다'

박혁거세

역시 붉은 알에서 태어나신 특별한 분. 흰 말이 엄마가 아니냐는 루머를 극복하고, 여섯 촌장의 도움을 받아 신라 최초의 왕이 되는데…….

'잘난 척 대장'

왕수재

이 세상에서 자기가 제일 잘난 줄 안다. 그래서 친구가 없는데도 담담하다. '천재는 외로운 법이고, 질투의 대상인 법'이라나. 근데 사실 깐족거리는 데 천재적이다.

'엉뚱 낭만'

허영심

엉뚱 발랄한 매력을 가진 역사반의 분위기 메이커. 뛰어난 공감 능력으로 웃기도 울기도 잘한다. 반짝반짝 빛나는 역사 유물을 좋아한다.

'깍두기 소년'

곽두기

애교가 넘치는 역사반 막내. 나이도 가장 어리고, 타고난 동안이라서 언뜻 보기엔 유치원생 같다. 하지만 훈장 할아버지 덕분에 어려운 한자를 줄줄 꿰고 있는 한자 신동이기도 하다.

'내 밑으로 다 꿇어!'

광개토 대왕

알렉산드로스 대왕 뺨칠 만한 정복 왕. 하지만 그렇다고 무식하게 전쟁만 벌이는 사람으로 보면 곤란! 땅을 넓힌 것 외에 어떤 일을 했는지는 3교시에서 바로 확인 가능.

'정치가 다 그런 거지'

진흥왕

광개토 대왕 못지않은 정복 왕. 동쪽의 작은 나라 신라의 땅을 엄청나게 넓히는 과정에서 백제 성왕의 뒤통수를 치기도 한다. 배신의 아이콘인지, 신라의 영웅인지 논란이 끊이질 않는 문제적 인물.

'비극의 주인공'

성왕

신라의 진흥왕과 손을 잡고 한강을 차지했지만, 믿었던 도끼에 발등 제대로 찍히고 만다. 대체 어떤 일이 있었던 것일까? 지금 바로 확인해 보자!

1교시

사람이 알에서 태어났다고?

주몽, 온조, 박혁거세, 김수로. 한 번쯤 들어 본 이름들이지?
각각 고구려, 백제, 신라, 가야에 얽힌 건국 신화의 주인공들이야.
신화의 주인공들인 만큼 이들은 탄생부터가 예사롭지 않아.
지금 우리가 보기에는 황당한 이야기도 많지.
하지만 그 속에는 역사적 사실들이 촘촘히 박혀 있어.
어디, 각 나라의 건국 신화를 통해 2,000여 년 전
역사를 만나 볼까?

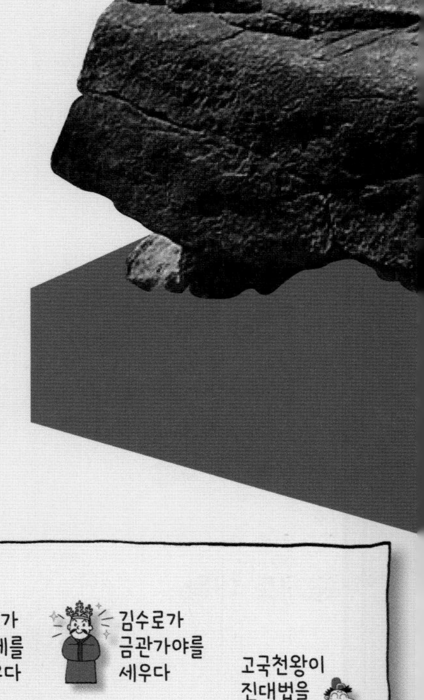

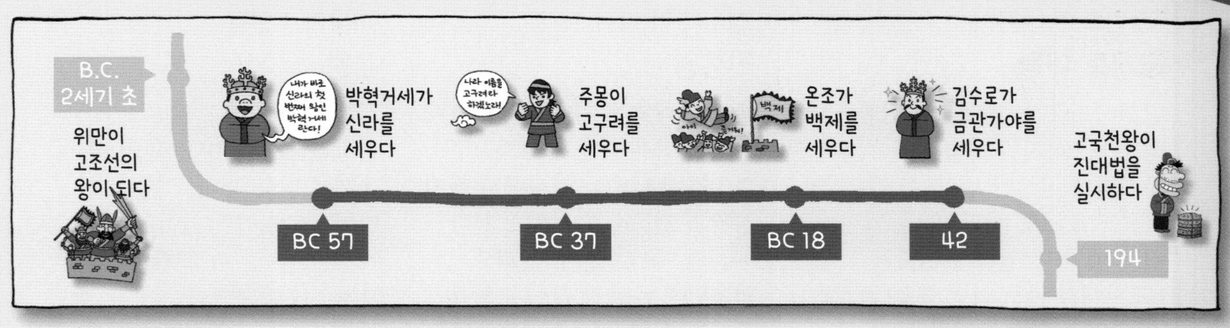
B.C. 2세기 초
위만이 고조선의 왕이 되다
내가 바로 신라의 첫 번째 왕인 박혁거세란다!
박혁거세가 신라를 세우다
BC 57
나라 이름을 고구려라 하겠노라!
주몽이 고구려를 세우다
BC 37
백제
온조가 백제를 세우다
BC 18
김수로가 금관가야를 세우다
42
고국천왕이 진대법을 실시하다
194

✔ 알고 있는 용어에 체크해 보자!

☐ 고구려 ☐ 백제 ☐ 신라 ☐ 가야

구지봉석

두기가 교실 문을 막 열려는 순간 이상한 소리가 들렸다.

"키득키득, 큭큭…… 으흐흐흐."

깜짝 놀란 두기는 뒷문에 귀를 바짝 갖다 댔다.

'누구지? 하다 형인가?'

두기는 교실 문을 조심스럽게 열었다. 불 꺼진 교실에서 누군가가 텔레비전을 보고 있었다.

"저 더벅머리는…… 선생님!"

"으악! 깜짝이야. 두, 두기 벌써 왔니?"

"선생님! 뭐 하세요? 혹시 코미디 프로그램 보신 거예요?"

"아, 아니! 그냥 화면이 잘 나오나 확인해 봤어. 이따 너희한테 만화 영화 보여 주려고 준비하는 중이거든."

두기는 의심스러운 듯 고개를 갸웃거렸다.

"두기야, 선생님 믿지? 그리고 이건 우리 둘만의 비밀로 하자."

용선생이 은근히 말꼬리를 흐리는 사이, 아이들이 우르르 교실로 들어왔다.

“선생님이 만화 영화 보여 주신대!”

두기의 말에 아이들은 환호성을 질렀다.

“자자, 얘들아. 만화 영화 보기 전에 먼저 짚고 넘어갈 부분이 있어. 지난 시간에 고조선 다음에 세워진 나라들에 대해서 배웠지? 어떤 나라들이 있었지?”

수재가 얼른 공책을 뒤적였다.

“부여, 고구려, 옥저, 동예, 마한, 진한, 변한이었네요!”

“맞아! 그 여러 나라들 중에 부여, 옥저, 동예는 고구려에 통합되었지. 그리고 마한, 진한, 변한은 각각 백제와 신라, 또 가야로 거듭나게 되었다는 이야기도 기억나지?”

“응? 그런 이야기가 있었던가?”

“뭐가 그렇게 많아요?”

아이들은 그런 말은 난생처음 들어 본다는 표정이었다. 용선생은 가벼운 한숨을 내쉬었다.

“괜찮아. 내 얼굴만 안 까먹으면 됐지, 뭐. 여하튼 오늘은 고구려와 백제, 신라, 가야가 어떻게 생겨났는지 알아보자. 짜잔, 기대하시라! 한 나라가 어떻게 세워지게 되었는지에 대한 판타스틱 대서사시!”

고구려 건국 신화

천제에게 해모수라는 아들이 있었어.
나는 하늘 신의 아들 해모수다!

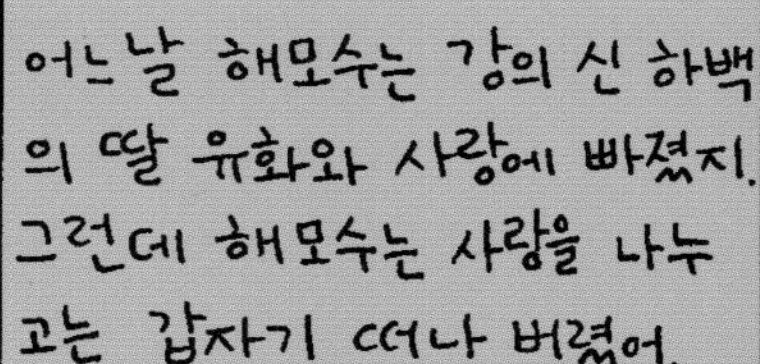
어느날 해모수는 강의 신 하백의 딸 유화와 사랑에 빠졌지. 그런데 해모수는 사랑을 나누고는 갑자기 떠나 버렸어.

이 남자가 화장실 다녀온다더니 왜 안 와?

유화의 아버지는 허락 없이 모르는 남자를 쫓아갔다고 딸을 내쫓았어.
너 같은 딸 필요 없다!
으흑! 아빠 마마!

외딴 곳에서 혼자 살게 된 유화를 부여의 금와왕이 불쌍히 여겨 궁궐로 데리고 왔는데…
헉, 헉! 아기가 나올 것 같아요!
옴마나!

유화는 아기가 아닌 커다란 알을 낳았어.
이걸로 반찬 만들라고?
제가 낳은 알입니다.
헉!

금와왕은 알을 갖다 버리라고 명령했지. 그런데,
헉! 동물들도 알을 피하네?
깨갱!

이럴 수가! 새들이 알을 보호하고 있어!

금와왕은 결국 알을 다시 유화에게 돌려 주었어.
잘 품어 보거라!
삶아 먹지 말고…
예!

얼마 후 알을 깨고 사내아이가 태어났어.
슈퍼맨맨맨~!

일곱 살 때 활과 화살을 만들어 쏘았는데 백발백중이었어.
아야!

활솜씨가 뛰어나 이름을 '활을 잘 쏘는 사람'이란 뜻으로 '주몽'이라고 지어 주었어.
양궁 선수로 올림픽에 출전 시킬까요?
저는 더 큰 꿈이 있답니다!

그런데 이렇게 똑똑한 주몽을 시기하는 무리가 있었으니, 바로 금와왕의 아들들이었지.
저게 왕위를 차지하면 어쩌지?
죽여 버리자!

그 사실을 알게 된 주몽의 어머니.
얼른 남쪽으로 피하거라!

그런데 중간에 큰 강을 만난 주몽,
잡아랏!
크, 큰일이다. 뒤에는 왕자들이 쫓아오고 앞에는…

나는 하늘의 신 천제의 손자이자, 하백의 외손자입니다! 구해 주십시오!

그러자 갑자기 물고기와 자라들이 떠올라 다리를 만들어 주었어.
살았다!

계속 남쪽으로 내려가던 주몽은 압록강 근처의 졸본에 도착해 나라를 세웠지.
나라 이름을 고구려라 하겠노라!

백제 건국 신화

주몽에겐 두 아들이 있었어.

난 큰 아들 비류!
난 둘째 온조!

그런데 어느날 유리라는 청년이 주몽을 찾아왔지.

저는 당신의 아들입니다!
뭐시라? 그렇다면?

사실 주몽은 부여에 있을 때 이미 결혼한 상태였지. 근데 아내가 임신한 상태라 함께 도망갈 수 없었던 거야.

이산가족 상봉?
오, 오, 아들아!
아부지!

비류와 온조는 크게 실망했어.

이럴 수가! 내가 왕이 되기는 커녕 죽을 수도 있겠군!
형! 함께 도망 가자!

그래서 두 아들은 열 명의 신하와 백성들을 데리고 남쪽으로 떠났지.

아직 멀었나요?
떠난지 오분 됐다!

남쪽의 북한산에 올라 형제는 이야기를 나누었어.

형, 나는 한강 아래 쪽이 좋아.
난 바다 쪽이 좋은데?
농사 하기 좋으니까!
무역이 최고지!

결국 온조는 한강 남쪽 하남 위례성에 수도를 세웠고, 비류는 지금의 인천인 미추홀에 수도를 세웠지.

온조는 나라 이름을 '십제'라고 했어. 열 명의 신하가 나라를 세우는 걸 도왔다는 뜻이지.

이름 좋지?
성은이 망극하나이다!

그런데 미추홀에 정착한 비류는 소금기가 많은 땅에서 농사를 매번 망치다가 안타깝게 죽고 말았지.

아아, 온조가 옳았어…

비류를 따르던 백성들은 온조를 찾아갔어.
받아 주시옵소서!
진작에 내 말 듣지!

온조는 나라 이름을 백제로 바꾸었어. 백제는 백성들이 즐겁게 따른다는 뜻이지.
백제
아이 즐거워!

오예! 만만세!

신라 건국 신화

한반도 동남쪽에 여섯 개의 마을이 있었어. 여섯 마을을 여섯 촌장이 다스렸지.

어느 날 하늘에서 이상한 기운이 우물로 내려왔지. 그 옆엔 흰 말이 울고 있었대.

사람들이 몰려들자 말은 하늘로 올라갔고, 그 자리엔 붉은 알이 하나 남아 있었어.

알을 깨 보니 그 안에서 잘생긴 사내 아이가 나왔지.
나 꽃미남이지?

아이를 목욕시키니 몸에서 빛이 나고 하늘과 땅이 흔들리더래. 여섯 촌장들이 말했지.
하늘이 왕을 내려준 게 틀림없어!

사람들은 아이가 박처럼 생긴 알에서 나왔다고 해서 성을 '박'이라 지어 주었어.
내가 바로 신라의 첫 번째 왕인 박혁거세란다!

박혁거세가 나라를 다스리고 있던 어느 날, 바닷가에 배 한 척이 떠내려 왔어.

배 위에는 커다란 상자가 있었고, 그 위론 까치가 모여 들었지.
뭐가 들어 있을까?
깍-
깍-

에구머니! 사내 아이와 보물이!

저는 바다 저 멀리 있는 나라의 왕자랍니다!
누가 물어봤니?

하지만 제가 알로 태어나자, 아버지는 불길하다 생각하여 저를 배에 실어 보냈지요.

사람들은 그 아이에게 '석탈해'라는 이름을 지어 주었어.
나는 나중에 신라의 4대 왕이 되었단다!

탈해왕이 나라를 다스릴 때의 일이지. 밤중에 갑자기 동쪽 숲이 환하게 밝아졌어.
헉! UFO?

자줏빛 구름이 짙게 깔렸는데 황금 상자가 나뭇가지에 걸려 있더래.

그 나무 아래에선 하얀 닭이 울고 있었고, 탈해왕이 그 상자를 열자 사내 아이가 일어났지.
에구머니!

그 아이가 바로 김알지야. 성이 '김'(金)인 것은 그 아이가 '금'(金) 상자에서 나왔기 때문이지.
금알지라 불러줘!

'알지'는 하늘에서 보내준 아이인데, '똑똑하고 영리하다.'는 뜻을 담고 있어.
아, 아…
쌩스~

이후 김알지는 경주 김씨의 시조가 되었지.

만화 영화가 끝나자 왕수재가 귀를 후비며 피식 웃었다.

"이건 뭐…… 황당하기가 단군 신화 저리 가라네. 사람이 알에서 나오질 않나, 말이 하늘로 날아가질 않나."

"나뭇가지에 황금 상자가 걸려 있는 건 어떻고? 왜 또 상자만 열었다 하면 어린애가 튀어나와?"

"맞아, 신화는 꼭 이래야 되나? 그냥 엄마 뱃속에서 태어나면 어때서."

허영심과 장하다도 투덜거렸다. 아이들의 반응에 용선생은 떨떠름한 표정으로 입맛을 쩍 다셨다.

"얘들아. 너희 심정도 이해는 간다만, 신화는 곧이곧대로 믿을 이야기가 아니라고 했잖아. 말도 안 되는 이야기처럼 보여도 그 안에는 숨은 뜻이 들어 있지. 그걸 찾아내는 게 얼마나 재미있는데? 오늘 우리가 할 일이 바로 그거야."

 알에서 태어난 특별한 사람들

"그럼 알에도 숨은 뜻이 들어 있나요? 더 멋진 것도 많을 텐데 하필 왜 알인지……."

장하다가 몸을 웅크린 채 알 속에 갇혀 있는 흉내를 내며 말했다.

"혹시, 옛날 사람들이 새를 너무 좋아해서 그런 게 아닐까? 나처럼."

허영심의 말에 왕수재가 얼굴을 찌푸렸다.

"새가 좋아? 난 이 세상에서 새가 제일 무섭던데……. 아, 혹시 새를 무서워해서 그런 건 아닐까? 왕을 두려워하라고 말이야!"

왕수재는 정답을 확신하는 눈빛으로 용선생을 바라보았다. 그러나 용선생은 안타깝다는 표정으로 고개를 저었다.

"새는 하늘을 날아다니니까 혹시 하늘이랑 상관 있는 건 아닐까?"

곽두기의 말에 용선생이 반가워하며 "그렇지!" 했다.

"옛날 사람들은 하늘이 신성하다고 생각

했어. 해와 달이 떠 있고 비와 천둥, 그리고 번개가 내려오는 곳이었으니까. 그래서 하늘을 자유자재로 오가는 새도 신성하다고 여겼지. 하늘의 뜻을 전달하는 심부름꾼이라고 생각한 거야."

"아! 저번에 솟대 배울 때 나온 이야기죠?"

나선애가 지난 시간에 배운 내용을 떠올렸다.

"그래! 알은 그런 새의 신성함을 담고 있는 거야. 그리고 알은 하늘에 떠 있는 태양을 상징하기도 해. 알에서 태어났다는 것은 태양처럼 빛나는 존재라는 뜻이지."

"이건 뭐, 사람이 아니라 신이네. 태양처럼 빛나는 존재라니……."

왕수재가 고개를 절레절레 저었다.

"이 무렵 새로운 나라를 세운 사람들은 대부분 다른 나라나 집단을 정복한 뒤 왕위에 올랐어. 그러니 백성들이 왕을 잘 따르게 하기 위해서는 왕을 아주 특별한 사람으로 그릴 필요가 있었던 거야. 생각해 보렴. 왕이 평범한 사람이라면 백성들 입장에서는 '나랑 똑같은데 왜 쟤만 높은 사람이지?' 하는 생각이 들지 않겠니? 하지만 태어나는 순간부터가 보통 사람들과는 완전히 달랐다고 하면, 백성들이 함부로 왕의 지위를 깎아 내리거나 그 자리를 넘보려 들지 않겠지. 그래서 신화는 왕이 둘도 없는 특별한 존재이고, 그가 나라

새무늬 청동기 작은 방패 모양으로 세로 길이가 8.6cm야. 가운데에 있는 커다란 새 2마리를 중심으로 총 42마리의 새가 새겨져 있어. 옛날 사람들이 새를 매우 신성시했다는 걸 알 수 있어.

를 세운 것은 하늘의 뜻이라는 점을 강조하고 또 강조하는 거야."

"어휴, 알 하나에 정말 많은 뜻이 담겨 있구나."

"그것 봐라, 선생님 말이 맞지? 여기까진 준비 운동이었고, 지금부터 삼국의 건국 신화를 파헤쳐 보자고! 고구려가 가장 먼저 발전했으니, 고구려부터 시작하자. 주몽은 어떻게 태어났지?"

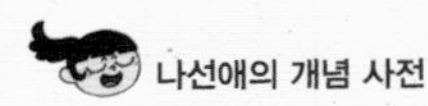
나선애의 개념 사전

고구려
'고(高)'는 '높다', '훌륭하다'는 뜻이고 '구려'는 '성(城)'을 뜻해. 그러니까 고구려는 '높은 성', '훌륭한 성'이란 뜻이야.

신의 자손 주몽, 고구려를 세우다

"주몽은 알에서 태어났어요. 그건 주몽이 특별하다는 뜻이에요."

곽두기가 손을 번쩍 들고 대답했다.

"맞아. 심지어 집안까지 특별해. 주몽의 할아버지는 하늘의 신이고 외할아버지는 강의 신 하백이었으니까. 또 주몽은 어릴 때부터 활을 무척 잘 쏘는 신동이기도 했어. 옛날 사람들이 주몽을 얼마나 특별한 존재로 만들고 싶어 했는지 짐작할 수 있겠지? 그럼 다음 문제, 주몽의 고향은 어디일까요?"

"부여요!"

나선애가 냉큼 대답했다.

쌍영총의 고구려 무사 고구려의 무덤인 쌍영총에서 나온 벽화 조각이야. 머리엔 깃털 2개가 꽂힌 모자를 쓰고, 허리엔 화살 통을 찬 사람이 말을 타고 가는 모습으로 그려져 있어.

“딩동댕! 주몽은 부여에서 태어나 자랐어. 다시 말하면 부여에서 갈라져 나온 사람들이 고구려를 세운 거지. 하지만 주몽이 부여에서 도망쳐 나온 걸 보면, 고구려와 부여의 사이가 그다지 좋지 않았다는 걸 알 수 있지.”

주몽은 어디에 나라를 세웠을까?

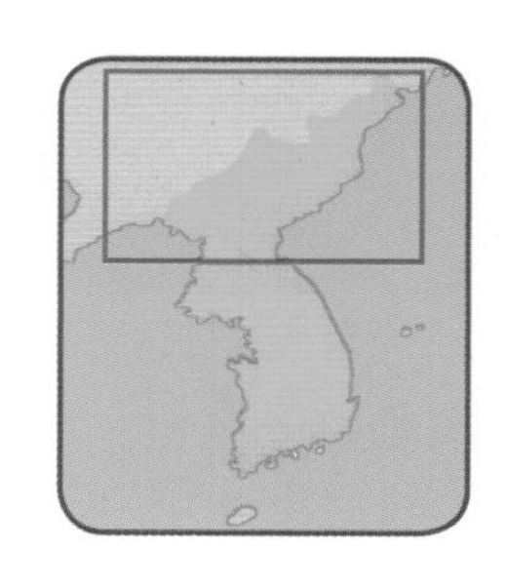

“선생님! 소서노라는 여자가 주몽이랑 결혼해서 고구려를 같이 세운 거 맞죠? 예전에 본 드라마에서 그렇게 나왔어요.”

“응, 소서노는 비류와 온조의 어머니로 알려진 인물이지. 부여에서 도망친 주몽이 졸본에 정착할 수 있도록 돕고, 결혼을 해서 함께 고구려를 세웠다고 말야. 그런데 주몽이 소서노와 결혼한 게 사실인지 아닌지 정확하지 않아. 다른 기록에는 주몽이 졸본부여 왕의 딸과 결혼한 후 왕이 죽자 그 뒤를 이었다고도 하거든. 또 금방 이야기한 대로 소서노와 결혼해 함께 고구려를 세웠다는 이야기도 있어. 어떤 것이 사실인지는 확실하지 않아. 하지만 주몽이 혼자서 고구려를 세웠다고 보는 학자는 거의 없지.”

“잠깐, 저번에 고구려는 여러 부족이 뭉쳐있었다고 한 것 같은데……?”

나선애가 중얼거리자 왕수재는 슬금슬금 공책을 뒤로 넘기며 눈

압록강 유역의 고구려 무덤
고구려의 수도가 있던 압록강 유역에는 고구려 무덤이 밀집해 있어. 4~5세기까지는 돌을 쌓아 만든 무덤인 '돌무지 무덤'이 발달했어.

알을 빠르게 굴렸다.

"고구려는 초기에 다섯 부족이 뭉쳐 있었어요! 그래서 부족장들의 힘이 셌고 왕은 아주 큰 힘을 갖지는 못했다고, 지난 시간에 배운 게 잘 기억납니다!"

"참 내, 잘 보이는 거겠지."

"이거 왜 이래? 진짜 기억난다고!"

선애와 수재가 투닥거리기 시작하자 용선생이 얼른 끼어들었다.

"어쨌든 둘 다 고맙다! 자, 이렇게 해서 주몽의 이야기는 끝이야. 다음은 주몽의 아들 온조가 세운 백제 이야기를 해 볼까?"

고구려의 왕자가 세운 나라, 백제

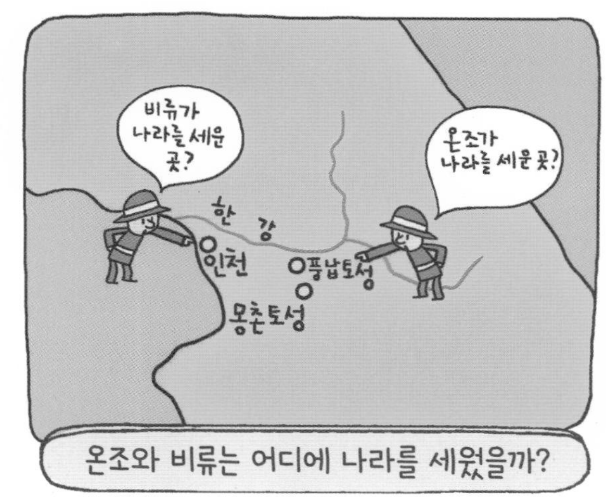

온조와 비류는 어디에 나라를 세웠을까?

"유리가 나타났을 때 비류랑 온조가 정말 억울했을 것 같아요. 자기들 중에 다음 왕이 나올 거라고 믿었을 텐데 갑자기 나타난 큰형이 다 망쳐 버리다니!"

나선애가 분통을 터뜨리자, 수재도 "그러게! 굴러 온 돌이 박힌 돌 빼낸다는 속담이 딱 맞는 경우라니까!" 하고 맞장구를 쳤다.

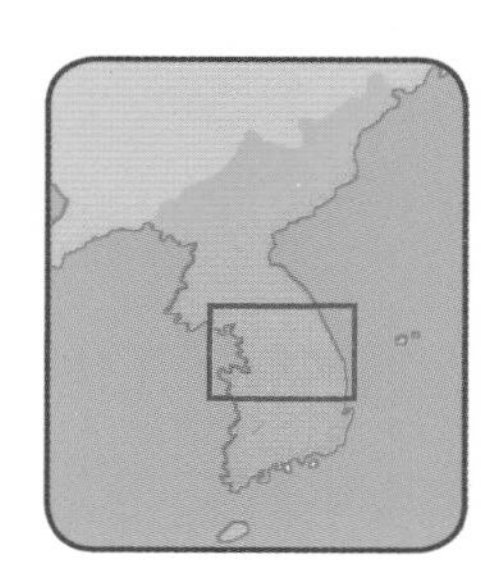

"금방 싸우던 애들이 니들 맞냐? 은근히 둘이 잘 맞네."

장하다가 놀리듯 하는 말에 선애가 "됐거든!" 하고 쏘아붙였다.

그때 허영심이 흥분한 목소리로 말했다.

"선생님! 제가 재미있는 사실을 발견했어요!"

"응, 뭔데?"

"고구려는 부여 사람이 세운 나라잖아요. 그런데 백제는 고구려 사람이 세운 나라예요. 그럼 서로 다 친척 아닌가요?"

허영심의 말에 아이들이 술렁거렸다.

"맞는 말이야. 부여에서 온 주몽이 고구려를 세웠고, 고구려에서 온 온조가 백제를 세웠지. 그리고 세 나라는 문화적으로 비슷한 점이 많단다. 그러니 부여, 고구려, 백제는 뿌리가 같은 셈이지. 실제로 당시에도 백제 사람들은 '백제와 고구려가 다 같이 부여에서 나왔다'고 생각했어."

"참! 삼한은요? 삼한이 백제, 신라, 가야로 발전하게 된다고 그러셨잖아요. 온조가 백제를 세울 때 삼한이 있었던 건가요?"

나선애의 말에 용선생은 "그렇지!" 하며 반가워했다.

"온조는 마한 땅에 자리를 잡았기 때문에 마한에서 가장 힘이 센 나라의 눈치를 볼 수밖에 없었어. 그 나라는 목지국으로 추정되는데, 백제는 희귀한 동물을 잡았을 때 목지국에 바치기도 했고, 수도를 옮길 때 미리 보고하기도 했지. 한번은 백제에서 나라 경계에 울타리를 세우자 목지국의 왕이 사신을 보내 영역을 침범했다며 꾸짖기도 했어. 하지만 점점 힘을 키워 나간 백제는 나중에 목지국을

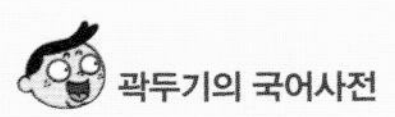
곽두기의 국어사전

사신
왕이나 나라의 뜻을 외국에 가서 전하는 신하를 말해.

장군총 중국 지린성 지안시에 있는 고구려 무덤이야. 너비가 30m가 넘을 만큼 규모가 커서 왕의 무덤으로 추정하고 있어. 고구려 사람들은 처음에는 단순히 돌을 쌓아 올려 돌무지무덤을 만들었는데, 시간이 지나며 점차 이집트의 커다란 피라미드와 같은 모양으로 쌓기 시작했어. 장군총은 무려 1,100여 개의 커다란 돌로 만들어졌어.

석촌동 3호분 서울 송파구 석촌동에 있는 백제 무 덤이야. 고구려의 돌무지무덤과 비슷하게 생겼지? 아마도 백제를 세운 사람들이 고구려에서 왔기 때문에 그런 게 아닐까? 너비가 50m나 되는 거대한 무덤이라서 왕이나 귀족의 무덤으로 추정하고 있어. 사적.

꿔고 마한 전체를 지배할 정도로 강력한 나라가 되었지. 백제가 그토록 강해질 수 있었던 이유는 다음 시간에 설명해 줄게."

박씨, 석씨, 김씨가 다스린 나라, 신라

"자, 그럼 신라로 넘어가서……."

용선생이 신라 이야기를 꺼내자마자 장하다가 대뜸 "신라의 왕도 알에서 태어났어요!" 했다.

"맞아. 박혁거세도 알에서 태어났어. '혁거세'라는 이름은 '세상을 온통 밝게 한다'는 뜻인데, 아이가 알에서 나왔을 때 온몸에서 빛이 나고 온갖 새와 동물들이 찾아와 춤을 추었다고 해서 그런 이름을

경주 나정 박혁거세는 나정이란 우물가에 있던 알에서 태어났다고 해. 나중에 '알영'이란 여인과 결혼했는데 그녀는 알영정이란 우물가에 나타난 닭의 머리를 한 용(계룡)의 왼쪽 겨드랑이에서 태어났대. 사적.

사로국은 어디에 있었을까?
박씨, 석씨, 김씨, 우리 셋이 번갈아 가며 왕이 되었어
사로국
박
석
김

갖게 되었다고 해."

"신라도 박혁거세 혼자 세운 게 아니에요. 여섯 마을 촌장들과 힘을 모아서 나라를 세웠어요."

영심도 손을 번쩍 들고 말했다.

"딩동댕! 한반도 남동쪽의 진한에는 '사로국'이라는 나라가 있었어. 이 사로국에는 여섯 마을이 있었는데, 박혁거세는 이곳에서 여섯 촌장들의 도움을 받아서 왕이 돼. 그러니까 영심이가 말한 것처럼 박혁거세도 혼자서 나라를 세운 것이 아니라, 여섯 집단과 함께 신라를 세운 거지."

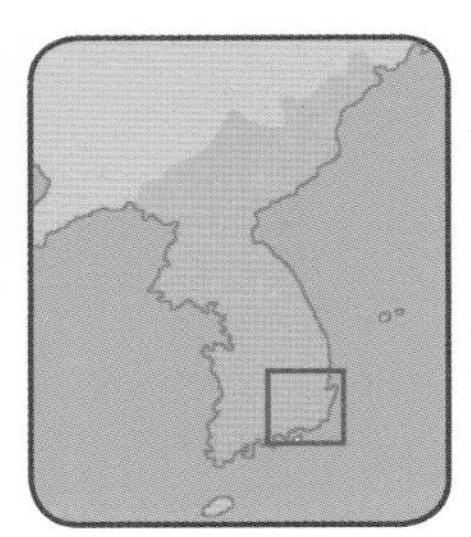

"그런데 왜 신라는 신화에 나오는 사람이 세 명이나 돼요?"

장하다의 질문에 왕수재가 당연하다는 듯이 말했다.

"박혁거세, 석탈해, 김알지 다 중요했나 보지."

"암, 다 중요했지. 왜냐! 처음 신라를 세운 건 박혁거세이지만 그의 후손들만 왕위를 이어 간 게 아니었거든. 고구려나 백제와는 달리 신라에는 서로 힘이 엇비슷한 집단이 여럿 있었던 거야. 그래서 박씨 왕들의 뒤를 이어 석탈해라는 새로운 인물이 왕이 될 수 있었고, 그 다음에는 다시 김알지의 후손들이 왕위를 이어 나간 거지."

"선생님! 근데 김알지는 왕이 아닌데 왜 신화에 나오는 거예요?"

"그건 김씨들이 조금 더 특별하기 때문이야. 신라에서는 꽤 오랫동안 박씨, 석씨가 번갈아 가면서 왕위에 올랐어. 김씨에게 왕위가 넘어온 것은 13대 왕인 미추왕 때였지. 그러다가 17대 내물왕 이후로는 오직 김씨들만이 왕위를 이어 나가게 돼. 그러니 신라 김씨 왕실의 첫 조상인 김알지를 높이 떠받들게 된 거지."

경주 계림 경주 김씨의 시조인 김알지에 대한 전설이 서려 있는 숲이야. 본래 시림이라 불렸지만 김알지가 태어날 때 닭이 울었다고 해서 '계림'으로 이름을 바꾸었대. 사적.

"박혁거세는 세상을 밝게 한다는 뜻이라고 했고, 김알지는 하늘이 보내 준 아기라고 했잖아요. 그럼 석탈해는 무슨 뜻이에요?"

영심이가 기대에 찬 눈빛을 보내며 물었다.

"처음 발견되었을 때 상자 뚜껑을 열고 나왔다고 이름을 '탈해(脫解)'라고 지었대."

"어머, 센스 없는 이름!"

그 말에 왕수재가 "네 이름도 만만치 않거든" 하며 킥킥거렸다. 허영심도 지지 않고 "그러는 네 이름은?" 하며 눈을 흘겼다.

거북이가 내준 가야의 왕

"아우웅~ 재밌었다! 세 나라 얘기 다 들었으니 수업 끝!"

"무슨 소리야? 아직 가야 이야기는 시작도 안 했는데!"

용선생은 얼른 리모컨을 눌렀다.

변한 지역에 아홉 마을이 있었어. 아홉 마을을 아홉 명의 촌장이 다스렸지.

어느날 구지봉이라는 작은 봉우리에서 이상한 소리가 들려왔어.

아아, 마이크 테스트! 하늘이 내게 명하길,

이곳에 내려가 나라를 새롭게 하고 임금이 되라고 하셨다. 그래서 내가 왔노라!
어쭈, 반말이네?!

너희들은 "거북아 거북아 머리를 내밀어라 내밀지 않으면 구워 먹겠다." 이렇게 노래를 부르고 춤을 추어라. 그러면 곧 왕을 맞게 될 것이니라.

촌장들은 노래를 부르며 춤을 추었어. 그랬더니 하늘에서 붉은 보자기로 싼 황금 상자가 내려왔지.

황금 상자를 열어 보니 그 안에는 태양처럼 둥근 여섯 개의 황금 알이 들어 있었어.

12일이 지나자 그 알들에서
여섯 아이들이 태어났지.

가장 먼저 태어난 아이
에게 김수로라는 이름을 지어
주었는데,
내가
1등!

김수로는 나중에 금관가야의
왕이 되었어.

만화 영화가 끝나자마자 곽두기가 용선생을 불렀다.

"선생님, 이상해요. 왜 하필 거북이를 괴롭히는 노래를 불러요? 머리를 내놓지 않으면 구워 먹겠다니!"

"여기서 '머리'란 '우두머리', 즉 왕을 뜻하는 것으로 보기도 해. 그러니까 거북이에게 머리를 내놓으라는 건, 왕을 달라고 소원을 비는 것과 똑같지. 소원을 들어주지 않으면 구워 먹겠다고 하는 건, 그만큼 절실하고 간절하게 바란다는 뜻이 아니었을까?"

"왜 하필 거북이었어요? 다른 동물도 많았을 텐데."

"거북이는 바닷가에 살지? 가야는 삼한 중에서도 변한 지역에서 생겨난 나라야. 이 신화에 나오는 금관가야는 특히나 바닷가와 가까운 곳에 세워졌지. 금관가야 사람들은 바다를 아주 중요하게 생각했고, 바닷길을 통해 여러 나라와 무역을 해서 나라의 힘을 쑥쑥

구지봉석 가야의 시조들이 하늘에서 내려왔다는 구지봉은 오늘날 경상남도 김해시에 있는 높이 200m의 넓고 나지막한 봉우리야. 봉우리 정상에는 조선 시대 명필이었던 한석봉이 '구지봉석'이라는 한자를 새긴 고인돌이 놓여 있어. 사적.

키웠어. 그러니 건국 신화에도 육지 동물보다는 바닷가에 사는 거북이가 등장하는 게 자연스러운 일이지."

그제야 이해가 되는지 곽두기가 고개를 주억거렸다. 하지만 나선애는 더욱 알쏭달쏭한 표정이 되어 있었다.

"듣다 보니 헷갈리네요. 가야는 뭐고, 금관가야는 뭐예요?"

"가야도 이전의 변한처럼 여러 나라들로 이루어져 있었거든. 하지만 변한 시대의 작은 나라들은 아직 국가의 틀을 갖추지 못했고 왕도 없었어. 그에 비해 가야 시대의 여러 나라들은 좀 더 규모가 컸고 국가의 형태도 잘 갖추고 있었어. 또 저마다 왕도 있었대. 이렇게 여러 나라가 함께 모여 가야를 이루고 있어서 '가야 연맹'이라고도 불러. 그런데 이 나라들이 모두 똑같은 힘을 갖고 있었던 건 아니었어. 가장 힘이 센 금관가야가 중심이 되어 가야 연맹을 이끌었지. 김수로는 그런 금관가야의 왕이라서 특별히 신화의 주인공이 된 거고."

"아하! 그럼 알이 여섯 개 있던 건 가야 연맹에 왕이 모두 여섯 명 있었다는 뜻이겠죠? 그럼 나라도 여섯 나라!"

시원시원한 선애의 말에 하다가 "오, 그렇구나!" 하며 감탄했다.

하지만 용선생의 반응은 그리 시원치 않았다.

"그게…… 신화를 보고 그렇게 추측하기 쉽지만 가야 연맹에 정확히 몇 개의 나라가 있었는지는 분명하지 않아. 남아 있는 기록들은 주로 가야 연맹을 앞장서서 이끈 금관가야, 그리고 금관가야가 힘을 잃은 뒤 새로 가야 연맹의 중심이 된 대가야에 대해서거든. 가야 역사를 연구하는 학자들은 알이 여섯 개였다는 내용을 두고도, 처음 신화는 그렇지 않았는데 후대에 잘못 전해진 것이 아닐까 짐작하고 있단다."

설명을 마친 용선생이 손바닥을 탁탁 털었다.

"자, 오늘 수업은 여기까지! 다음 시간부터는 삼국과 가야가 어떻게 발전해 나갔는지 자세히 알아보자."

그런데 어쩐 일인지 아이들은 꼼짝도 하지 않았다. 수업이 끝나면 가장 먼저 교실을 빠져나가는 장하다조차 가만히 앉아 있었다.

"응? 애들아, 집에 안 가?"

"안 가요!"

아이들이 입을 모아 대답했다. 얼떨떨해진 용선생이 물었다.

"왜?"

"우리 먼저 보내 놓고 혼자 코미디 프로그램 보실 거잖아요!"

당황한 용선생이 두기를 바라보았다.

"어라? 난 영심이 누나한테만 말했는데?"

천진난만한 두기의 표정에 아이들은 웃음을 터뜨렸다.

"선생님, 저한테 좋은 생각이 있어요. 수업도 끝났으니까 그냥 모두 다 함께 보는 게 어떨까요? 여럿이 함께 보면 더 재밌잖아요. 뭐, 아이스크림 하나씩 사 주시면 더 좋고요."

나선애의 말이 끝나기가 무섭게 장하다가 벌떡 일어서 아이스크림을 사러 가겠다고 나섰다.

'끙, 교장 선생님이 아시면 불호령이 떨어질 텐데.'

용선생은 살포시 한숨을 내쉬었다.

나선애의 정리노트

1. 삼국과 가야의 건국 신화 총정리!

누가?	주몽	온조	박혁거세	김수로
무엇을?	고구려 건국	백제 건국	신라 건국	금관가야 건국
어디서?	압록강 변	한강 변	경주	김해

2. 신화에서 알 수 있는 사실

- 알에서 태어남 ⟶ 신성한 존재 + 태양처럼 빛나는 존재
- 주몽은 부여에서 태어남 ⟶ 부여에서 갈라져 나온 사람들이 고구려를 세움
- 고구려에서 내려온 온조 ⟶ 부여, 고구려, 백제는 모두 같은 뿌리
- 신라는 시조 신화가 3개 ⟶ 박씨, 석씨, 김씨 집단이 번갈아 가면서 왕이 됨
- 거북이의 머리를 내놓지 않으면 구워 먹겠다.
  ⟶ 왕을 달라고 소원을 빈 것
  + 바다를 중시했음

http://cafe.naver.com/yongyong

용선생의 역사 카페

역사계의 슈퍼스타,
용선생의 역사 카페에
오신 걸 환영합니다

Log in

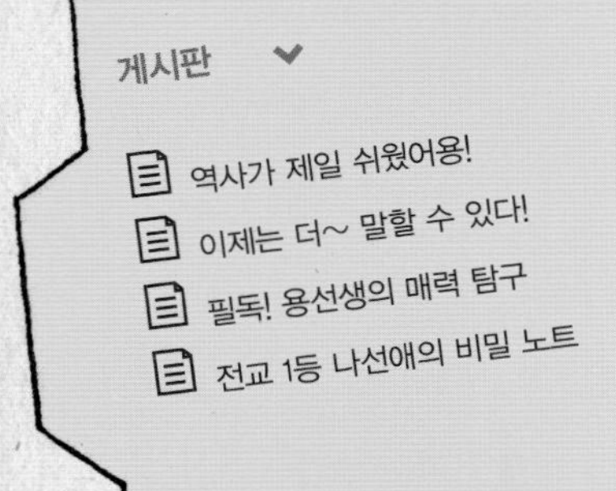

삼국 시대에도 '성씨'가 있었을까?

선애는 나씨, 수재는 왕씨, 두기는 곽씨, 하다는 장씨, 영심이는 허씨, 나는 용씨……. 이처럼 우리들은 모두 성씨를 하나씩 가지고 있지. 그런데 당연하다는 듯이 이름 앞에 붙어 있는 이 성씨의 유래는 무엇인지, 언제부터 생긴 건지 궁금하지 않니?

성씨는 중국에서 처음 생겨났다고 해. 성(姓)이라는 글자를 뜯어보면 '여자[女]가 낳은[生] 자녀들'이라는 의미야. 즉, 서로의 어머니를 구분하기 위해 성씨를 쓰기 시작한 거지.

우리 역사에서 성씨를 처음 쓰기 시작한 것은 삼국 시대로 보고 있어. 이번 수업 시간에 배웠듯이 혁거세는 박씨로, 탈해는 석씨로, 수로는 김씨로 기록되어 있어. 그리고 배우진 않았지만 주몽은 고씨, 온조는 부여씨를 썼다고 《삼국사기》와 《삼국유사》에 기록돼 있어.

근데 혁거세의 성씨나 주몽의 성씨가 박씨나 고씨가 아닐 가능성도 있어. 우리나라에서 중국식 성씨를 쓴 건 빨라 봤자 3세기 후반이라고 얘기하는 학자들도 있거든. 그에 따르면 중국과 가장 가까웠던 고구려에서 가장 먼저 성씨를 사용하였다고 해. 백제는 4세기 근초고왕 때 성씨를 쓰기 시작한 것 같아. 상대적으로 늦게 발전한 신라는 6세기 진흥왕 때 처음으로 성을 쓰기 시작했대. 그러면 어떻게 혁거세는 박씨가 되고, 주몽은 고씨가 된 걸까? 그건 후손들이 자기들이 쓰는 성씨를 자기 조상들에게 붙여 주었기 때문이야.

그렇다면 왜 3세기 후반부터 성씨를 쓰기 시작했을까? 그건 중국과 교류를 하기 위해서야. 중국에서는 각종 문서에 꼭 성씨를 써야 했대. 그러니 격식을 갖추어 중국과 교류를 하기 위해서는 성씨가 필요했다는 것을 알 수 있겠지?

이렇게 우리나라에 들어온 성씨는 특별한 신분을 상징했어. 성씨는 소수의 왕족이나 귀족들만이 쓸 수 있는 것이었고, 일반인은 함부로 성씨를 쓸 수 없었어. 성씨를 누구나 가질 수 있게 된 건 훨씬 나중의 일이야. 나중에 다시 얘기할 기회가 있을 테니 앞으로도 수업에 꼭 참석해야 돼! 약속할 수 있지?

COMMENTS

허영심 : 성씨가 없으면 누가 누구인지 구분하기 힘들지 않았을까요?

↳ 용선생 : 사는 곳으로 구분할 수도 있었겠지? '○○촌에 사는 아무개'라고 말이야. 그때는 지금보다 훨씬 인구도 적고, 같은 마을 사람들끼리는 전부 다 알았을 테니 그냥 '아무개의 아들 아무개'라고만 해도 충분히 구별이 가능했을 거야.

↳ 허영심 : 그럼 난 '서교동 영심이'?

한국사 퀴즈 달인을 찾아라!

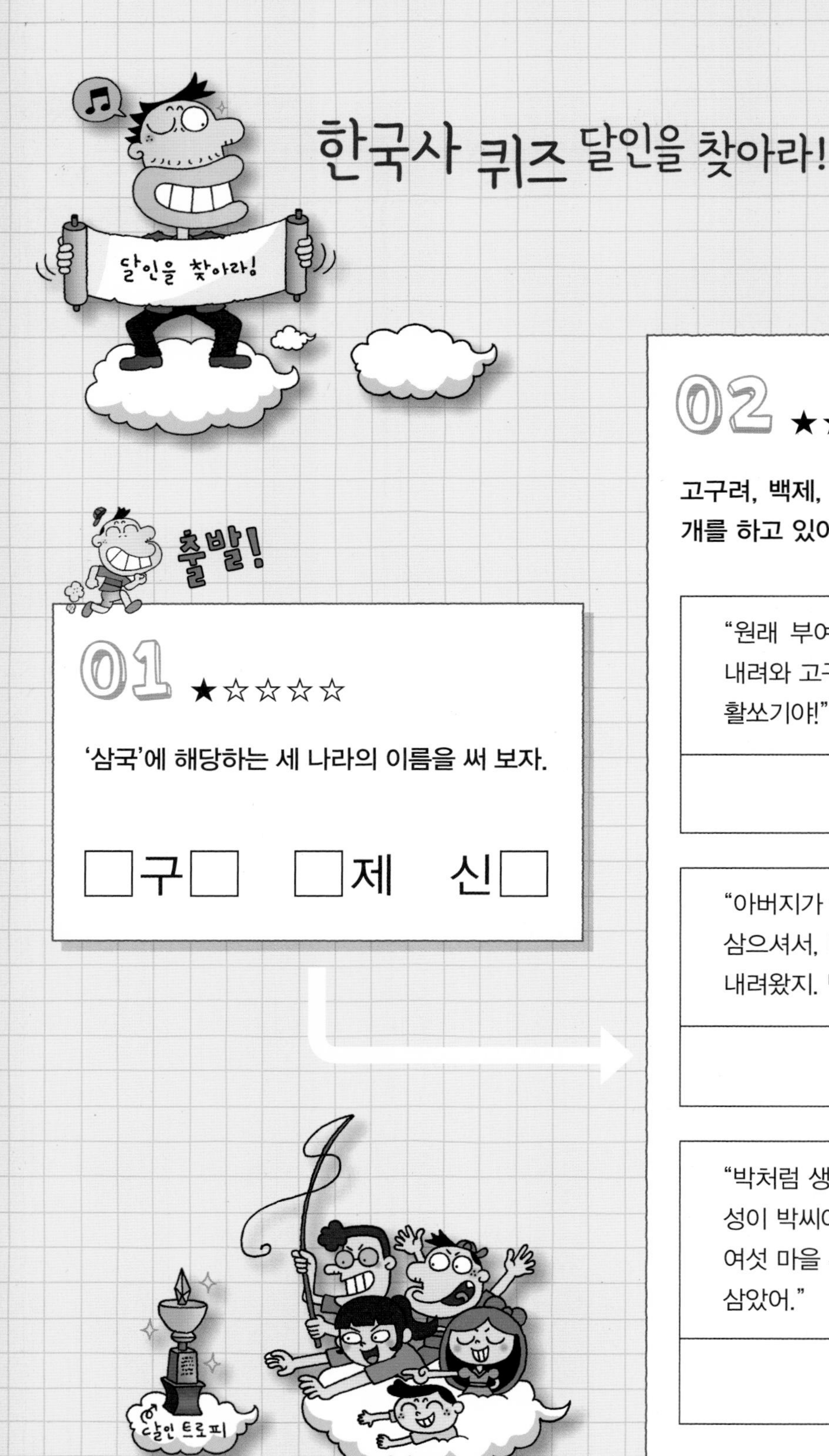

01 ★☆☆☆☆

'삼국'에 해당하는 세 나라의 이름을 써 보자.

□구□ □제 신□

02 ★★☆☆☆

고구려, 백제, 신라를 세운 사람들이 자기소개를 하고 있어. 이 사람들의 이름은 뭘까?

"원래 부여에서 태어났지만, 졸본으로 내려와 고구려를 세웠어. 내 특기는 활쏘기야!"

( )

"아버지가 유리 형님을 태자로 삼으셔서, 비류 형과 나는 한강 근처로 내려왔지. 난 백제를 세웠어."

( )

"박처럼 생긴 알에서 나왔다고 해서 성이 박씨야. 내가 태어나자 사로의 여섯 마을 촌장들이 나를 왕으로 삼았어."

( )

★★★★★

다음 건국 신화를 보고 이 나라에 대한 설명으로 옳지 않은 것을 골라 볼래? (   )

> 구지봉에서 아홉 촌장들이 춤을 추며 노래를 불렀어. "거북아, 거북아 머리를 내밀어라. 내밀지 않으면 구워 먹겠다." 그랬더니 하늘에서 자줏빛 줄과 황금 상자가 내려왔어!

① 이 나라가 가야 연맹을 이끌었다.

② 이 나라는 변한 지역에서 생겨났다.

③ 이 나라는 바닷가와 가까운 데 세워졌다.

④ 이 나라는 여러 성씨가 번갈아 가며 다스렸다.

★★★☆☆

삼국의 건국 신화를 보면 대부분 알에서 태어나지? 다음 인물들 가운데 알에서 태어나지 않은 사람은 누굴까? (   )

① 주몽 ② 온조

③ 박혁거세 ④ 김수로

★★★★☆

고구려, 백제, 신라, 가야의 건국에 대해 한 마디씩 하고 있네. 그런데 한 사람은 또 엉뚱한 소리를 하고 있잖아. 누굴까? (   )

① 주몽은 원래 부여 사람인데 고구려를 세웠어.

② 온조는 주몽의 아들인데, 고구려를 떠나 백제를 세웠어.

③ 신라는 마한 지방에서 성장한 나라야.

④ 초기에는 가장 힘이 센 금관가야가 가야 연맹을 이끌었어.

• 정답은 274쪽에서 확인하세요!

삼국 시대란 고구려, 백제, 신라가 서로 커지고 경쟁하며 영토를 넓히려고 다투던 4~7세기를 가리켜. 고만고만한 작은 나라였던 고구려, 백제, 신라가 크고 강력한 나라로 성장하게 된 비결은 과연 무엇일까?
자, 그럼 세 나라가 어떻게 나라의 기틀을 차근차근 다져 나갔는지 알아보자!

BC 37
주몽이 고구려를 세우다
194
고국천왕이 진대법을 실시하다
260
백제 고이왕이 공복제를 실시하다
369
백제 근초고왕이 마한을 정복하다
371
백제 근초고왕이 평양성을 공격하다
372
고구려 소수림왕이 불교를 받아들이다

2교시

백제, 한 발짝 앞서가다

✔ 알고 있는 용어에 체크해 보자!

- ☐ 유리왕
- ☐ 태조왕
- ☐ 고국천왕
- ☐ 한강
- ☐ 근초고왕

"얘들아, 안녕!"

용선생이 인사를 건네자 옹기종기 모여 앉아 수다를 떨고 있던 아이들도 "안녕하세요!" 하고 입을 모았다.

"이야! 오늘 교실 분위기가 왜 이렇게 좋지? 마구마구 공부하고 싶은 분위기구나. 으하하!"

제풀에 신이 난 용선생이 곧장 칠판 앞으로 가 '고구려', '백제', '신라'라고 썼다.

고구려	백제	신라

"오늘부터는 삼국 시대에 대해 알아볼 거야. 세 나라 중에서 가장 먼저 발전한 나라는 고구려였어. 그 다음이 백제, 그리고 마지막이 신라지."

용선생은 다시 칠판에다 '백제', '고구려', '신라'라고 적었다.

백제	고구려	신라

"이번에는 각 나라가 전성기를 누렸던 순서야."

"고구려랑 백제 순서가 바뀌었네요?"

"고구려가 제일 먼저 발전했는데, 왜 백제가 먼저 전성기를 누렸지?"

아이들은 고개를 갸웃거렸다.

"궁금하지? 수업을 잘 들으면 저절로 이해하게 될 거야. 한 가지 힌트를 주자면 바로 이거야."

용선생은 칠판에 다시 '한강'이라고 적었다.

"고구려보다 늦게 발전하기 시작한 백제가 가장 먼저 큰 세력을 떨치게 된 데는 한강의 덕이 컸거든."

"한강에 마법의 검이라도 숨겨져 있나? 혹시 모르잖아. 전설의 용이 한강에 살 수도."

장하다의 말에 곽두기가 "형, 진짜?" 하며 눈을 동그랗게 떴다. 용선생이 얼른 손을 내저었다.

"아이구 애들아, 설마 그렇겠니? 자세한 이야기는 이따가 해 주마. 우선은 제일 먼저 발전한 고구려부터 살펴보자고!"

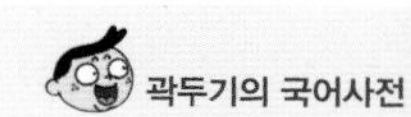

전성기
한 나라의 힘이 가장 크고 영토가 제일 넓을 때를 말해.

유리왕이 수도를 옮긴 까닭

허영심의 인물 사전

대소왕(?~22)
금와왕의 맏아들로, 주몽을 질투해 죽이려 했어. 금와왕이 죽자 왕위에 올랐는데, 고구려에 사신을 보내 태자(왕위를 이을 왕의 아들)를 인질로 보내라고 요구했어.

"얘들아, 주몽의 뒤를 이어 고구려의 왕이 된 사람이 누구였지?"

"유리요! 갑자기 나타나서 첫째라는 이유로 왕이 됐잖아요."

왕수재가 마음에 들지 않는다는 듯 퉁명스럽게 대답했다.

"맞아. 유리왕이 왕위에 오른 뒤에도 고구려는 아직 강한 나라가 아니었어. 하지만 주몽이 도망쳐 온 나라, 부여는 여전히 막강한 나라였지. 이 무렵 부여를 다스리던 대소왕은 고구려에 인질을 보내라고 위협했어. 유리왕은 태자를 볼모로 보내려고 했지만, 태자

오녀산성

경주 월성

서울 풍납동 토성

삼국 시대 각 나라의 수도

는 두려워서 가지 않았지. 그러자 화가 난 대소왕은 군사 5만 명을 이끌고 고구려로 쳐들어왔어. 대소왕은 고구려의 힘이 약하니까 금방 전쟁에서 이길 거라고 생각했지. 그런데 갑자기 큰 눈이 내리는 바람에 대부분의 병사들이 얼어 죽고 만 거야. 결국 대소왕은 남은 병사들을 이끌고 부여로 되돌아갈 수밖에 없었어."

"우아, 유리왕 진짜 운 좋다!"

왕수재가 혀를 내둘렀다.

"이 사건 이후, 유리왕은 아예 수도를 국내성으로 옮기기로 결심했어. 국내성은 오늘날의 중국 지린성 지안시 지역이야. 국내성은 졸본보다 농사지을 땅도 넓고 짐승과 물고기도 풍부했을 뿐만 아니라 북쪽에 산맥이 에워싸고 있어서 부여의 공격을 막기에도 유리했거든. 고구려는 이 새로운 수도를 중심으로 차근차근 힘을 키워 나갔어."

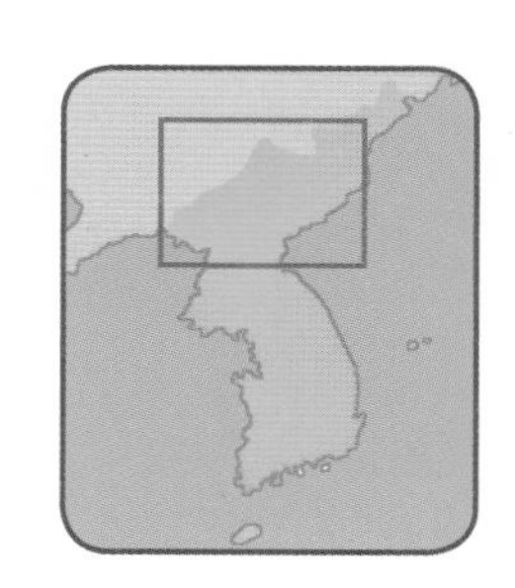

"그동안 부여는 뭐 했어요? 대소왕이 가만히 앉아서 구경만 했을 것 같진 않은데……."

"물론 대소왕은 다시 고구려를 공격할 기회를 엿보고 있었지. 유리왕이 수도를 옮긴 지 10년쯤 지났을 무렵, 대소왕은 군사들을 이끌고 또 한 번 고구려에 쳐들어왔어. 이때 유리왕은 셋째 아들 무휼에게 부여군을 막으라고 했어. 무휼은 정면 승부를 해서는 부여군을 절대 이길 수 없다는 걸 알고

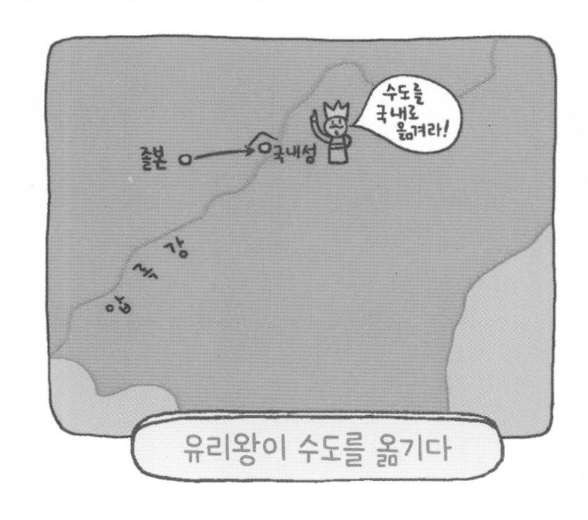

유리왕이 수도를 옮기다

있었어. 아직도 두 나라의 군사력에는 큰 차이가 있었거든. 무휼은 궁리 끝에 꾀를 냈어. 계곡 근처에 군사를 숨겨 두었다가 좁은 계곡을 지나가는 부여군을 갑자기 공격했지."

아이들은 숨을 죽인 채 용선생을 바라보았다. 참다못한 곽두기가 작은 목소리로 물었다.

"고구려가 이겼나요?"

"응! 무휼의 예상대로 갑작스러운 공격에 놀란 부여군은 말도 버려둔 채 달아나기 시작했어. 고구려군은 뿔뿔이 흩어진 부여군을 끝까지 추격해서 큰 승리를 거두었어. 이후 무휼은 유리왕의 뒤를 이어 왕위에 오르게 됐는데, '대무신왕'이라 불렸어."

"그게 무슨 뜻인데요?"

"'큰 전쟁의 신'이라는 뜻이야."

"크! 얼마나 전쟁을 잘했으면 그런 이름을 붙였을까……."

장하다가 칼을 휘두르는 시늉을 내며 감탄했다.

"그래, 전쟁에는 따를 자가 없었다니까. 그 뒤 대무신왕은 아예 부여로 쳐들어갔고, 대무신왕의 부하가 대소왕을 죽였어. 이후 부여의 힘은 크게 약해졌단다."

"흠, 주몽은 부여에서 도망쳐 나오고, 그 손자는 부여로 쳐들어가서 왕을 죽이고……. 두 나라는 인연이 엄청 꼬였네요."

허영심이 고개를 잘잘 흔들며 말했다.

태조왕, 고구려의 기틀을 다지다

"이렇게 힘을 키워 가던 고구려는 태조왕 때 이르러 한층 크게 성장했어. 태조왕은 주변에 있는 작은 나라들을 하나씩 하나씩 정복해 나갔는데, 특히 옥저를 정복한 뒤로는 먹을 것을 더욱 많이 얻을 수 있게 되었어. 이 지역은 땅이 기름져서 농사가 잘되고 바다 근처라 다양한 해산물이 많이 났거든. 더 이상 이웃 나라의 눈치를 볼 필요가 없을 만큼 강해진 고구려는 한나라의 요동군과 현도군에도 여러 번 쳐들어갔어."

 허영심의 인물 사전

태조왕(47~165)
고구려 6대 왕이야. 힘이 세고 용감했으며, 태어날 때부터 눈을 뜨고 볼 줄 알았다는 기록이 전해지고 있어.

"거기가 어디죠?"

장하다가 그게 뭐냐는 표정을 지었다.

"요동군과 현도군은 고구려가 서쪽으로 뻗어 나가기 위해서는 꼭 거쳐야만 하는 지역이었어. 뿐만 아니라 고조선의 옛 영토이기도 했지. 그러니 고구려와 한나라가 이 지역을 두고 싸움을 벌이는 것은 어쩌면 당연한 일이었지. 고구려가 자꾸 이 지역을 공격해 오자 한나라는 군사를 이끌고 고구려로 쳐들어왔어. 그러자 고구려는 재빨리 항복하겠다는 뜻을 전했지."

"네에? 싸우지도 않고 항복부터 했단 말이에요?"

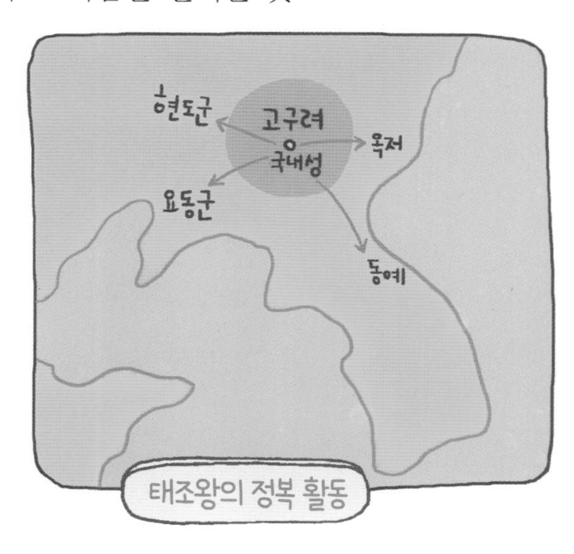

태조왕의 정복 활동

장하다의 잔뜩 실망한 표정 앞에 용선생이 싱긋 웃어 보였다.

"하다야, 고구려는 진짜로 항복한 게 아니었어. 한나라가 안심하고 있는 사이 고구려는 군사 3천 명을 보내 현도군과 요동군을 공격했어. 큰 승리를 거둔 고구려는 계속 앞으로 나아갔고, 몇 달 뒤에는 요동 태수의 목숨도 빼앗았지."

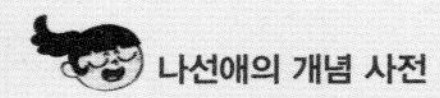

태수
옛날 중국의 지방 관리로, 군을 다스렸어. 오늘날의 군수와 같다고 할 수 있지.

"그럼 고조선의 옛 땅을 모두 되찾았나요?"

"아니, 한나라의 요청을 받은 부여가 군사를 보내는 바람에 고구려는 후퇴할 수밖에 없었어."

"맞다! 부여는 중국이랑 계속 사이좋게 지냈다고 했죠?"

"그래. 비록 땅을 모두 되찾지는 못했지만, 고구려는 이 전쟁을 통해 영토를 크게 넓혔어. 농사지을 땅이 늘어난 덕분에 백성들이 더 살기 좋아진 것은 물론이고 왕의 힘도 한층 강해졌지."

이때 가만히 듣고 있던 두기가 슬그머니 손을 들었다.

"선생님, 근데 다른 나라와 전쟁을 하면 왜 왕의 힘이 강해져요?"

"음…… 고구려는 한 사람이 세운 나라가 아니라 여러 부족들이 힘을 합쳐 만든 나라라고 했지? 그러니 부족장들의 힘이 왕 못지않게 강했지. 하지만 다른 나라와 전쟁을 하려면 힘을 하나로 모아야 하지 않겠어? 특히 옛날에는 왕이 직접 전쟁을 지휘했기 때문에 모든 군사들은 왕의 명령에 따라 움직여야 했어. 게다가 전쟁에서 이겨 영토를 넓히게 되면 새로 생긴 땅은 물론, 그 땅에 있던 모든 것은 대개 왕의 차지였어. 자연스럽게 왕의 힘은 강해지고, 부족장들의 힘은 약해지게 되었지."

"그러면 부족장들이 싫어하지 않았어요? 나 같으면 왕을 몰아내고 싶겠다."

영심의 말이었다.

"좋은 지적이야. 왕은 부족장들이 불만을 품지 않도록 잘 대우해 줬어. 귀족의 신분을 주어 높은 지위를 누릴 수 있도록 해 주고, 나랏일에도 참여시켰지. 이건 왕에게도 이득이 되는 일이었어. 나라가 커지면 왕 혼자서 다스리기 어렵겠지? 그러니 자기 부족을 이끌어 온 부족장들을 신하로 삼아 나랏일을 맡기면 딱 좋지 않겠어? 이러한 과정을 통해 왕

해 뚫음무늬 금동 장식 평양 진파리에서 발견된 고구려 유물로, 베개 양옆을 장식하는 데 썼을 것으로 추정하고 있어. 한 가운데에는 삼족오(세 발 달린 까마귀)가 있는데, 삼족오는 '태양의 신'으로 숭배를 받았던 상상 속의 새야. 삼족오의 위쪽에는 봉황이, 양쪽 아래에는 두 마리의 용이 장식되어 있어.

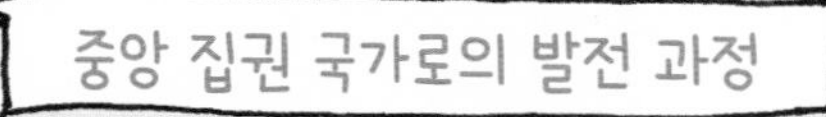

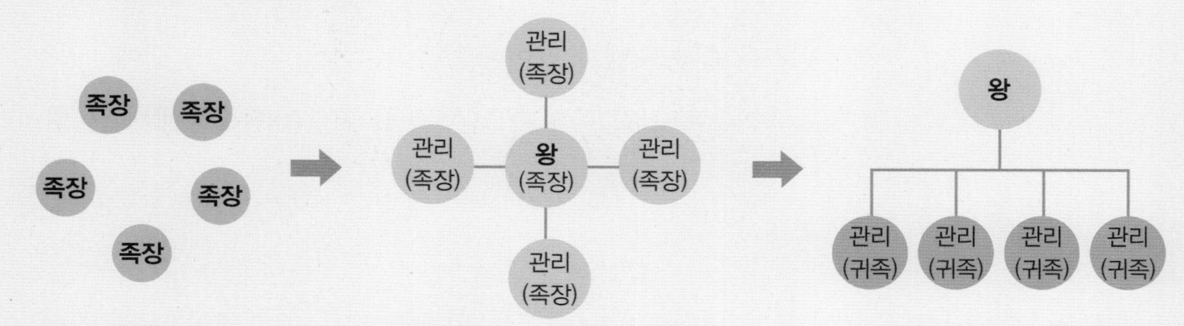

나라 안에는 여러 족장이 있었고, 이들의 힘은 비슷했어.

족장들 중 한 족장이 대표로 왕이 되었고, 다른 족장들은 왕의 관리로 일했어. 하지만 언제든 왕을 바꾸거나 벌할 수 있었어.

족장은 귀족 신분으로 왕의 명령에 따르는 관리가 되었어. 이때 관리는 왕을 함부로 바꾸거나 벌할 수 없었어.

은 나라의 힘을 강하게 만든 것은 물론, 자신의 힘도 더욱 키울 수 있었어. 이렇게 부족 중심의 전통이 사라지고 온 나라의 힘이 왕에게 집중되는 과정은 고구려뿐 아니라 백제와 신라도 비슷했어."

고국천왕과 을파소

"그럼 이제 모든 일을 왕 마음대로 할 수 있게 된 거네요?"

곽두기의 말에 용선생은 손가락을 좌우로 흔들었다.

"아니. 태조왕 때 왕의 힘이 세진 건 사실이지만, 귀족들의 힘 역시 무시할 수 없었거든. 왕과 귀족들의 힘겨루기는 태조왕 이후에도 계속 이어졌는데, 고국천왕 때는 왕과 귀족들 사이에 군사들을 앞세운 싸움까지 벌어졌어."

고국천왕(?~197)
고구려의 9대 왕으로, 신대왕의 둘째 아들이야. 큰아들이 어질지 못하다 해서 대신 왕위에 올랐어. 일을 처리하는 데 너그러움과 단호함을 적절하게 구사했대.

아이들은 놀란 표정으로 용선생의 뒷말을 기다렸다.

"몇몇 귀족들이 자신들의 힘을 믿고 백성들의 집과 땅을 빼앗자 백성들의 불만이 커졌어. 고국천왕은 그들을 잡아서 벌주려 했는데, 귀족들이 기가 죽기는커녕 오히려 군사를 이끌고 도성으로 쳐들어온 거야."

"헉, 왕을 공격하려 했단 말이에요?"

"응, 고국천왕은 직접 나서서 이들을 물리치고 귀족들에게 큰 벌

을 내렸어. 그 모습을 본 귀족들은 전보다 더 왕을 두려워하게 되었지. 하지만 고국천왕은 여기서 그치지 않고 고구려의 정치를 완전히 뜯어 고쳐야겠다고 마음먹었어. 고국천왕의 개혁이 시작된 거지. 그는 우선 자신의 명을 받들어 일을 제대로 할 수 있는 사람을 찾았어. 그러다 어느 날 시골에서 농사를 짓고 있는 을파소란 사람이 매우 뛰어난 인재라는 말을 듣게 되었지. 왕은 망설임 없이 그를 불러서 벼슬을 내려 주겠다고 했어."

"소문만 듣고 농부한테 벼슬을 줘요? 통 한번 크시네."

"그런데 웬걸! 을파소가 딱 잘라 거절을 한 거야. 자기는 일을 감당하기 어려우니 자기보다 더 뛰어난 사람을 뽑아 더 높은 벼슬을 주라는 거였지."

"와, 을파소도 보통 사람이 아니네요. 얼마나 겸손한 사람이었으면!"

"흐흐. 그게 아니야. 을파소는 왕이 내린 낮은 벼슬로는 일을 제대로 해낼 수 없다는 뜻을 전한 거였어. 그의 생각을 알아차린 고국천왕은 을파소에게 최고 벼슬인 '국상'을 내려 줬어."

"우아, 거절만 했을 뿐인데 더 좋은 벼슬을 줬네요. 아! 나도 엄마가 용돈 주면 무조건 거절해야겠다. 그럼 더 많이 줄 거잖아? 히히!"

장하다의 말에 나선애가 "오히려 한 푼도 못 받을 거 같은데?" 하고 찬물을 끼얹었다.

"자, 이렇게 해서 든든한 인재까지 얻은 고국천왕은 여러 제도를

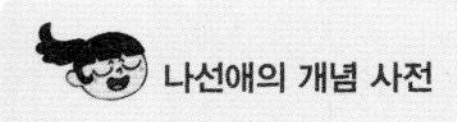

진대법(賑貸法)
'진(賑)'은 나라에서 가난하고 굶주린 백성들을 돕기 위해 곡식 등을 나누어 준다는 뜻이고, '대(貸)'는 빌려 준다는 뜻이야.

고치기 시작했어. 관리를 뽑을 때 신분보다는 올바르고 능력 있는 사람들을 우선해서 뽑았지. 그리고 굶주리는 백성들을 위해 진대법이라는 제도도 만들었어."

"진대법? 그게 뭐예요?"

"보통 농부들은 봄에 씨를 뿌리고 가을에 수확을 하잖아. 그때 수확한 곡식은 보통 그 다음 해 여름까지는 먹어야 하거든. 하지만 그 전에 곡식이 바닥나는 경우가 많았어. 특히 흉년이라도 드는 해에는 많은 백성들이 쫄쫄 굶을 수밖에 없었지. 진대법은 이 문제를 해결하기 위한 제도였어. 어떻게 해결하느냐? 곡식이 떨어지는 봄부터 가을까지 나라에서 백성들에게 곡식을 빌려 주는 거야. 그리고 그 해 가을 추수가 끝난 뒤에 빌려 간 곡식을 갚도록 하는 거지. 이 진대법은 백성들의 근심을 덜어 준 것은 물론 귀족들의 힘을 더 약하게 만드는 데 큰 역할을 했어."

"엥? 진대법이랑 귀족이랑 무슨 상관이 있어요?"

용선생은 잠시 생각에 잠겼다 다시 입을 열었다.

"너희가 모두 한 마을에 산다고 생각해 봐. 영심이는 귀족이고 나머지는 가난한 농민들이야. 그런데 겨울이 채 지나기도 전에 먹을 것이 떨어져 버린 거야. 영심이만 빼고 우리는 쫄쫄 굶고 있었어. 이때 영심이가 나타나서 '밥을 줄 테니 내 노비가 되어라!' 이러면 어떻게 할래?"

"윽, 난 차라리 굶어 죽겠어요. 자존심이 있지!"

장하다가 꽥 소리를 질렀다.

"그럼 선애는?"

"글쎄요……. 할 수 없죠. 살려면 노비가 되는 수밖에."

용선생이 한 명씩 묻자 모두 떨떠름한 표정으로나마 노비가 되겠다고 했다.

"자, 이렇게 우리 마을에서 하다는 굶어 죽고, 나머지는 영심이의 노비가 되었어. 그럼 귀족인 영심이의 힘은 더욱 세지겠지. 그런데 이건 왕에게 좋은 일이 아니야. 백성들이 귀족의 지배를 받게 되면 왕의 힘은 자연스럽게 약해질 수밖에 없거든. 즉, 진대법을 실시한 데는 백성들을 구제하기 위한 이유도 있지만 귀족의 힘을 누르기 위한 이유도 있었던 것이지."

그제야 아이들이 고개를 끄덕거렸다.

“이렇게 힘을 키운 고국천왕 이후에는 왕위를 물려주는 방식도 바뀌었지. 태조왕 때 이후로 고구려에서는 왕이 죽으면 그 동생이 왕위를 잇고 있었어. 그런데 고국천왕 이후에는 왕이 죽으면 그 아들이 왕위를 잇는 게 당연해진 거야. 왕의 힘을 더욱더 강하게 하기 위해서였지.”

이때 손톱을 매만지던 허영심이 “응?” 하며 고개를 번쩍 들었다.

“그게 무슨 뜻이죠? 어차피 동생이나 아들이나 똑같이 왕의 가족이잖아요. 왕위를 아들한테 물려주면 왜 왕의 힘이 강해져요?”

“어이구, 우리 영심이가 열심히 듣고 있었구나! 왕위를 형제간에 물려줄 때는 왕이 자기 마음대로 다음 왕을 결정할 수 있는 게 아니었어. 귀족들이 왕의 형제들 중에서 누가 제일 적당한지를 골라서 왕으로 뽑기도 했거든. 하지만 왕위가 왕의 아들로, 또 그의 아들로만 이어진다면 귀족들이 끼어들 틈이 별로 없어. 뿐만 아니라 어차피 왕위를 이을 사람이 정해져 있으니 함부로 왕위를 넘보는 사람도 줄어들겠지. 그러니 자연히 왕의 힘이 세지는 거야.”

“그럼 고국천왕 다음에 왕이 된 건 그 아들이었겠네요?”

“그래야 마땅했지만 하필이면 고국천왕에게는 자식이 없었어. 그래서 그의 동생이 왕이 되었지. 하지만 그 다음 대부터는 왕의 아들이 왕위를 이어 갔어. 자, 이제 고구려에 대한 이야기는 이쯤에

서 잠시 접어 두고, 이제 백제로 가 보자. 고구려가 이렇게 발전하는 동안 백제는 어떤 상황이었는지, 그리고 어떤 과정을 거쳐 성장했는지 알아보자고."

백제, 한강을 끼고 성장하다

"한강 남쪽 땅에서 작은 나라로 출발한 백제는 이후 주변의 다른 나라들을 정복해 가며 차츰 세력을 넓혔어. 하지만 백제가 어떤 과정을 거쳐 마한 일대를 정복하고 큰 나라로 성장했는지는 자세히 알려 줄 수가 없어."

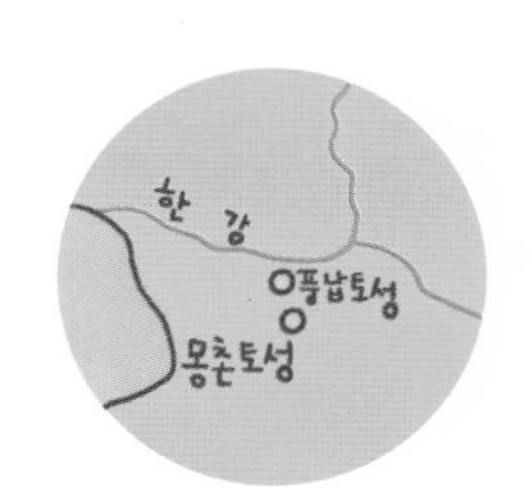

"네에? 뭐가 그래요?"

어리둥절해진 아이들이 눈을 크게 뜬 채 용선생을 바라보았다.

"아쉽지만 백제에 대한 기록은 남아 있는 게 별로 없거든. 고구려와 신라에 대한 기록도 적지만, 백제는 그보다 훨씬 더 적어."

아이들의 허탈한 표정에 괜히 미안해진 용선생이 일부러 목소리를 높였다.

"하지만 백제가 가장 먼저 전성기를 맞이할 수 있었던 이유는 알려줄 수 있지!"

풍납토성과 청동 자루솥

서울시 송파구에 있는 백제의 성터야(사적). 백제의 왕과 귀족들이 살았을 것으로 추정하고 있어. 이곳에서 청동으로 만든 자루솥 등이 발견되었는데, 자루솥은 술이나 음식을 끓이고 데우는 데 사용된 것으로 알려져 있어.

몽촌토성과 그릇받침

풍납토성에서 800m 정도 떨어진 곳에 있는 또 다른 성터야(사적). 해자와 목책의 흔적이 남아 있는 걸 보면 적의 침입에 대비를 했던 곳 같지. 이곳에서 원통형 그릇받침 등의 토기와 철제 무기들이 발견되었어. 최근에는 '궁(宮)'자가 새겨진 토기도 확인되었어. 백제 왕궁이었을 지도 모르지.

용선생은 아까 칠판에 적은 '한강'이라는 글자 옆에 얼렁뚱땅 한반도 지도 모양을 그렸다. 그러곤 빨간 분필로 한강 물줄기를 표시했다.

"한강은 한반도 중부 지역을 가로질러 흐르는 강이야. 오늘날로 치면 서울과 경기도, 강원도, 그리고 충청도를 이어 주고, 결국에는 황해로 흘러들어 가지. 옛날에는 지금처럼 도로가 잘 발달하지 않았기 때문에 울퉁불퉁하고 꼬불꼬불한 길을 걸어 다녀야 했어. 물론 말을 타고 다니기도 했지만 불편한 건 마찬가지였지. 하지만 강은 달랐어. 배만 띄울 수 있으면 별다른 어려움 없이 원하는 장소까지 갈 수 있으니까."

"우아, 그럼 옛날 사람들은 배를 많이 탔겠네요?"

곽두기의 말에 용선생이 고개를 끄덕여 주었다.

"그리고 한강은 황해로 흘러들어 가기 때문에 다른 나라, 특히 중국과 교류하는 데 유리했어. 한강에서 띄운 배가 바다로 나가 중국까지 갈 수 있으니 얼마나 편했겠니?"

"아하, 그래서 한강 근처에 자리 잡은 백제가 제일 먼저 전성기를 맞게 됐다는 거죠?"

"그래! 작고 약한 나라에 불과했던 백제는 한강의 장점을 활용해서 빠르게 성장했고, 3세기에 들어 8대 고이왕 때에는 주변 나라들을 떨게 만들 정도로 강한 나라가 되어 있었어."

별안간 나선애가 손을 번쩍 들었다.

"선생님! 그럼 마한은 어떻게 됐죠? 완전히 없어졌나요?"

"그래, 막 그 얘길 하려는 참이야. 마한의 작은 나라들은 꽤 오랫동안 남아 있었어. 하지만 가장 힘이 셌던 목지국이 백제 앞에 무릎을 꿇자 다른 나라들도 오래 버티지 못했어. 자신감을 얻은 고이왕은 남아 있던 여러 나라들을 무너뜨리며 남쪽으로 영토를 넓혀 갔어."

"전쟁에서 이겨 영토가 넓어질수록 왕의 힘은 점점 더 커지는 거죠?"

곽두기가 눈을 깜빡거리며 물었다.

"당연한 말씀! 힘이 커진 고이왕은 각 부족들이 가지고 있던 군사

말모양 청동 허리띠 장식

마한에 속한 여러 나라들의 지배자들이 사용했을 것으로 추정되는 허리띠 고리야. 충청남도 천안시의 무덤에서 발견되었어.

력을 중앙으로 집중시키고, 부족장들에게 벼슬을 내려 왕을 섬기는 신하로 만들었어. 벼슬은 16개의 등급으로 나누었는데, 각 등급별로 입을 수 있는 옷과 장신구까지 정해져 있었지. 가장 높은 등급은 자줏빛 옷, 그 다음은 다홍색 옷, 그 아래는 푸른 옷을 입게 했어. 이를 공복 제도라고 해."

"입을 수 있는 옷을 정해 줘요? 꼭 교복처럼?"

"그래, 요즘의 교복이나 제복과도 비슷한 점이 있지. 입고 있는 옷만 봐도 어떤 벼슬인지 알 수 있었으니까. 이렇게 벼슬에 따라서 입는 옷과 장신구까지 정해 놓으면 신하들 사이에서 높은 지위와 낮은 지위가 더욱 분명해지겠지? 그 지위를 바꾸어 줄 수 있는 사람은 왕 한 사람뿐이고. 그렇다면 신하들이 왕을 더욱 어려워하고 왕에게 충성을 바치지 않겠니?"

"호오, 신하들끼리 줄을 세워서 왕의 힘을 더

돋보이게 한다, 이거군요."

"맞아, 수재야. 고이왕은 또 나라를 다스리는 근본이 되는 법을 만들었어. 이런 법을 율령이라고 해. 관리가 뇌물을 받거나 남의 물건을 함부로 빼앗으면 율령에 따라 큰 벌을 받았기 때문에 관리들은 함부로 행동할 수 없었어. 이렇게 왕권을 강하게 세우고 나라의 기틀을 탄탄히 닦은 고이왕은 주변 나라들과 전쟁을 하기도 하고 교류를 하기도 하면서 백제를 발전시켜 나갔어."

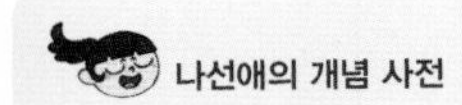

율령(律令)
죄 지은 사람에게 벌을 주는 법인 형법[律]과 나라를 다스리는 데 필요한 여러 가지 규정[令]을 아울러 가리키는 용어야.

"고구려의 태조왕과 비슷한 것 같네요."

선애의 말에 아이들이 고개를 끄덕였다.

근초고왕, 고구려를 공격하다

"맞아. 하지만 백제를 진정한 강대국으로 만든 사람은 바로 근초고왕이었어. 백제의 13대 왕인 근초고왕은 그때까지 버티고 있던 마한의 작은 나라들을 차례로 정복해 나갔어. 이렇게 해서 한반도 중부와 서남부 지역이 거의 백제 땅이 되자 그는 슬슬 북쪽으로 눈을 돌려 고구려 땅까지 넘보기 시작했어."

흠칫 놀란 장하다가 "헉! 고구려를……!" 하고 소리쳤다.

"물론 이때까지만 해도 백제의 힘은 고구려에 미치지 못했어. 근

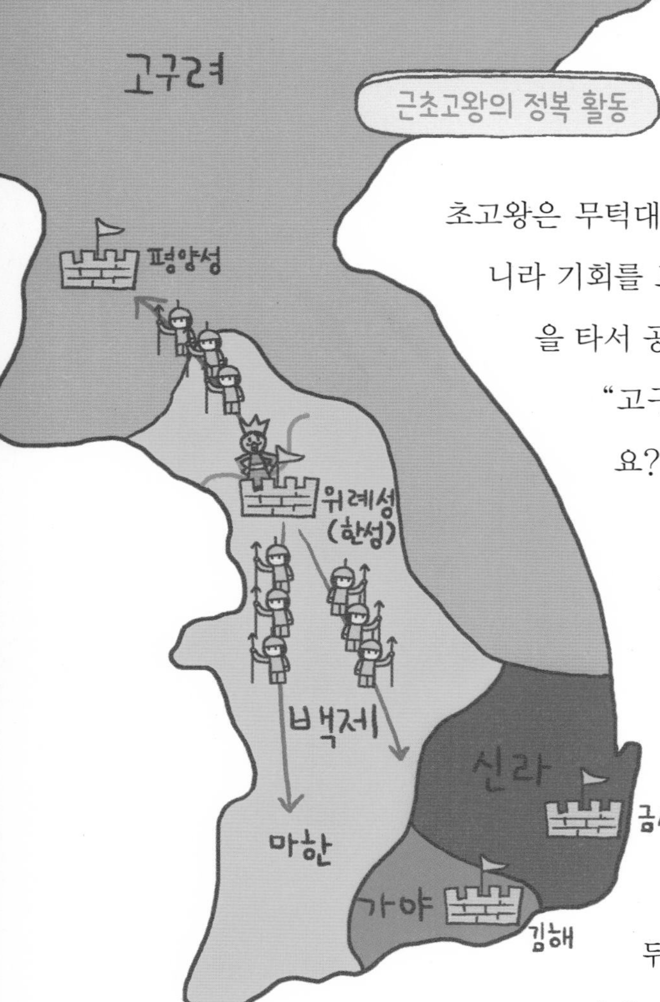

초고왕은 무턱대고 고구려를 공격한 게 아니라 기회를 보다가 고구려가 약해진 틈을 타서 공격한 거야."

"고구려가 약해졌다고요? 왜요?"

"이 무렵, 중국 대륙에는 전연이라는 나라가 있었어. 호시탐탐 고구려 땅을 노리던 전연은 결국 342년에 고구려를 공격했어. 전연은 궁궐을 불태우고 성을 헐어 버린 뒤, 고구려 백성 5만 명을 강제로 끌고 갔어. 고구려의 고국원왕은 간신히 목숨을 건졌지만, 전연의 군사들은 고국원왕의 아버지 미천왕의 무덤을 파헤쳐 그 시신을 꺼내 갔고, 고국원왕의 어머니와 왕비는 인질로 잡아갔어. 미천왕의 시신은 그 다음 해에 돌려받았지만, 어머니와 왕비는 무려 13년 동안이나 전연에 붙잡혀 있어야만 했지."

"세상에…… 고국원왕 너무 불쌍하다."

왕수재의 지리 사전

전연(337~370)
중국 북쪽에 살던 선비족 중에서 모용부가 세운 나라야. 4세기 초에 요동으로 세력을 넓히면서 고구려와 자주 전쟁을 벌였어.

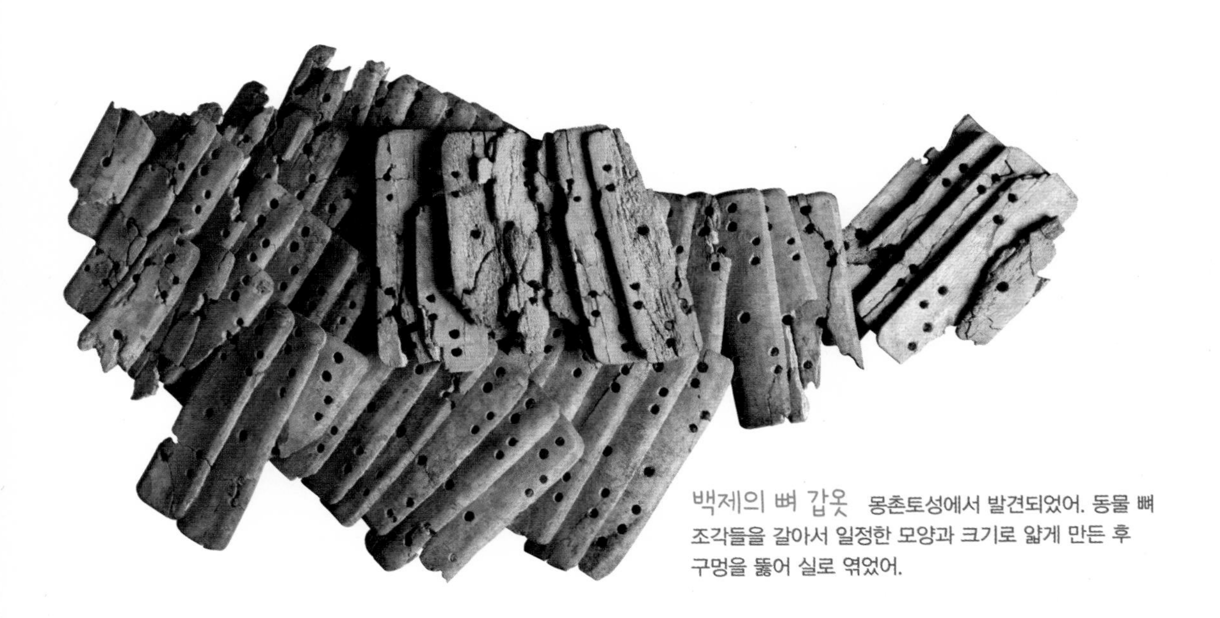

백제의 뼈 갑옷 몽촌토성에서 발견되었어. 동물 뼈 조각들을 갈아서 일정한 모양과 크기로 얇게 만든 후 구멍을 뚫어 실로 엮었어.

영심의 말에 하다는 "분명 고구려가 복수할 거야!" 하고 주먹을 불끈 쥐었다.

"백제의 근초고왕은 이 기회를 놓치지 않았어. 어수선한 고구려의 상황을 틈타 3만 명의 군사를 이끌고 평양성을 공격했어. 그런데 고구려의 고국원왕은 직접 군사들을 이끌고 전투에 나섰다가 불행히도 백제군이 쏜 화살에 목숨을 잃고 말았어."

"헉, 진짜요?"

장하다의 얼굴에는 충격과 실망감이 뒤섞여 있었다.

"고구려의 왕이 죽자 백제군의 사기는 하늘을 찌를 정도로 높아졌어. 근초고왕은 더욱 적극적으로 전쟁을 치렀고, 결국 백제는 역사상 가장 넓은 영토를 차지하게 됐지."

"전 고구려 편이지만, 근초고왕이 대단하긴 하네요."

입을 삐죽이던 장하다가 떨떠름한 표정으로 말했다.

백제, 전성기를 맞이하다

"암, 대단하지! 근초고왕은 삼국 시대를 통틀어 가장 중요한 인물 중 하나야. 영토를 넓히고 왕의 힘을 강하게 만드는 데 그치지 않고, 다른 나라와의 교류를 통해 다양한 문물을 받아들인 왕이거든. 특히 근초고왕은 중국 남쪽에 있는 동진과 교류를 했는데, 이건 알고 보면 보통 일이 아니야. 당시에는 배를 먼 바다까지 띄울 수 있는 항해술이 발달하지 않았기 때문에 중국 대륙에 가려면 육지에서 최대한 가까운 바다를 따라 항해를 할 수밖에 없었어. 하지만 백제

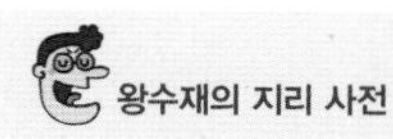

동진(317~419)
서진이 멸망한 후, 그 후손이 양쯔강 남쪽에 다시 세운 나라야.

동진에서 온 물건

흑유 닭모양 항아리 액체가 나오는 입구가 닭의 머리처럼 생긴 주전자로, 중국 동진에서 많이 만들어졌어. 검은색을 띠도록 철분이 많이 든 유약인 흑유를 발라 구웠지. 백제 왕실이 중국 동진에서 들여와 지방의 세력가들에게 내려 준 것으로 추정되고 있어.

양모양 청자 중국 동진에서 만든 것으로, 강원도 원주 법천리의 백제 무덤에서 발견되었어. 양 머리 위에 구멍이 뚫려 있고 초를 꽂은 흔적이 있어 초 받침대로 사용됐다고 보기도 해.

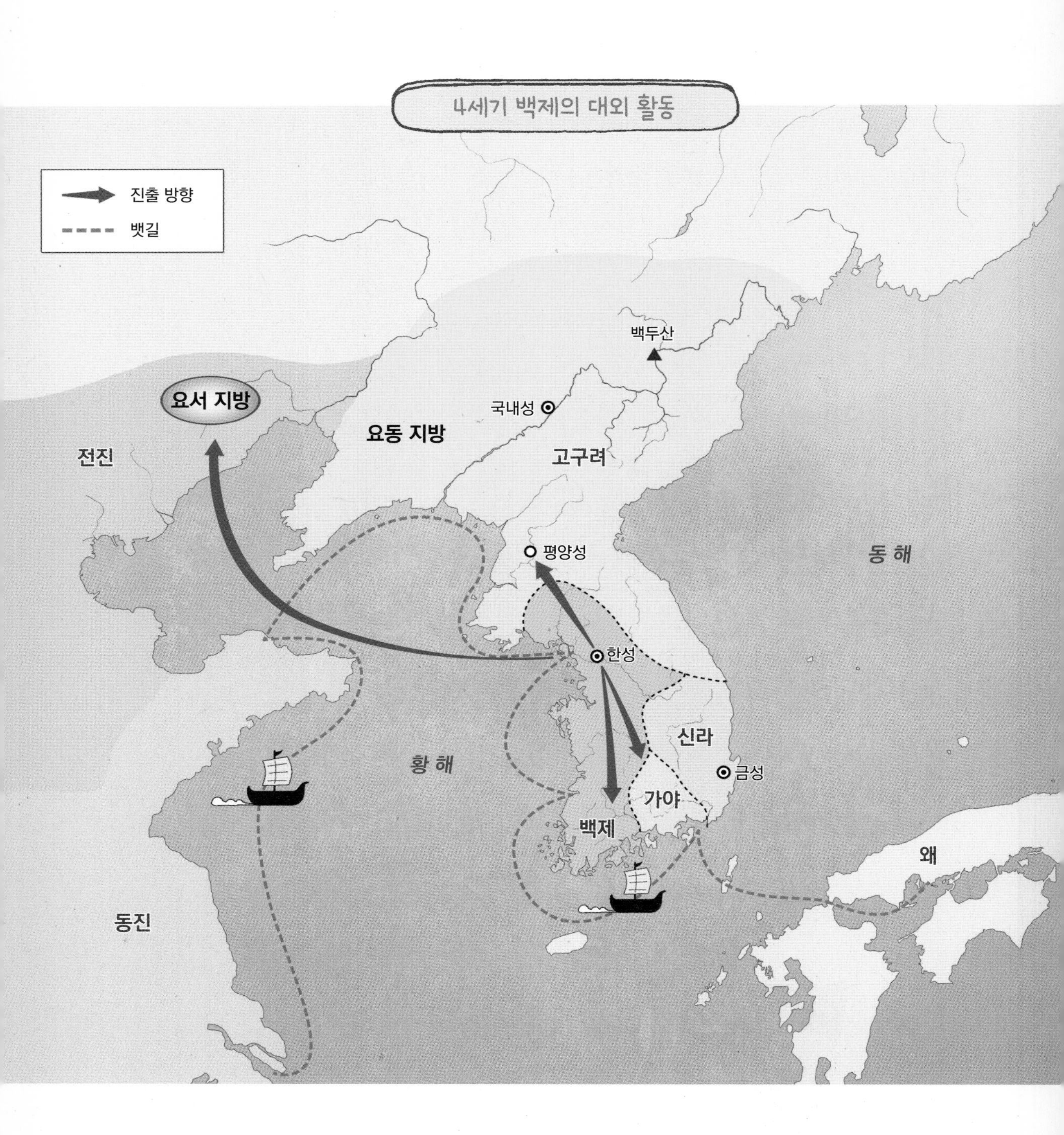
4세기 백제의 대외 활동
진출 방향
뱃길
백두산
요서 지방
국내성
요동 지방
고구려
전진
평양성
동 해
한성
신라
황 해
금성
가야
백제
왜
동진

는 황해를 곧장 가로질러 직접 동진과 교류를 했어. 백제의 배 다루는 기술이 그만큼 뛰어났다는 걸 알 수 있지. 이렇게 동진을 통해 대륙의 앞선 문물을 직접 접하게 된 백제는 이를 다시 발전시켜 자신만의 문화를 창조할 수 있었지. 훗날 백제에 불교를 전해 준 인도의 승려 마라난타도 바로 동진에서 온 사람이었어. 근초고왕은 중국뿐만 아니라 일본과도 교류를 시작했어. 당시 사람들은 일본을 '왜'라고 불렀으니까, 우리도 왜라고 부르자. 근초고왕 이후로 백제는 왜와 꾸준히 교류를 이어 갔어. 백제는 왜에게 앞선 문물을 전해 주고, 왜는 백제가 원할 때마다 군사를 보내 주는 식이었지."

"백제가 왜에 전해 준 게 뭐예요?"

"음…… 물건을 전해 주기도 했지만, 그보다는 뛰어난 기술자나 학자를 보내 준 것이 더 중요해. 예를 들면 아직기와 왕인을 꼽을 수 있어. 원래 아직기는 말을 길들이는 기술을 전해 주기 위해 왜에 간 사람이었어. 그런데 왜왕은 그가 많은 지식을 가지고 있다는 사실을 알고는 태자의 스승으로 삼았어. 왕인도 같은 시대에 왜에 건너가 태자의 스승이 된 사람이야. 어떻게 된 사정이냐 하

계양산성 목간 종이가 없었던 시절에는 나무를 쪼개어 매끄럽게 만든 '목간'에 먹물로 글씨를 썼어. 인천 계양산성에서 발견된 이 목간에는 유교 경전 《논어》가 적혀 있어.

면, 어느 날 왜왕이 아직기를 불러서는 백제에서 학문이 가장 뛰어난 사람이 누구인지 물었대. 아직기는 왕인이 가장 뛰어나다고 대답했다지. 그러자 왜왕이 곧장 백제로 사신을 보내 왕인을 모셔 왔다는 거야. 왜에 건너간 왕인은 태자를 가르치며, 사람들에게 《논어》와 《천자문》을 전해 줬어. 지금도 일본에는 왕인과 관련된 유적이 남아 있어. 그만큼 일본 역사에서도 왕인의 업적이 높이 평가받고 있다는 뜻이겠지?"

"우아, 엄청 뿌듯하다!"

장하다가 벙글거렸다. 이때 갑자기 용선생이 나뭇가지처럼 생긴 칼을 꺼내 휘둘렀다. 칼날의 좌우에는 작은 칼날이 각각 세 개씩 뻗어 나와 있었다.

"어! 그건 또 뭐예요? 백제 칼이구나!"

장하다가 흥분하며 팔을 뻗자 영심이가 "가짜야, 안 봐도 뻔하지. 아직도 그걸 모르니?" 하고 소곤거렸다.

"이건 백제의 왕이 왜왕에게 준 칼이야. 칼날이 일곱 개라서 '칠지도'라고 부르지. 여기 잘 보면 칼의 표면에 글자가 새겨져 있는데, 백제 왕세자가 왜왕에게 주는 것이니 잘 보관하

칠지도 1874년 일본 나라현 이소노카미 신궁의 창고에서 발견됐어. 일본의 국보야. 길이 74.9cm의 철기로, 앞면과 뒷면에 금으로 상감한 61개의 글자가 새겨져 있어. 상감이란 재료의 일부를 파내고 그 자리에 다른 재료를 넣어 무늬를 장식하는 기법이야. 칼에 새겨진 내용을 통해 백제와 왜 사이에 밀접한 교류가 있었음을 알 수 있어.

라는 내용이 담겨 있어."

아이들이 글자를 보려고 저마다 고개를 앞으로 쑥 내밀었다. 그러자 용선생은 짐짓 허세를 부리며 "귀한 칼 상할라!" 하더니 재빨리 칼을 감췄다.

"아니, 그렇게 많은 걸 전해 줬는데 뭘 또 선물까지 줍니까?"

왕수재가 이해가 안 간다는 듯 고개를 가로저으며 말하자, 용선생은 빙그레 웃었다.

"칠지도는 백제의 왕이 왜왕에게 하사한 것으로 보기도 해. 하사는 임금이 신하에게, 혹은 윗사람이 아랫사람에게 물건을 준다는 뜻이야. 따라서 백제가 왜에게 칠지도를 하사했다는 건, 백제가 왜를 신하의 나라로 생각했다는 뜻이지."

"고구려만 강한 게 아니었네. 백제도 엄청났구나. 히히!"

신이 난 장하다가 어깨를 들썩거렸다.

가장 늦게 발전한 나라, 신라

"근데 선생님, 신라 이야기는 왜 안 해 주세요? 혹시 깜박하신 거 아니에요?"

허영심의 말에 용선생은 난처한 표정을 지었다.

"그런 게 아니라…… 사실 이 시기의 신라에 대해서는 해 줄 이야기가 별로 없어."

"또요? 기록이 없는 건 백제라면서요."

"아니, 그래서가 아니야. 신라는 삼국 중에서 발전 속도가 가장 느렸기 때문에 고구려와 백제가 한창 나라의 기틀을 닦는 동안에도 조용했거든. 왕권이 강해지고 나라의 제도와 문화가 왕을 중심으로 굴러가기 시작한 것은 4세기 내물왕 때에 이르러서였어. 심지어 '왕'이라는 호칭도 6세기인 22대 지증왕 때부터 사용했지."

"오잉? 그럼 그 전까지는 왕을 뭐라고 불렀어요?"

"박혁거세는 '거서간'이라고 불렸어. 거서간은 진한 사람들 말로 '귀한 사람'이라는 뜻이야. 그 다음으로 왕이 된 남해는 '차차웅'이라 불렸는데, 차차웅은 하늘에 제사를 올리는 제사장이나 무당을 가리키는 말이야. 그 다음으로 왕이 된 유리는 '이사금'이라 불렸어. 이사금이란 '연장자', 즉 나이 많은 사람을 의미하는 말인데, 이 호칭은 사람의 이와 관련이 있어."

"이요? 입속에 있는 이거 말이에요?"

하다가 입을 쩍 벌려 보였다.

"그래, 여기에 얽힌 이야기가 있어. 남해 차차웅의 아들 유리는 아버지가 세상을 뜨자 자신이 왕위에 오르지 않고 석탈해에게 왕위를 양보했대. 그러자 탈해는 이가 많은 사람이 왕위에 오르자는 제

안을 했다는 거야."

"엥? 이랑 왕이 되는 거랑 무슨 상관이 있다고요?"

"신라 사람들은 이가 많은 사람이 나이가 더 많다고 믿었거든. 나이가 많은 사람은 경험이 풍부하기 때문에 더 지혜롭다고 볼 수 있지. 그래서 유리와 탈해는 누가 더 이가 많은지 보려고 각각 떡을 깨물었는데, 유리의 떡에 찍힌 잇자국이 더 많았대. 그래서 유리가 먼저 왕이 되고, 그 후에 탈해가 왕위를 이었다는구나."

"이제부터 반장은 투표로 뽑지 말고 떡 깨물기 해서 이가 많은 사람이 하면 되겠네요. 킥킥!"

장하다가 너스레를 떨었다.

"아직 더 있어. 4세기 말인 17대 내물왕 때에 이르러서는 '마립간'이라는 호칭을 썼어. 그러니까 내물왕이 아닌 '내물마립간'이 정확한 말인 거지. 마립간은 '우두머리'라는 뜻이야. 이쯤만 되어도 왕의 힘이 전보다 꽤 강해졌다는 걸 알 수 있지? 지난 시간에도 말했듯이 원래 신라는 박씨, 석씨, 김씨가 번갈아 가며 왕위에 올랐어. 하지만 내물왕 때부터는 김씨들만 왕위를 이어 나갔고, 왕을 부르는 호칭도 마립간으로 바뀐 거야."

치아가 많은 사람이 반장! 콜~?
난 꾸준히 치아 관리를 받아 왔는데 괜찮겠어?

"어휴, 도대체 몇 번이나 바꾸는 거야.

복잡하게시리……."

영심이 머리를 흔들며 투덜거렸다.

"낯선 이름이 많으니 어렵게 느껴질 거야. 하지만 신라 왕의 호칭이 바뀌어 간 과정은 곧 신라의 발전 과정이기도 해. 왕의 힘이 점차 커지면서 왕을 부르는 이름도 달라진 거니까. 왕이 얼마나 큰 힘을 갖게 되었는가는 이 시기의 역사를 이해할 때 아주 중요한 문제란다."

아이들은 그제야 고개를 끄덕였다.

"아, 오늘 정말 공부 많이 했다! 오늘은 여기까지! 다음 시간부터는 고구려가 어떻게 위기를 극복하고 강한 나라가 되었는지 알아보자고!"

나선애의 정리노트

1. 고구려의 흥망성쇠

동명왕 (주몽)	유리왕	대무신왕	태조왕	고국천왕	고국원왕
1대 (재위 기원전 37~19년)	2대 (재위 기원전 19~기원후 18년)	3대 (재위 18 ~44년)	6대 (재위 53 ~146년)	9대 (재위 179 ~197년)	16대 (재위 331 ~371년)
고구려 건국	국내성으로 수도를 옮김	부여 정벌	영토 확장 (옥저 등)	진대법, 왕위 부자 상속	백제군에 의해 전사

*재위: 임금의 자리에 있던 기간

2. 한강의 이점

① 넓은 평야 ⟶ 농사짓기 좋은 넓은 평야

② 뱃길 ⟶ 배를 통해 사람과 물자를 빠르고 안전하게 운반

③ 중국과 교류 ⟶ 중국으로 가는 뱃길 중 가장 짧고 안전한 뱃길의 출발점

3. 백제는 어떻게 성장했을까?

온조왕	고이왕	근초고왕
1대 (재위 기원전 18~기원후 28년)	8대 (재위 234~286년)	13대 (재위 346~375년)
백제 건국	영토 확장, 율령 반포, 16관등제와 공복 제도 실시	전성기 (가장 넓은 영토, 중국 동진·왜와 교류)

http://cafe.naver.com/yongyong

용선생의 역사 카페

역사계의 슈퍼스타,
용선생의 역사 카페에
오신 걸 환영합니다

Log in

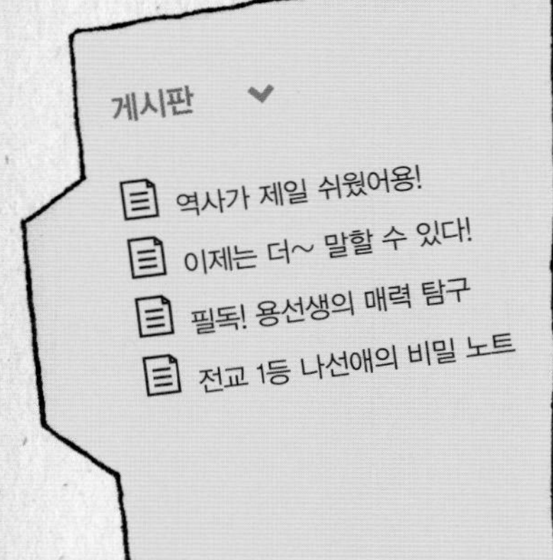

삼국 시대의 문자 생활

세상에는 수천 가지의 '말'이 있어. 하지만 모든 말이 '글자'로 표현되는 건 아냐. 전 세계를 통틀어 글자는 20여 가지에 불과하거든. 영어는 알파벳, 중국 말은 한자, 일본 말은 가나, 그리고 우리말은 한글로 쓰지.

삼국 시대는 아직 한글이 발명되지 않았던 시대였어. 그래서 삼국 시대 사람들은 중국의 한자를 빌려다 썼어. 처음에는 중국과 무역을 하거나 외교 관계를 맺기 위해 한자를 배우기 시작했는데, 시간이 지나면서 나라 안에서도 한자를 쓰게 되었어.

한자를 쓰기 시작하면서 삼국 시대 사람들은 한자로 된 중국의 유교 경전이나 시집 등을 즐겨 읽었어. 중국의 역사가들은 고구려 사람들이 책을 매우 좋아하며 중국의 유명한 경전을 즐겨 읽는다고 높이 평가했지.

하지만 우리말은 중국 말과 달라서 한자로 옮겨 적기도 쉽지 않고, 미묘한 말의 차이를 표현하기도 어려웠어. 그래서 한자의 소리와 뜻을 빌려서 적는 '이두(吏讀)'라는 방법으로 우리말을 기록했어. 예를 들어 〈서동요〉에서 '선화 공주님은'을 '善花公主主隱(선화공주주은)'으로 적었어. 여기서 '主(주)'는 '님'이란 뜻이고, '隱(은)'은 우리 말의 조사 '-은'과 소리가 같아. 지금 우리에게는 엄청 어려워 보이지만, 우리말을 소리나는 대로 쓸 수 있는 비교적 편리한 방법이었을 거야.

한 가지 더. 지금이야 종이가 매우 흔하지만, 삼국 시대 사람들은 종이 대신 여러 가지 재료에 글을 썼어. 가장 널리 쓰였던 것은, 나무 조각을 얇고 평평하게 잘라 만든 '목간(木簡)'이야. 당시 사람들은 유교 경전을 옮겨 적거나 관청에 보내는 문서를 작성할 때 목간을 사용했어. 심지어는 여기에 글자 연습을 하기도 했지. 잘못 쓴 부분은 작은 칼로 슥슥 긁어내고 다시 썼다고 해.

또한 나라에서는 사람들에게 어떤 일을 알리거나 오랫동안 기억할 만한 일이 있을 때 커다란 돌에 글자를 새겼어. 고구려의 광개토 대왕릉비나 신라의 진흥왕 순수비가 바로 대표적인 경우야.

북한산 신라 진흥왕 순수비

COMMENTS

장하다 : 윽~ 저렇게 어려운 한자를 사용했다니. 삼국 시대 사람들 대단해요.

↳ 곽두기 : 하다 형! 조금만 공부하면 형도 한자를 좋아하게 될 거야.

↳ 나선애 : TV 드라마를 보면 나무 조각을 편지라고 보내던데, 그게 바로 목간이었네요.

한국사 퀴즈 달인을 찾아라!

01 ★★☆☆☆

백제의 유물과 유적 사진을 이름과 올바르게 연결해 줄래?

①  • • 풍납토성

②  • • 석촌동 3호분

③  • • 칠지도

02 ★★☆☆☆

유리왕이 (　　)로 수도를 옮기라는 명령을 내리고 있어. 괄호 안에 들어갈 말을 하나 골라 줄래? (　　　)

① 국내　② 국외
③ 평양　④ 경주

03 ★★★☆☆

다음 백제 왕들의 이야기를 듣고, 세 명이 누구인지 이름을 찾아볼래? 가로, 세로, 대각선으로 잘 뒤져 봐야 찾을 수 있을 거야.

① 관리들 옷 색깔을 신분에 따라 다르게 정했더니 귀족들이 싫어하더이다.
② 에헴, 나는 워낙 한 일이 많아서! 먼저, 백제 영토를 가장 크게 넓혔습니다. 중국, 왜와도 교류를 했지요.
③ 나는 백제를 세웠어요. 소서노의 아들이기도 하지요.

술	심	근	곤	유	행
국	고	대	초	근	현
토	이	답	대	고	초
로	왕	비	현	아	왕
온	광	개	불	니	붕
조	양	성	왕	열	카
왕	중	보	중	공	민

04 ★★★☆☆

고국천왕은 시골에서 농사를 짓던 '이 사람'에게 최고 벼슬인 '국상' 자리를 주었다지. 그런데 '이 사람'이 누구더라? (　　　　)

① 을파소　　② 을지로
③ 은파소　　④ 을소

05 ★★★★★

다음 법을 만든 고구려의 왕에 대한 설명으로 옳지 않은 것을 골라 줄래? (　　　　)

> 곡식이 떨어지는 봄부터 가을까지 나라에서 백성들에게 곡식을 빌려주고, 가을 추수가 끝난 뒤 빌려 간 곡식을 갚도록 하는 법.

① 왕이 죽으면 아들이 왕위를 잇도록 했다.
② 이 법으로 백성을 구제하고, 귀족의 힘을 누르려 했다.
③ 신분보다는 능력이 있는 사람을 관리로 뽑았다.
④ 벼슬의 등급을 나누고, 등급에 맞는 옷과 장신구를 정해 줬다.

• 정답은 274쪽에서 확인하세요!

3교시

천하의 중심, 고구려

백제가 한창 빛을 발하던 4세기 중반, 이번에는 고구려에 심상치 않은 기운이 일기 시작했어. 고구려는 나라의 제도와 문물을 정비해 나가는가 싶더니, 삼국은 물론 동아시아 최강의 나라로 우뚝 서게 되었지. 대체 고구려에 무슨 일이 일어난 걸까?

371
근초고왕이 평양성을 공격하다
고구려 소수림왕이 불교를 받아들이다
372
광개토 대왕이 왜를 물리치다
400
장수왕이 수도를 평양으로 옮기다
427
장수왕이 한강 유역을 손에 넣다
475
지증왕이 나라 이름을 신라로 정하다
503

✔ 알고 있는 용어에 체크해 보자!

- [ ] 소수림왕
- [ ] 광개토 대왕
- [ ] 장수왕
- [ ] 광개토 대왕릉비

안악 3호분의 〈행렬도〉 (복원)

몇 시간을 달려 충주에 도착한 용선생과 아이들은 우람한 비석 앞에 서 있었다. 용선생의 키보다도 훨씬 큰 비석이었다.

“가만, 온통 글자들이 새겨져 있어요! 그런데…….”

나선애가 눈을 가늘게 뜨고 비석을 바라보았다.

“글자가 잘 안 보이는데요?”

“워낙 옛날에 만들어진 비석이다 보니 닳아 없어진 부분이 많아서 그래. 아아…… 글자가 조금만 더 잘 보였다면 엄청나게 많은 사실을 알아낼 수 있었을 텐데!”

용선생의 들뜬 목소리에 곽두기가 눈을 반짝이며 물었다.

“이게 무슨 비석인데요?”

“응, 5세기 중반에 세워진 충주 고구려비라는 거야. 남한강 유역을 차지한 장수왕이 이곳이 고구려의 영토임을 표시하기 위해 세운 비석이라고 알려져 있지.”

"장수왕? 장수왕이 누구셨더라?"

장하다가 중얼거리자 왕수재가 혀를 찼다.

"쯧쯧. 넌 고구려를 제일 좋아한다면서 그것도 모르냐? 광개토대왕 아들 아냐!"

그러자 갑자기 허영심이 나섰다.

"그럼 장수왕이 어떤 왕이었는데?"

"뭐? 그야…… 훌륭한 왕이었지."

"어떻게 훌륭했는데?"

"으, 대단히 훌륭했다! 왜 나한테 그래? 선생님한테 물어보면 되잖아!"

수재가 빽 하고 내지른 소리에 용선생이 웃음을 참으며 앞으로 나섰다.

"장수왕은 고구려 역사상 가장 넓은 영토를 차지했던 왕이야."

"어? 지난 시간에는 고구려가 위기에 처했었잖아요."

선애의 말에 다른 아이들도 "맞아, 그랬지?" 하며 고개를 갸우뚱거렸다.

"그래, 고국원왕이 백제군의 손에 죽은 뒤 고구려는 큰 혼란에 빠졌어. 하지만 그 뒤를 이은 소수

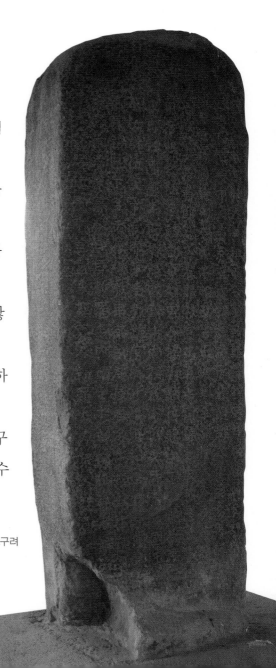

충주 고구려비 충청북도 충주시에 있어. 한반도에 유일하게 남아 있는 고구려 비석으로 높이는 약 2m야. 국보.

림왕 덕분에 한층 더 강력한 나라로 성장할 수 있었지. 자, 이쪽으로 와."

용선생이 손짓을 하자 아이들은 벤치에 옹기종기 모여 앉았다.

 백성들의 마음을 하나로 모은 소수림왕

"소수림왕은 고국원왕의 큰아들이었는데, 왕이 되자 전쟁을 줄이고 나라 살림을 돌보기 시작했어."

"에? 백제에 쳐들어가 아버지의 원수를 갚아도 모자랄 판에 전쟁을 멈췄다고요? 왕이 너무 소심한 거 아니에요?"

장하다가 김빠진 목소리로 투덜거렸다.

"그게 아니라, 아직은 때가 아니라고 생각했던 거야. 먼저 나라의 힘을 키운 다음 다시 백제와 대결해야겠다고 마음먹은 거지."

"음…… 그럼 군사 훈련을 열심히 했어요? 신무기를 개발했나?"

"꼭 그런 것으로만 나라의 힘을 키울 수 있는 건 아냐. 소수림왕은 우선 백성들의 마음을 하나로 모으기 위해 불교를 적극적으로 받아들였어. 이미 왕권이 탄탄하게 확립된 고구려에서 왕은 거의 신과 같은 존재였어. 그런 왕이 적군의 손에 죽임을 당했으니 백성들이 받은 충격은 무척 컸을 거야. 이 혼란스러운 상황에서 왕위에

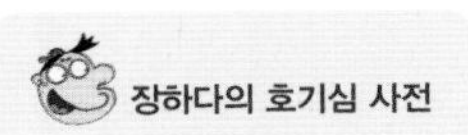

불교
소수림왕은 372년 전진에서 온 승려 순도를, 374년 진나라에서 온 승려 아도를 각각 맞아들였어. 375년에는 초문사와 이불란사를 지어 이들을 머물게 했어.

오른 소수림왕은 불교를 정식 종교로 인정해서 널리 퍼뜨리면 백성들이 왕을 중심으로 뭉칠 수 있을 거라 믿었어."

"불교를 믿는데 왜 왕을 중심으로 뭉쳐요? 불교는 부처님 믿는 종교 아니에요?"

허영심이 이상하다는 듯 눈을 크게 뜨며 말했다.

"그 시대의 불교에는 '왕은 곧 부처다'라는 생각이 담겨 있었거든. 그러니 불교가 널리 퍼져 나갈수록 백성들이 왕을 따르고 받드는 마음도 자연히 커지겠지. 이렇게 불교를 통해 나라의 힘을 하나로 모을 수 있는 토대를 마련한 소수림왕은 나라를 보다 체계적으로 다스리고 왕의 힘을 한층 강하게 만들기 위해 율령을 만들었어."

불꽃 뚫음무늬 금동관 평양시 대성구역에서 발견된 고구려 유물이야. 띠 모양의 테두리에 넝쿨무늬와 구슬무늬를 새겨 넣고, 그 위에 활달한 느낌의 나뭇잎 장식을 넣어 고구려인의 기상을 느끼게 해. 머리 위에 둘러 얹는 '보관(寶冠)'으로 추정하고 있어.

"율령이라면 법 말이죠? 고구려는 일찍부터 발달했다더니 아직 법도 없었네?"

왕수재가 어깨를 으쓱했다.

"법이 아예 없었던 건 아니야. 하지만 각 지역마다 법이 조금씩 달랐기 때문에 문제가 많았어. 예를 들면, 공을 세운 사람에게 상을 주고 죄를 지은 사람에게 벌을 줄 때도 지역마다 제각각이었던 거야. 상황이 이렇다 보니 왕의 명령이 그리 큰 힘을 갖지 못했지. 그래서 소수림왕은 오래전부터 있었던 법들을 모으고, 새로운 법을 추가해서 율령을 만들었어. 이로써 고구려의 법이 하나로 통합되었지. 이제 왕은 율령을 기준으로 명령을 내릴 수 있었고, 고구려의 모든 사람들은 그 명령을 따라야만 하는 거야. 그럼 어떻게 되겠어? 자연히 왕의 힘이 강해지겠지?"

"율령이란 게 중요한 거네요."

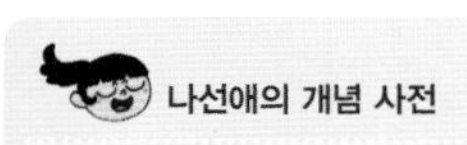

태학
소수림왕 2년(372), 수도인 국내성에 세워진 우리 역사상 최초의 국립 학교야.

"그렇고 말고! 근데 아무리 훌륭한 제도가 있어도 훌륭한 인재가 없다면 그 나라는 발전하기 어려워. 이 사실을 잘 알고 있었던 소수림왕은 유능한 인재들을 길러 내기 위해 태학을 세웠어. 관리나 귀족 집안 청년들만 입학할 수 있었던 태학에서는 학문은 물론 말타기와 활쏘기 같은 무예도 가르쳤어. 이렇게 길러 낸 인재들을 관리로 삼으면 나라가 크게 발전할 것이라 믿었거든. 이러한 소수림왕의 노력 덕분에 고구려는 한 단계 발전할 수 있었고, 다시 한번 밖으로 뻗어 나갈 힘을 얻게 됐단다."

고구려, 다시 칼날을 갈다

"소수림왕이 자식 없이 세상을 떠나자 그 뒤를 이은 것은 동생인

고국양왕이었어. 고국양왕은 소수림왕의 뜻을 이어받아 나라를 안정시키는 데 힘을 쏟는 한편, 슬슬 나라 밖으로 눈을 돌리기 시작했어. 중국의 후연과 영토 싸움을 벌이는가 하면 몇 차례에 걸쳐 백제를 공격했지. 후연은 전연이 망한 뒤 그 왕족이 새로 세운 나라야. 너희들, 전연하고 고구려 사이 기억나니?"

아이들은 긴가민가하는 표정으로 기억을 더듬어 보았다.

"고국원왕 때 전연에서 쳐들어와 미천왕의 무덤까지 파헤쳤다고 했었잖아."

"아, 그 깡패 같은 나라? 무덤을 파헤쳐서 시신까지 가져갔다고 했죠! 왕비도 잡아가고."

제일 먼저 생각해 낸 장하다가 소리쳤다.

"그래, 하다야. 당시 전연과 고구려는 화해를 하긴 했어. 하지만 고구려 입장에서는 분하고 치욕스러운 마음은 그대로 남겨 둔 채 울며 겨자 먹기 식으로 화해를 한 거였지. 그런 전연을 고스란히 이어받은 나라가 후연이니, 고구려에게는 원수 나라나 다름없었어. 백제는 더 말할 것도 없지. 소수림왕과 고국양왕은 아버지 고국원왕이 백제군의 손에 죽은 것을 한시도 잊지 않고 있었으니까."

"그러니까, 이렇게 되는 거네요. 고국양왕은 할아버지 미천왕의 원수를 갚으려고 후연을, 또 아버지 고국원왕의 원수를 갚으려고 백제를 공격했다!"

나선애가 이리저리 손짓을 하며 상황을 정리했다.

"그런 셈이지. 하지만 그 이유가 전부는 아니었어. 고국양왕이 후연과 영토 싸움을 벌인 곳은 요동과 현도 지역이었어. 지난번에도 이야기했듯이 이 지역들은 고구려가 대륙으로 뻗어 나가기 위해서는 꼭 먼저 손에 넣어야 할 곳이었지. 그래서 벌써 태조왕 때부터 이 지역을 두고 한나라와 치열한 싸움을 벌였다고 했잖아? 이미 넓은 영토를 차지하고 있던 백제 역시 고구려가 따뜻한 한반도 남쪽으로 세력을 넓히기 위해서는 피할 수 없는 상대였고."

"음, 그러니까! 고구려가 고국양왕 때부터 영토 확장에 나섰다, 이런 얘기군요."

왕수재가 나선애를 흘깃 쳐다보더니 큰 목소리로 말했다. 하지만 용선생은 미안하다는 표정을 지으며 고개를 저었다.

"아니, 그렇게까지 보긴 어려워. 슬슬 칼날을 갈기 시작했다고 하면 되겠구나. 그러다 고국양왕이 세상을 떠나자, 아들 담덕이 왕위

안악 3호분의 〈행렬도〉(복원) 황해남도 안악군에 있는 안악 3호분에는 행진하는 고구려 병사들의 모습이 그려져 있어. 말을 탄 기병, 창을 든 보병 등 수많은 병사들이 수레를 탄 주인공을 호위하고 있어.

를 물려받았어. 열여덟 살, 너무 적지도 않고 많지도 않은 나이에 고구려의 19대 왕이 된 담덕이 누구냐 하면 바로바로…….”

“광개토 대왕!”

용선생이 채 뜸을 들이기도 전에 아이들이 외쳤다. 이미 여러 명이 드라마와 책을 통해 담덕의 이름을 알고 있었던 것이다.

 달려라 달려, 광개토 대왕

“그래, 우리 역사에서 몇 손가락 안에 꼽히는 영웅의 이름이니 너희도 잘 알겠구나. 광개토 대왕은 왕위에 오르고 얼마 지나지 않아 대담하게 군사를 일으켰어. 할아버지인 고국원왕 때부터 이어져 내려온 후연, 그리고 백제에 대한 원한을 씻으려면 쉴 틈이 없었던 거지. 광개토 대왕은 먼저 백제에 칼을 겨누었어. 수만 명의 군사들을 이끌고 백제 땅으로 달려가 백제의 성 10여 개를 손에 넣었지. 그러고는 기세를 몰아 얼마 뒤 다시 백제의 관미성을 공격해 무너뜨렸어. 관미성은 절벽과 바다로 둘러싸여 있어서 공격하기 쉽지 않은 곳인 데다 백제가 북쪽 국경을 지키는 데 아주 중요한 성이었대. 그러니 백제도 가만히 있을 리 없었지. 백제는 관미성을 되찾기 위해 몇 번이나 군사를 보냈어. 하지만 번번이 지고 말았지.”

“계속 이기기만 했네요. 그새 고구려가 정말 강해졌나 보다!”

“이렇게 몇 년에 걸쳐 백제의 기세를 누른 광개토 대왕은 396년 아예 군사들을 이끌고 백제의 수도 한성으로 향했어. 백제군은 수도를 지키기 위해 온 힘을 다해 싸웠지. 하지만 이미 고구려는 백제가 당해 낼 수 있는 상대가 아니었어. 고구려군이 한성을 에워싼 채 공격해 오자, 백제는 두 손을 들고 말았지. 완벽한 승리를 거둔 광개토 대왕은 백제의 성 58개를 차지했을 뿐 아니라, 백제로부터 앞으로는 고구려의 신하 나라가 되겠다는 다짐을 받아 냈어.”

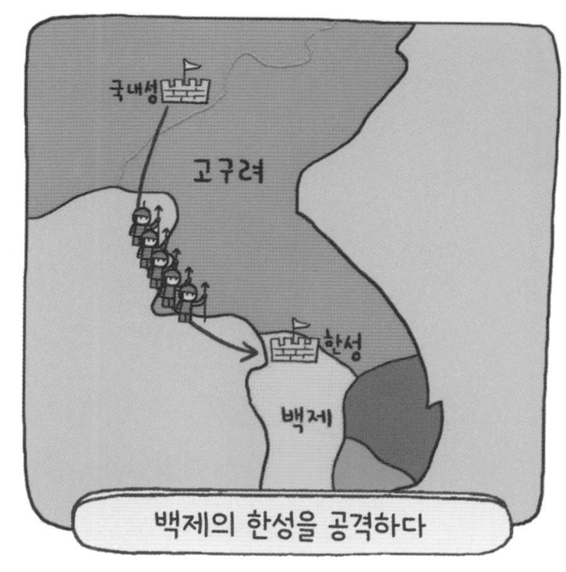

백제의 한성을 공격하다

“와아, 백제 접수! 다음은 그럼 후연인가요?”

흥분한 하다가 주먹을 내지르며 소리쳤다.

“아직 아니야. 항복한 뒤에도 백제는 다시 고구려에 맞설 기회를 엿보고 있었어. 하지만 백제 혼자의 힘으로는 어림없었지. 방법은 여러 나라와 뭉치는 거였어. 백제는 남쪽의 가야, 그리고 바다 건너 왜와 힘을 합쳐 고구려에 맞서기로 했어.”

“잠깐, 신라는 왜 쏙 빼놓고요?”

선애가 손을 들고 물었다.

신라를 도와주다

"이 무렵 힘이 약한 신라는 백제나 왜를 경계하기 위해 고구려와 가깝게 지내고 있었거든. 그러니 백제가 보기엔 같이 힘을 모을 상대가 아니라 오히려 적이나 다름없었지. 그래서 뜻을 모은 세 나라가 먼저 공격한 것도 신라였어. 신라를 먼저 손에 넣어 더욱 세력을 키운 뒤에 고구려에 도전하려 했던 거야. 결국 400년, 왜군이 신라 땅을 공격했어. 그 뒤에는 백제군과 가야군도 버티고 있었지. 갑작스런 공격을 받고 위기에 빠진 신라의 내물왕은 재빨리 고구려에 군사를 보내 달라고 도움을 청했어."

"광개토 대왕이 군사를 보내 줬나요?"

"응! 곧바로 5만 명의 군사를 보냈어. 도망치는 왜군을 끝까지 쫓아가 무찌른 고구려군은 가야 땅에까지 밀어닥쳤다는구나. 다시는 고구려에 덤비지 못하게 본때를 보여 준 거야. 물론 백제도 더는 고구려에 맞설 생각을 하지 못했지. 또 이 일로 해서 고구려에 큰

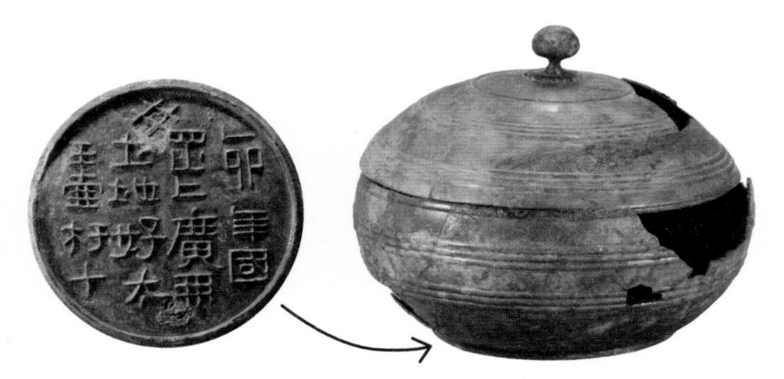

글씨가 있는 청동 그릇 경주에 있는 신라 무덤 호우총에서 발견된 청동 그릇(호우)이야. 바닥에 '을묘년 국강상광개토지호태왕 호우십'이라는 글자가 새겨져 있어. 을묘년은 장수왕 3년(415)이고 '국강상광개토지호태왕'은 광개토 대왕을 말해. 장수왕 재위 시기에 광개토 대왕의 추모 행사에 참여했던 신라 사신이 가져온 것으로 추정하고 있어. 높이 19.4cm, 국립중앙박물관 소장. 보물.

글씨가 있는 은합 경주에 있는 신라 무덤 서봉총에서 발견된 은으로 만든 그릇이야. '연수 원년', '태왕' 등의 글자가 새겨져 있어. '연수'는 고구려의 연호이므로 고구려에서 만들어 신라에 전한 것으로 추정하고 있어.

빚을 지게 된 신라는 이후 고구려를 더욱 높이 섬기며 나랏일까지 간섭받는 처지가 되었어."

"흐와, 단칼에 몇 나라를 꼼짝도 못하게 만들었네!"

"자, 이렇게 해서 광개토 대왕은 오랜 숙제였던 고구려와 백제의 대결 관계를 말끔히 정리하고 한반도 남쪽 지역과 왜까지 단단히 단속했어. 뿐만 아니라 광개토 대왕은 왕위에 오른 직후부터 꾸준히 북쪽으로도 세력을 넓혀 두었어. 395년에는 서북쪽에 자리 잡고 있던 거란족을, 또 398년에는 동북쪽의 숙신을 공격해서 고구려에 무릎 꿇게 만들었지. 이제야말로 후연과 승부를 볼 때가 된 거야."

아이들은 침을 꼴깍 삼키며 숨을 죽였다.

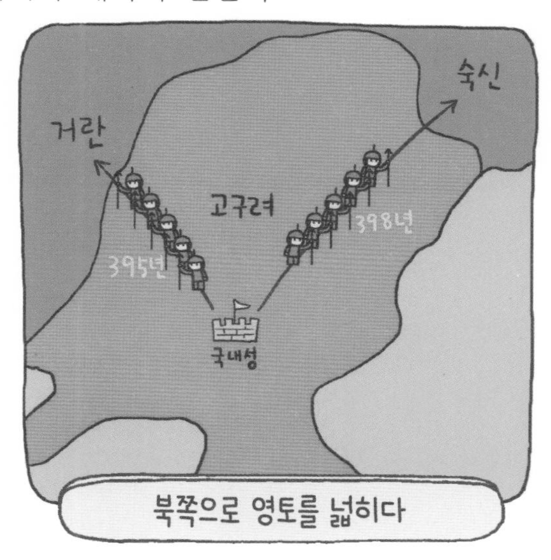

북쪽으로 영토를 넓히다

동북아시아의 최강자로 거듭나다

"마침 400년에 후연의 왕이 고구려의 성을 공격해 온 일이 있었어. 후연 역시 무서운 속도로 성장하는 고구려를 가만히 놔둘 수는 없었던 거지. 광개토 대왕은 더 이상 망설이지 않고 군사를 일으켰

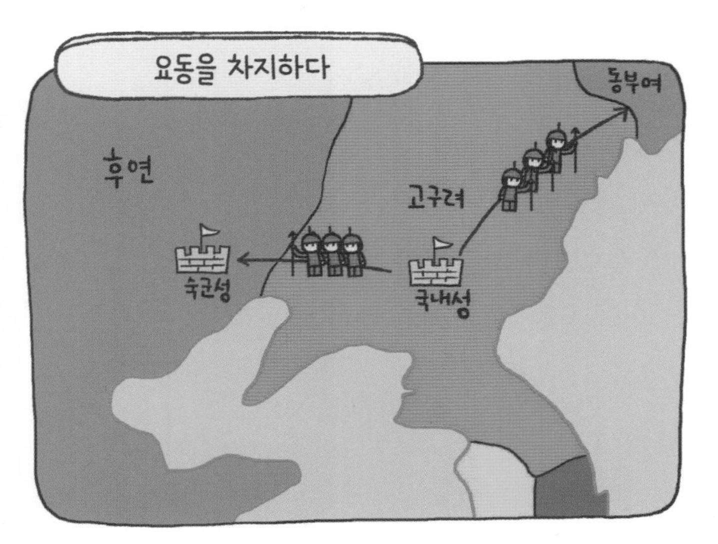

어. 402년, 광개토 대왕은 최고로 단련된 군사들을 이끌고 후연 땅으로 들이닥쳤어. 두 나라 군사들이 처음 맞붙은 곳은 숙군성이라는 곳이었어. 결과는 고구려의 승리였고, 사기가 오른 고구려는 이후 여러 번의 전투에서 승세를 이어 나갔어. 404년에는 요동 일대가 완전히 고구려의 손에 들어오게 되었지."

"드디어 요동을 빼앗았다!"

장하다가 두 팔을 번쩍 치켜들며 소리쳤다.

"그러자 후연 왕은 단단히 화가 나서 직접 군사들을 이끌고 요동성을 되찾으러 왔어. 후연이 어찌나 맹렬한 공격을 퍼부었는지, 처음엔 고구려가 질 것 같았다는구나. 하지만 승리의 여신은 고구려의 편이었던지 결국 후연은 패배한 채 쫓겨 나고 말았어. 이때 고구려가 어떻게 이기게 되었는지에 대해 재미난 이야기가 전해진단다. 요동성을 공격하던 후연 왕은 곧 성이 함락될 것처럼 보이자 군사들에게 이런 명령을 내렸대. '요동성이 함락되면 너희가 먼저

성에 오르지 마라. 나와 왕비가 가마를 타고 제일 먼저 성안으로 들어갈 것이다.'"

"엥? 왜요?"

"왕비를 기쁘게 해 주려고 그랬다는 거야. 원래 성이 함락되면 군사들이 먼저 들어가서 상대편을 꼼짝 못하게 만드는 게 당연한 순서거든. 그런데 왕이 이런 명령을 내리는 바람에 후연 군사들은 승리를 코앞에 두고도 성에 오르지 못하고 우물쭈물했다지. 그 덕에 고구려군은 방어할 수 있는 시간을 벌었고 전세를 뒤엎어 후연군을 물리칠 수 있었대."

"다 된 밥에 재 뿌렸네! 킥킥!"

"그 뒤로도 후연은 여러 차례 고구려를 공격했지만 번번이 패배했어. 고구려와 싸움을 벌이느라 급격히 국력이 약해진 후연은 얼

고구려 중장기병 철 갑옷으로 온몸을 감싼 무사가 말 위에 올라타 창을 휘두르고 있어. 말도 몸 전체를 갑옷으로 무장하고 있어. 중국 지린성에 있는 통구 12호분의 벽화 중 일부분이야.

마 뒤 멸망했단다. 그 뒤를 이어 북연이라는 나라가 세워졌는데, 북연은 고구려와 좋은 관계를 유지하려고 애썼지. 그런가 하면 광개토 대왕은 410년에 고구려 동북쪽에 있던 작은 나라, 동부여를 공격해서 항복을 받아내기도 했어. 이제 고구려는 만주 일대를 거의 다 차지하고 동북아시아를 호령하는 강대국이 된 거야!"

"우아, 만세!"

아이들의 환호성 사이로 선애가 용선생을 불렀다.

"선생님! 대체 고구려는 어떻게 그렇게 강했던 거예요? 전쟁마다 이기기만 했으니……."

그러자 만세를 불러 젖히던 장하다가 끼어들었다.

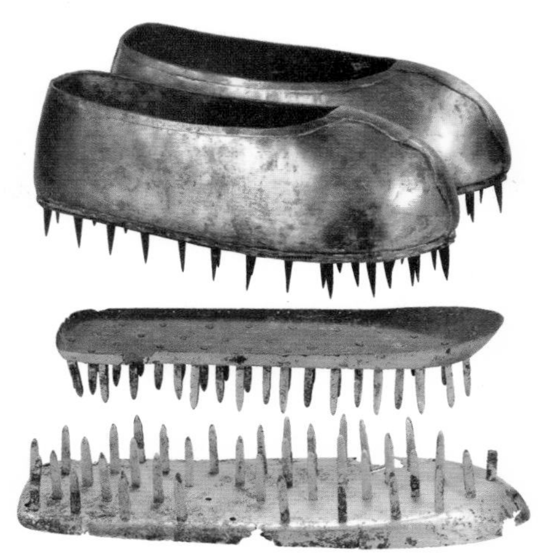
기병 신발(복원)과 신발 바닥 고구려 기병은 신발에 날카로운 쇠못을 박아 적군이 접근하지 못하게 했어.

"아, 강하니까 강한 거지!"

"하여튼 넌 뭐든지 그렇게 간단하니? 강하니까 강한 게 어딨어?"

용선생이 허허 웃으며 둘 사이를 갈라놓았다.

"이유를 꼽으라면 여러 가지가 있겠지? 일단 소수림왕 시절부터 차근차근 나라 안 제도를 정비하고 왕을 중심으로 국력을 한데 모아 온 것이 중요해. 또 당시 중국 대륙의 상황도 고구려에게 유리했어. 한나라가 망한 뒤 아직 강력한 나라가 세워지지 못하고 여러 세력이 서로 아옹다옹 다투고 있었거든. 그러니 고구려가 북쪽으로 뻗어 나가기 좋았지. 그렇지만 뭐, 하다 말도 영 틀린 건 아니야. 고구려가 가는 곳마다 승리한 데는 워낙 강한 군사력이 결정적인 역할을 했으니까. 특히 온갖 전쟁터를 휩쓸고 다닌 고구려 기마병은 병사뿐 아니라 말까지 철 갑옷을 두르고 있었어. 웬만한 활이나 창에는 끄떡없을 만큼 튼튼한 철 갑옷이었지. 물론 어렸을 때부터 말타기와 활쏘기로 단련된 군사들의 무예 실력도 최고였고. 여기에 일찍부터 큰 뜻을 품고 고구려를 천하의 중심이라고 선언한 광개토 대왕이 있었으니, 고구려가 승승장구할 수밖에."

"천하의 중심? 그게 무슨 뜻이에요?"

"광개토 대왕은 살았을 당시에 백성들로부터 '영락 대왕'이라고

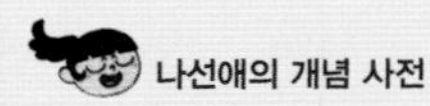
나선애의 개념 사전

연호
황제는 즉위한 해부터 연호를 사용해 연도를 표시했어. 예를 들어 광개토 대왕이 즉위한 지 1년이 된 해는 영락 1년이 되는 거지. 이러한 연호에는 황제가 시간까지 지배한다는 의미가 담겨 있어.

불렸대. 왕위에 오른 뒤 곧장 '영락'이라는 연호를 사용했기 때문이지. 그런데 그 전까지 우리 땅에는 자기만의 연호를 쓴 나라가 하나도 없었어. 모두 중국의 황제가 쓰는 연호를 그대로 따라 썼지. 일찍부터 여러 왕조가 세워지고 문물이 발달한 중국은 동아시아를 통틀어 천하의 중심이라고 여겨졌거든. 그런데 광개토 대왕은 왕위에 오르면서 스스로 고구려의 연호를 정한 거야. 고구려가 중국에 굽실거리는 나라가 아니라는 뜻이지. 중국뿐 아니라 다른 어떤 나라의 간섭도 받지 않는 나라, 스스로 천하의 중심인 나라라고 선언한 거야."

"와…… 그거네! 그냥 땅만 넓히고 다닌 왕이 아니었던 거야!"

나선애의 진심 어린 감탄에 괜스레 장하다가 턱을 치켜들며 으스댔다.

장수왕, 수도를 옮기다

"고구려의 전성기는 광개토 대왕의 뒤를 이은 장수왕 시대까지 이어졌어. 아니, 오히려 더 찬란한 시대였다고 말할 수 있지."

용선생은 미리 준비해 둔 지도를 펼쳐 보여 주었다.

"장수왕은 왕위에 있는 동안 많은 일을 했는데, 그중 하나가 수도를 국내성에서 평양성으로 옮긴 일이었어."

"어? 평양성이 더 아래네. 북쪽 땅이 넓어졌는데 왜 더 남쪽으로 수도를 옮겼죠?"

선애가 지도를 가리키며 물었다.

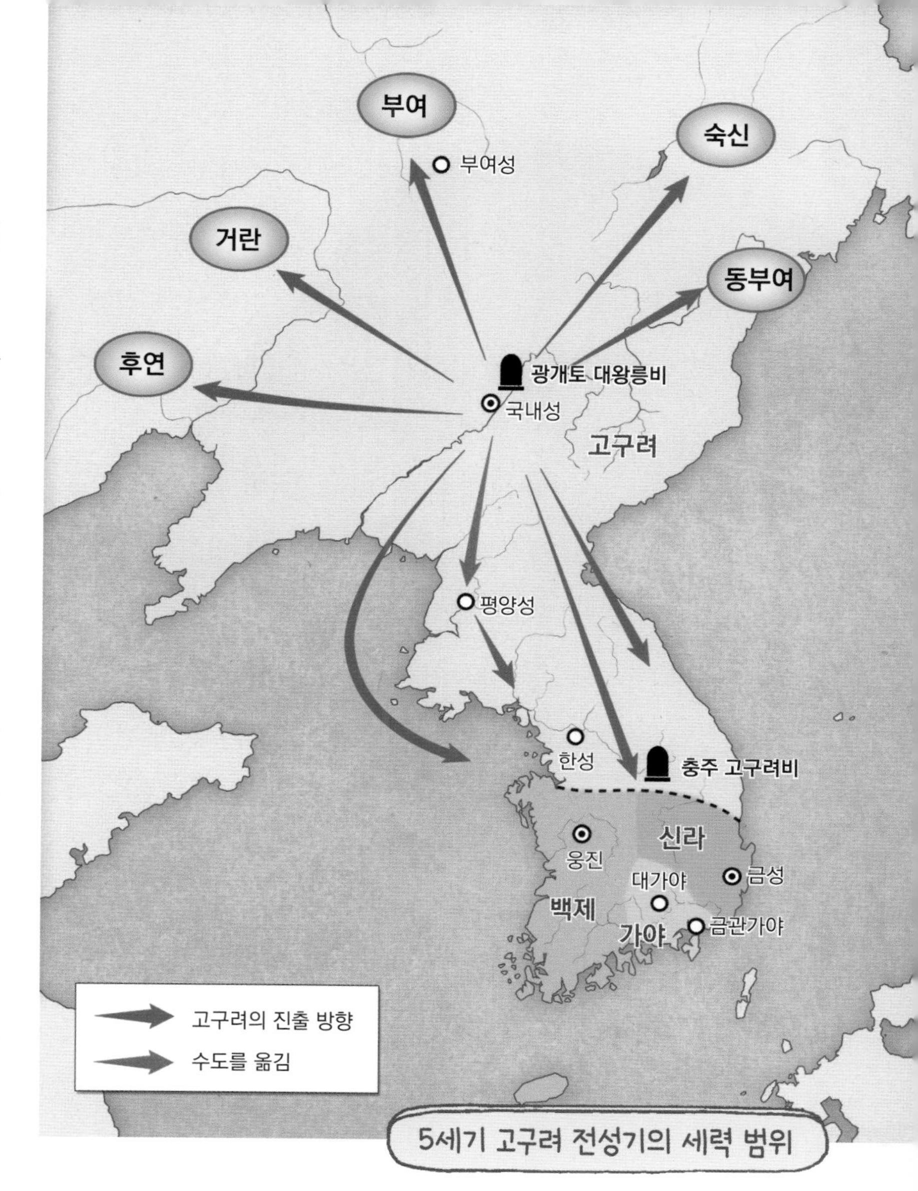

5세기 고구려 전성기의 세력 범위

"여러 가지 이유가 있었을 거야. 우선은 나라가 커진 만큼 수도의 규모도 커질 필요가 있었겠지? 국내성보다 자연환경이 좋아서 많은 이들이 편안하게 살 수 있는 수도가 필요했을 거야. 물론 왕궁도 좀 더 크게 지어야겠지. 또 장수왕은 백제가 차지하고 있는 한강 주변 지역을 눈여겨보며, 곧 그 땅을 정복해야겠다고 마음먹고 있었어. 그래야 백제를 완전히 누르고 한반도 남쪽 지역까지 영토를 넓힐 수 있을 테니까."

"그래서 남쪽으로 옮긴 거군요?"

"응, 평양은 한강으로 진출하기 쉬운 곳일 뿐 아니라 넓고 기름진 평야가 있어서 국내성보다 살기 좋은 곳이었어. 게다가 대동강이 있어 교통도 편리했지."

"한마디로 꿩 먹고 알 먹고네요."

왕수재의 말에 용선생이 빙그레 웃었다.

"그런 셈이지. 그런데 장수왕이 평양으로 수도를 옮기겠다고 하자 국내성의 귀족들이 반대를 하고 나섰어."

"더 좋은 곳으로 옮긴다는데 왜 반대를 해요?"

곽두기가 이해할 수 없다는 표정을 지었다.

"국내성은 오랫동안 고구려의 수도였기 때문에 이곳에 기반을 두

안학궁 터 안학궁은 장수왕이 평양으로 수도를 옮기면서 만든 왕궁이야. 지금은 기둥 자리만 남아 있지만 궁성의 넓이가 약 38만㎡나 될 만큼 넓고 컸다고 해. 건물들도 엄청나게 커서 정전의 정면 길이가 87m나 되었대. 30.21m인 경복궁의 근정전보다 2배 이상 큰 건물인 거지.

고 있는 귀족들의 세력은 대단했어. 사실 장수왕이 수도를 옮기려 한 데는 이런 이유도 있었지. 수도를 평양으로 옮기면 국내성의 귀족들은 자연스럽게 힘이 약해질 테니까. 귀족들은 이러한 왕의 의도를 알아차리고서 똘똘 뭉쳐 왕의 결정에 반대한 거지. 하지만 장수왕은 조금도 흔들리지 않았어. 오히려 반대하는 귀족들에게 큰 벌을 내리고 427년에 평양성으로 수도를 옮겼지."

"장수왕은 한다면 하는 사람이네요."

"또 외교의 달인이기도 했지. 이 무렵 중국에서는 '북위'라는 나라가 점차 세력을 넓히고 있었어. 주변 나라들을 하나씩 무너뜨린 북위는 슬슬 고구려로 쳐들어올 계획을 세웠지. 북위는 고구려에게 대단히 위협적인 존재였어."

〈예빈도〉의 사신 당나라 측천무후의 아들인 장회태자 이현의 무덤에는 여러 인물들이 그려져 있어. 그림의 맨 오른쪽에 있는 인물이 새 깃털 모양의 장식을 꽂은 관('조우관')을 쓰고 있어서 고구려의 사신으로 추측하고 있지.

"윽. 또 전쟁이에요? 고구려 군사들은 언제 쉬나."

영심이가 걱정스러운 표정을 지었다.

"아니야, 장수왕은 전쟁을 벌이는 대신 다른 나라들과 손을 잡았어. 바로 북위의 북쪽에 있는 유연, 남쪽에 있는 송나라였지. 이렇게 고구려의 뒤가 든든해지자 북위는 별수 없이 고구려 공격을 포기했어. 고구려가 다른 나라들과 힘을 합쳐 쳐들어오면 큰일이니까. 이후 고구려와 북위도 사이가 좋아졌어. 고구려는 사신을 북위에 보냈고, 북위는 고구려 사신을 아주 높게 대우해 줌으로써 평화가 찾아왔지. 그러자 장수왕은 슬슬 남쪽으로 눈을 돌렸어."

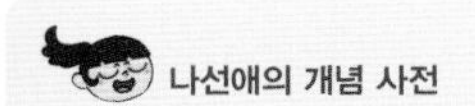

나선애의 개념 사전

나제 동맹

'동맹'은 '동일하게 행동하기로 한 약속' 같은 거야. 백제와 신라는 필요할 때 서로 군사를 보내 주기로 동맹을 맺었어.

"어이쿠, 백제는 이제 큰일 났네요!"

"장수왕이 남쪽으로 진출하려 한다는 걸 알아차린 백제의 비유왕과 신라의 눌지왕은 고구려에 맞서기 위해 동맹을 맺었어. 이 동맹을 나제 동맹이라고 하는데, 신라의 '라'와 백제의 '제'를 따서 붙인 이름이야. 이후 두 나라의 동맹 관계는 100년도 넘게 이어졌지."

"그런데요. 그때 신라는 고구려의 신하 나라였다면서요. 고구려

가 신하 나라를 공격하진 않을 텐데 왜 백제랑 손을 잡아요?"

나선애가 물었다.

"고구려의 손아귀에서 벗어나고 싶었던 거지. 발전이 더디긴 했지만 신라도 이미 만만한 나라가 아니었어. 440년에는 고구려 변방의 장수를 죽인 적도 있었지. 이때 화가 난 장수왕이 신라를 치려고 했지만 신라 왕이 얼른 사신을 보내 잘못했다고 빌어서 겨우 넘어갔어. 이 일이 있은 뒤 고구려와 신라의 관계는 서서히 나빠지기 시작했지."

선애가 고개를 천천히 끄덕거렸다.

"백제는 신라뿐 아니라 다른 나라들과도 가깝게 지내기 위해 노력했어. 그래야 고구려가 함부로 백제를 공격할 수 없을 테니까. 하지만 장수왕의 태도에는 변함이 없었지. 비유왕의 뒤를 이은 개로왕 때 결국 일이 터졌어. 언제 고구려 군사들이 밀고 내려올지 몰라 불안했던 개로왕은 먼저 손을 쓰기로 했어. 개로왕은 일단 469년에 고구려 남쪽에 있는 성을 공격했어. 하지만 별다른 소득을 얻지 못했지. 그러자 강한 군사력을 가진 북위에 사신을 보내 고구려를 공격해 달라고 부탁을 한 거야!"

"호, 그런 방법도 있군요? 남의 나라 힘을 빌려 적을 공격한다, 괜찮네."

수재의 감탄에 불안해진 하다가 용선생을 바라보았다.

"그래서요? 북위가 설마 고구려를……?"

"아니지! 이미 북위와 고구려는 화해하고 사이좋게 지내고 있었잖아. 북위는 백제의 부탁을 거절했어. 그리고 그 결과는……."

"장수왕이 엄청 화가 났겠죠!"

하다가 눈썹을 치올리며 무서운 표정을 지어 보였다.

장수왕, 백제에 첩자를 보내다

"그렇지! 백제가 북위까지 끌어들였다는 사실을 안 장수왕은 백제를 그냥 두면 안 되겠다고 생각했어. 그래서 '도림'이라는 승려를 백제에 첩자로 보냈어. 먼저 백제를 혼란스럽게 만든 다음, 힘이 더욱 약해졌을 때 공격할 생각이었던 거지."

"첩자요? 스파이? 그런 건 특수 훈련을 받은 사람들이 하는 거 아니에요? 왜 하필 스님을 보냈을까?"

장수왕의 결정을 이해할 수 없는 장하다가 입을 삐죽 내밀었다.

"모르는 소리! 삼국 시대를 통틀어 가장 성공적으로 임무를 수행한 첩자 도림의 활약을 기대해 보라고."

용선생이 씩 웃으며 도림과 개로왕에 얽힌 이야기를 풀어 놓기 시작했다.

연천 호로고루 고구려의 고루야. 고루는 높은 곳에 있는 작은 성을 말해. 경기도 연천 지역은 삼국 시대부터 전략적으로 매우 중요한 지역이었어. 삼국은 이 지역을 차지하기 위해 서로 치열하게 다퉜는데, 고구려는 이 지역을 차지한 다음 고루를 설치해 남쪽 방어를 단단히 했지. 사적.

"백제로 간 도림은 고구려에서 큰 죄를 짓고 도망쳐 왔다고 거짓말을 했어. 그런 다음 개로왕을 찾아갔지. 개로왕의 취미는 바둑이었는데, 어찌나 실력이 뛰어난지 백제에서도 내로라하는 실력이었어. 하지만 도림의 바둑 실력도 만만치 않았지. 도림은 개로왕에게 자신과 한번 겨뤄 보자고 했어."

"첩자로 갔다면서 웬 바둑?"

허영심이 이상하다는 듯 고개를 갸웃거렸다.

백제의 바둑판과 바둑알 바둑은 원래 중국에서 만들어진 놀이야. 우리나라에 언제 들어왔는지 알 수는 없지만, 고구려와 백제 사람들이 바둑 두기를 매우 좋아했다는 기록이 남아 있어. 이 바둑판과 바둑알은 백제의 의자왕이 일본에 보낸 것으로, 일본 왕실의 보물 창고인 쇼소인(정창원)에 보관되어 있어. 꽃가지를 입에 문 새의 모습이 인상적이야.

"더 들어 보렴. 도림과 바둑을 둔 개로왕은 그의 뛰어난 실력에 깜짝 놀랐어. 왕은 도림을 최고의 손님으로 대접하며 그와 바둑 두는 재미에 푹 빠져 지냈지. 이렇게 해서 개로왕의 마음을 얻은 도림은 슬슬 왕을 꼬드기기 시작했어. '전하, 궁궐이 작고 낡아서 왕실의 권위가 서지 않습니다. 또한 해마다 강물이 넘쳐 백성들이 큰 피해를 입고 있습니다. 그러니 궁궐을 크게 지으시고 둑을 쌓아 홍수에 대비하시는 것이 어떠신지요?' 도림을 철석같이 믿고 있던 개로왕은 당장 공사를 시작하라는 명령을 내렸어. 하지만 그건 당시의 백제로서는 감당하기 어려울 만큼 큰 공사였어. 공사가 시작되자, 곧 나라의 창고는 텅텅 비었고, 백성들의 살림은 너무나 어려워졌어. 자연히 왕을 원망하는 목소리가 높아졌지. 그러자 도림은 슬그머니 백제를 빠져나와 고구려로 돌아왔어. 장수왕은 드디어 백제를 공격할 때가 왔다고 판단했어."

"호오, 바둑을 이렇게 이용하다니……."

왕수재가 안경을 바짝 당겨 쓰며 눈에 힘을 주었다.

"장수왕은 3만 명의 군사를 이끌고 백제의 수도 한성을 공격했어. 그제야 도림에게 속은 것을 깨달은 개로왕은 땅을 치며 후회했지만 이미 때는 늦었지. 고구려는 한성을 차지했고, 몰래 성을 빠져나갔던 개로왕은 고구려군에게 붙잡혀 비참하게 목숨을 잃었어. 결국 한강 유역은 장수왕의 손에 넘어갔고, 백제는 쫓기듯 웅진으로 수도를 옮길 수밖에 없었어."

"어휴, 개로왕이 바둑에 빠지지만 않았어도 이렇게까지 무너지진 않았을 텐데."

아차산 제4보루의 부엌 보루는 적의 침입에 대비해 쌓은 군사 시설이야. 장수왕이 한강 유역을 차지한 후 만든 시설로 보이는 보루가 아차산에서 발견되었어. 모두 15여 개의 보루가 발견되었는데 발굴 조사를 한 제4보루에서는 100명 정도가 생활할 수 있었어. 토기, 무기, 심지어 철솥까지 발견되어서 고구려 군사 기지의 모습을 엿볼 수 있어.

허영심의 말에 아이들이 고개를 끄덕였다.

"자, 이렇게 해서 한강 주변 지역을 손에 넣은 장수왕은 더 아래쪽까지 밀고 내려와 한반도 중부 지역 일대를 모두 고구려의 땅으로 삼았어. 저 충주 고구려비는 그때 세워진 거야. 이 사진도 한번 보렴."

용선생이 지갑 속에서 사진 한 장을 꺼냈다. 사진 속에는 또 하나의 커다란 비석이 서 있었다.

"이건 또 뭔데요? 이것도 고구려 비석인가요?"

"그래! 바로 광개토 대왕릉비라는 건데, 장수왕이 아버지의 업적을 기리기 위해 세운 거야. 북쪽의 광개토 대왕릉비, 남

광개토 대왕릉비의 옛날 모습과 현재 모습 중국 지린성 지안시에 있어. 광개토 대왕이 죽고 나서 2년 뒤에 세워졌지. 비석의 내용은 크게 세 가지야. 첫째는 고구려의 건국 신화와 왕들의 업적, 둘째는 광개토 대왕의 정복 활동, 그리고 셋째는 왕의 무덤을 지키는 사람들에 대한 규정이지. 삼국 시대를 연구하는 데 매우 중요한 자료로 인정받고 있어. 높이 6.39m.

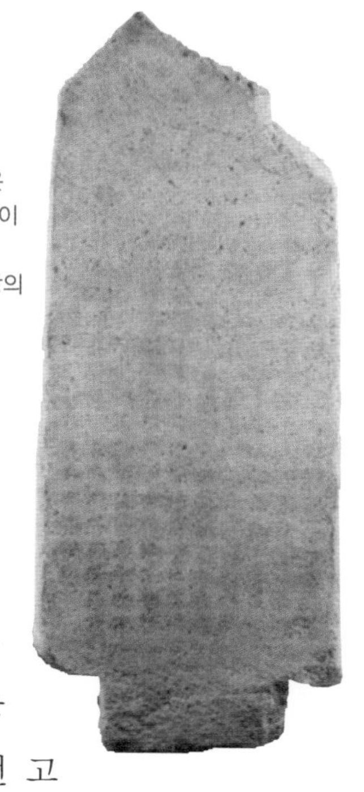

집안 고구려비 2012년 중국 지린성 지안시에서 발견된 고구려의 비석이야. 왼쪽이 비석이고 오른쪽은 탁본을 뜬 거야. 근래에 발견된 비석이라 많은 학자들이 관심을 갖지만, 훼손된 글자가 많아 아직 많은 내용이 밝혀지지는 않았어. 광개토 대왕릉비와 마찬가지로 왕의 무덤을 지키는 사람들에 대한 규정 등이 적혀 있어. 높이 173cm.

쪽의 충주 고구려비! 이 두 개의 비석은 고구려의 넓은 영토와 강한 힘을 두고두고 뽐냈을 거야. 뿐만 아니라, 우리 후손들에게는 스스로 천하의 중심이라고 여겼던 고구려 사람들의 당당한 기상을 전해 주는 것이기도 해."

아이들이 너도나도 사진을 자세히 보려고 달려들었다.

"사진으로 봐서 잘 모르겠지만, 실제로 보면 어마어마하게 크대. 높이가 무려 6.39미터라니까 아파트 3층 높이랑 비슷하다는 얘기야. 여기엔 어른 주먹 크기의 한자가 1,775개나 새겨져 있다는구나. 아아, 실제로 보면 얼마나 멋질까?"

"선생님, 당장 보러 가요!"

장하다가 벌떡 일어서자 다른 아이들도 따라 일어섰다. 왕수재도 덩달아 "진작 광개토 대왕릉비를 보러 가지, 왜 여기 왔어요?" 하며 투덜거렸다.

"얘, 얘들아, 잠깐만! 광개토 대왕릉비가 세워져 있는 곳은 지금은 중국 땅이야. 자동차로 쉽게 갈 수 있는 곳이 아니라고."

실망한 아이들이 어깨를 축 늘어뜨리자, 용선생이 주먹을 불끈 쥐며 말했다.

"얘들아, 조금만 기다려. 나중에 복권 당첨되면 진짜 광개토 대왕릉비 보여 줄게! 대신 오늘은 전쟁 기념관에 있는 복제품을 보러 가자. 진짜랑 똑같이 만들었어."

아이들이 우르르 미니버스에 올라탔다. 용선생은 시동을 걸었다.

"그나저나 언제 거기까지 가나. 여섯 시간쯤 걸릴 텐데."

그러자 나선애가 영문을 모르겠다는 얼굴로 말했다.

"어? 그러고 보니 우리 아빠 말로는 서울에서 충주까지 두 시간도 안 걸린다던데 올 때도 너무 오래 걸렸고……."

순간 차 안에 정적이 흘렀다. 뒤통수가 따가워진 용선생이 머리를 긁적였다.

"그게 말이야……. 선생님이 다 완벽한데, 방향 감각이 조금 떨어지잖니. 하하……."

"아악! 그럼 어떡해요? 전쟁 기념관 문 닫은 다음에 도착하는 거 아니에요?"

용선생은 아이들의 원성을 애써 못 들은 체하며 슬금슬금 차를 몰았다.

나선애의 정리노트

1. 고구려의 전성기를 한눈에!

소수림왕	광개토 대왕	장수왕
17대 (재위 371~384)	19대 (재위 391~413)	20대 (재위 413~491)
불교 수용, 태학 설립, 율령 반포	영토 확장(백제, 후연 등과 전쟁), '영락' 연호 사용	활발한 외교 정책, 수도 이전, 한강 확보

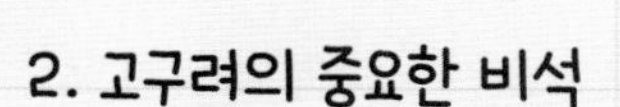

2. 고구려의 중요한 비석

- 광개토 대왕릉비: 장수왕이 광개토 대왕의 업적을 기리기 위해 세운 기념비
  삼국 시대를 연구하는 데 중요한 자료
- 충주 고구려비: 장수왕이 한반도 중부를 차지한 후 고구려의 영토임을
  표시하기 위해 세웠으며 충주에 있음

3. 삼국의 발전

	고구려	백제	신라
기초 마련	태조왕(2세기)	고이왕(3세기)	내물왕(4세기)
한강 유역 차지	장수왕(5세기)	고이왕(3세기)	진흥왕(6세기)
율령 반포	소수림왕(4세기)	고이왕(3세기)	법흥왕(6세기)
불교 수용	소수림왕(4세기)	침류왕(4세기)	법흥왕(6세기)
전성기	장수왕(5세기)	근초고왕(4세기)	진흥왕(6세기)

http://cafe.naver.com/yongyong

용선생의 역사 카페

역사계의 슈퍼스타,
용선생의 역사 카페에
오신 걸 환영합니다

Log in

게시판

- 역사가 제일 쉬웠어용!
- 이제는 더~ 말할 수 있다!
- 필독! 용선생의 매력 탐구
- 전교 1등 나선애의 비밀 노트

삼국 시대 사람들은 서로 말이 통했을까?

우리 역사에 속한 사람들이니까 왠지 서로 말이 통했을 것 같지? 정말 그런지 두 학자의 얘기를 들어 보자!

: 서로 대화가 가능했다고 봅니다. 물론 완전히 똑같은 말은 아니고 사투리 정도의 차이는 있었겠지요.

: 아닙니다. 삼국의 언어는 서로 달랐을 겁니다. 엄연히 《삼국지》 〈위서〉 동이전에 부여·고구려 사람들이 쓰는 말과 삼한 사람들이 쓰는 말이 다르다고 나와 있어요. 이 기록에 따르면 고구려와 신라의 말은 서로 달랐다고 볼 수 있지요.

: 《삼국사기》에는 고구려 사람과 신라 사람이 말을 주고받은 기록이 있는데, 통역은 등장하지 않아요.

: 통역하는 사람은 중요하지 않으니까 아예 생략한 거죠.

: 하지만 중국 역사책인 《양서》에 "백제의 언어와 복장은 고구려와 같다"고 기록되어 있어요. 그러니 고구려의 승려 도림이 백제 개로왕과 바둑을 두며 대화를 나눌 수 있었겠지요.

: 그거야 온조를 비롯한 백제의 지배층이 고구려에서 왔으니 그런 거죠. 백제의 경우, 지배층의 언어와 백

성들의 언어가 달랐을 겁니다. 지배층은 고구려의 말, 백성들은 삼한의 말을 썼을 거예요. 그 증거로 《주서》에는 "백제에서는 왕을 '어라하'라 부르는데 백성들은 왕을 '건길지'라고 부른다"는 기록이 있어요.

: 원래 지배층과 백성들이 쓰는 단어는 서로 조금씩 다른 게 당연한 겁니다. 고작 단어의 차이를 가지고 아예 말이 통하지 않았다고 주장하는 건 지나칩니다. 그리고 온조가 고구려에서 내려온 때와, 개로왕이 살았던 때와는 수백 년의 차이가 있습니다. 그런데 그때까지도 지배층과 백성이 서로 말이 통하지 않았다고요? 그런 상태에서 나라를 다스리는 게 가능했을까요?

그 후로도 이들의 논쟁은 계속되었지만, 결국 결론을 내리지 못했어.

COMMENTS

나선애 : 에잇, 뭐예요! 결론이 허무하잖아요.

↳ 용선생 : 그렇지? 그러니까 이 문제를 선애가 나중에 연구해 보면 좋겠다. 그치?

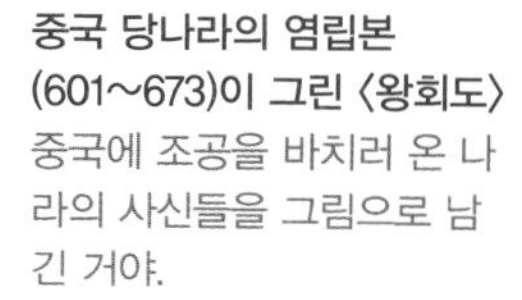

중국 당나라의 염립본 (601~673)이 그린 〈왕회도〉
중국에 조공을 바치러 온 나라의 사신들을 그림으로 남긴 거야.

〈왕회도〉의 고구려인

〈왕회도〉의 신라인

〈왕회도〉의 백제인

한국사 퀴즈 달인을 찾아라!
달인을 찾아라!
달인 트로피
출발!

01 ★★☆☆☆

고구려의 왕들이 자기소개를 하고 있어. 사다리를 잘 타고 내려가서 ⓐ, ⓑ, ⓒ, ⓓ에 해당하는 왕의 이름을 적어 줄래?

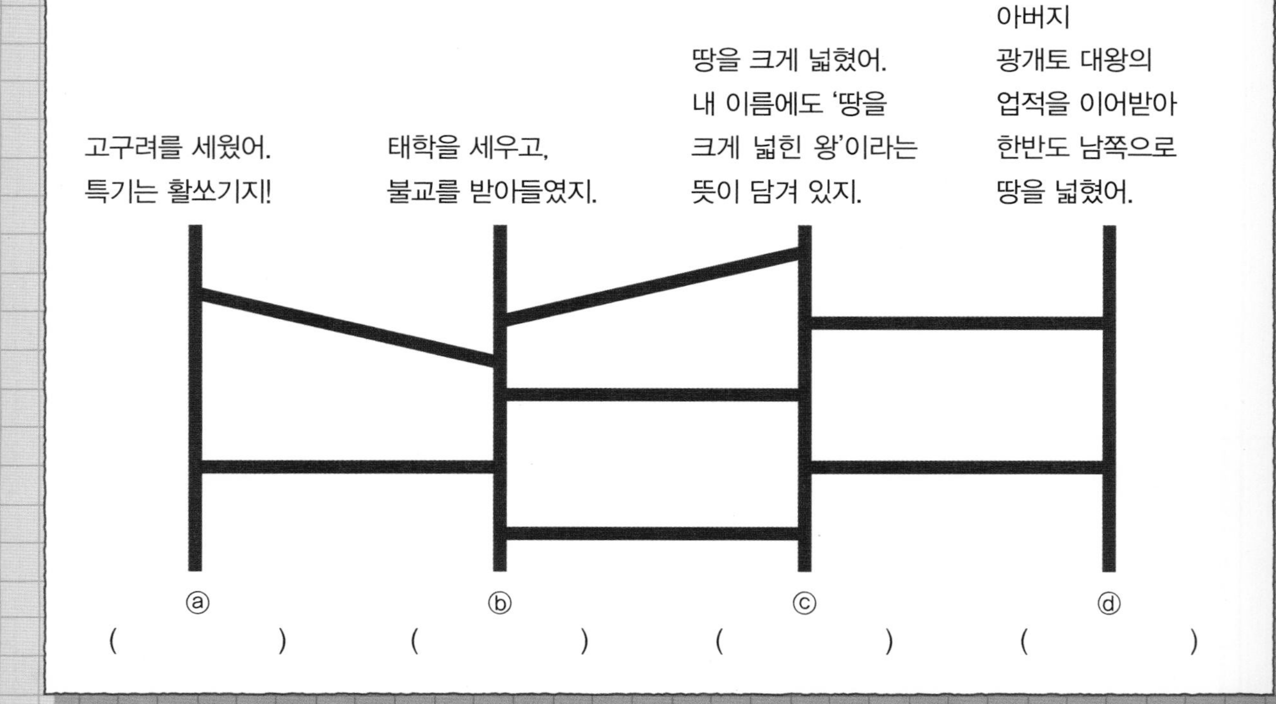
고구려를 세웠어.
특기는 활쏘기지!
태학을 세우고,
불교를 받아들였지.
땅을 크게 넓혔어.
내 이름에도 '땅을
크게 넓힌 왕'이라는
뜻이 담겨 있지.
아버지
광개토 대왕의
업적을 이어받아
한반도 남쪽으로
땅을 넓혔어.
ⓐ
ⓑ
ⓒ
ⓓ

ⓐ (　　　) ⓑ (　　　) ⓒ (　　　) ⓓ (　　　)

도착!

02 ★★☆☆☆

장수왕이 국내성에서 ○○성으로 수도를 옮겼어. 이곳은 어디일까? (   )

① 사비　　② 웅진
③ 평양　　④ 위례

03 ★★★★★

장수왕이 세운 걸로 알려져 있는 두 개의 고구려 비석이야. 비석에 대한 설명으로 바르게 연결된 것은 무엇일까? (   )

	ⓐ 충청북도 충주에서 볼 수 있는 고구려의 비석
	ⓑ 중국 지안시에서 볼 수 있는 고구려의 비석

① ⓐ는 소수림왕의 업적이 쓰여 있다.

② ⓐ는 한반도 중부 지역 일대를 차지하고 세운 비석이다.

③ ⓑ는 백제의 건국 신화가 적혀져 있다.

④ ⓑ는 50센티미터 크기의 작은 비석이다.

04 ★★★☆☆

바둑 두길 좋아하는 개로왕은 고구려 첩자로 인해 위기를 맞게 돼. 고구려 첩자의 이름은 무엇이고, 첩자를 보낸 고구려 왕의 이름은 무엇일까? (   )

① 도림 – 개로왕　　② 계림 – 고국천왕
③ 도림 – 장수왕　　④ 계림 – 장수왕

• 정답은 274쪽에서 확인하세요!

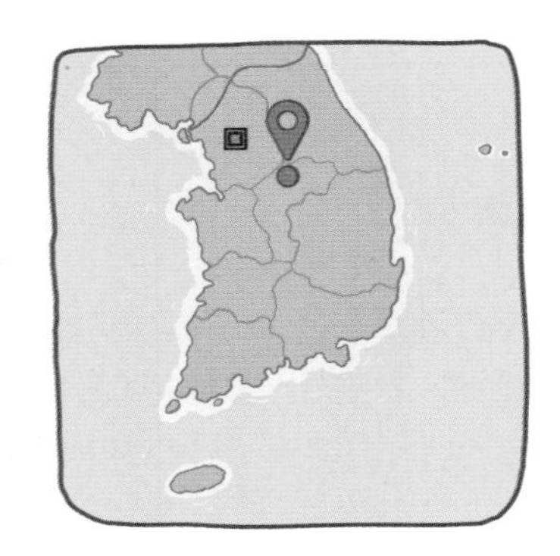

삼국 시대 전투의 현장 **충주를 가다**

충청북도 충주는 전국 어디에서나 접근이 쉬운 교통의 요지로서 예로부터 중요한 곳이었어. 삼국 시대에는 백제, 고구려, 신라가 번갈아 가며 이곳을 차지하기도 했지. 충주로 여행을 떠나 보자!

충주 고구려비 오랫동안 방치되어 글자 대부분이 닳았어. 비석을 세운 정확한 연대는 알기 어렵지만 '고려태왕'이라는 글씨를 통해 고구려 장수왕 때 세워진 것으로 짐작하고 있어. 장수왕 때부터 고구려를 고려라고도 불렀거든. 높이 2.03m, 국보.

충주 고구려비 전시관

국내 유일의 고구려 비석인 충주 고구려비를 보러 전시관에 갔어. 충주 고구려비는 고구려 장수왕이 남한강 유역을 차지한 뒤 고구려 영토의 경계를 표시하기 위해 세운 거야. 전시관에는 충주 고구려비뿐만 아니라 고구려와 관련된 다양한 역사 자료를 전시하고 있었어. 철갑옷을 두른 말 탄 개마무사도 있었지. 전시를 보는 내내 고구려 전사들의 힘찬 함성이 들려오는 것만 같았어!

중앙탑 사적공원

전시관에서 차로 5분을 달려 중앙탑 사적공원에 도착했어. 공원에는 아파트 4층 높이의 거대한 탑이 있었지! 이 탑이 바로 충주 탑평리 칠층 석탑이야. 탑은 통일 신라 때 세워졌는데, 그때 세워진 석탑 중 규모가 가장 크대. 탑은 주로 '중앙탑'이라고 불려. 신라의 중앙에 위치한다고 해서 지어진 별명이래. 우리는 탑과 주변의 조형물 앞에서 사진도 찍고, 남한강 주변 산책길을 따라 걸었어. 마음이 편안해지는 느낌이었지.

충주 탑평리 칠층 석탑 홀로 우뚝 솟은 석탑 옆으로 남한강이 흐르고 있어. 석탑과 남한강이 어우러진 경관이 정말 멋져. 〈사랑의 불시착〉, 〈빈센조〉 등 여러 편의 드라마나 영화의 촬영지이기도 했어. 높이 14.5m, 국보.

탄금대와 남한강 왼쪽 다리는 탄금 대교야. 우륵이 탄금대에서 가야금을 연주한 것을 따라 선율이 흐르는 다리 모양으로 만들었대.

탄금대

굽이굽이 흐르는 남한강과 울창한 소나무 숲을 동시에 즐길 수 있는 탄금대에 갔어. 탄금대는 원래 대문산이라고 불리던 작은 산이야. 신라 진흥왕 때 우륵이 이곳에 머물며 가야금을 연주하던 곳이라고 해서 탄금대라는 이름이 붙었어.

탄금대는 임진왜란 때 신립 장군이 일본군과 맞서 싸우다 최후를 맞이한 곳으로도 유명해. 신립 장군이 그때 어떤 마음으로 강을 바라보았을까 생각하니 슬퍼졌어.

탄금대 공원 팔천 고혼 위령탑

탄금대 전투에서 죽은 신립 장군과 8천 병사의 넋을 기리기 위해 세운 탑이야.

온천에 몸을 담근 사람들 온천수에는 칼슘, 나트륨, 불소 등이 함유되어 있어. 목욕을 하니 피부가 매끈해진 것 같아.

수안보 온천

차로 20여 분을 달려 수안보 온천에 들렀어. 이곳은 고려 현종 때인 1018년 유온천으로 불렸고, 《고려사》, 《조선왕조실록》, 《동국여지승람》 등 수많은 책에 기록될 만큼 오래전부터 이름난 곳이었지. 조선을 세운 이성계가 피부병을 치료하기 위해 자주 찾던 곳이라 '왕의 온천'이라고도 불렸대.

사과다, 사과! 여기저기 빨갛게 익은 사과가 주렁주렁 매달려 있어. 충주는 우리가 흔히 먹는 부사 품종이 처음으로 재배된 곳이야. 농장에서 금방 딴 사과를 옷에 쓱쓱 문질러 한 입 베어 먹었는데, 순간 새콤달콤한 과즙이 입 안 가득히 고였어! 아, 또 먹고 싶다!

사과 따는 어린이 가을이면 충주의 사과 농장에서 사과 따기 체험을 할 수 있어. 나무에서 바로 따 먹는 사과의 맛은 정말 최고야!

4교시

신라, 한강을 마지막으로 차지하다

여러 세력이 번갈아 나라를 다스리던 신라에서는
강한 왕권이 확립되기까지 오랜 세월이 걸렸어.
또 한반도 남쪽에 치우쳐 있어서
대륙의 앞선 문물을 받아들이는 속도도 느렸지.
하지만 서서히 성장하던 신라는 마침내 먼저 발전한
고구려와 백제를 넘어 화려한 전성기를 펼쳐 갔단다.

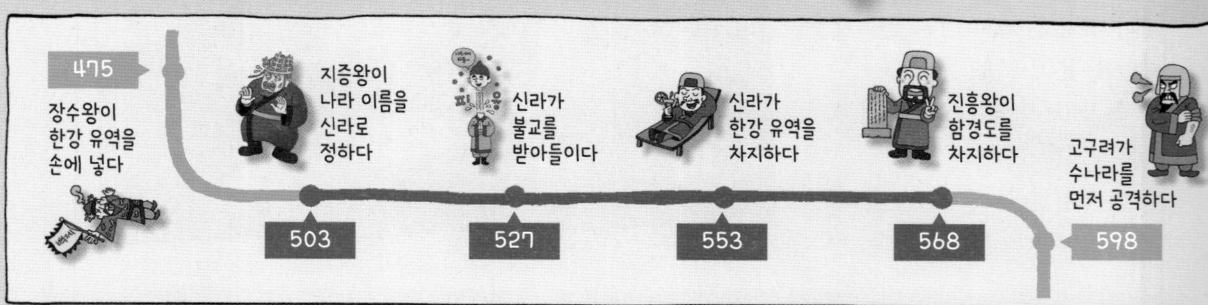
475
장수왕이 한강 유역을 손에 넣다
503
지증왕이 나라 이름을 신라로 정하다
527
신라가 불교를 받아들이다
553
신라가 한강 유역을 차지하다
568
진흥왕이 함경도를 차지하다
598
고구려가 수나라를 먼저 공격하다

북한산 신라 진흥왕 순수비

알고 있는 용어에 체크해 보자!
무령왕
지증왕
법흥왕
성왕
진흥왕
화랑도

아직 이른 아침, 북한산 입구는 밝고 화사한 등산복을 입은 사람들로 북적거렸다. 역사반 아이들은 눈을 반쯤 감은 상태로 연신 하품을 했다.

"얘들아, 맑은 공기를 마시니까 기분이 상쾌해지지 않니? 역시 사람은 자연과 더불어 살아야 한다니깐."

"선생님, 산에는 왜 온 거예요? 일요일인데 늦잠도 못 자고 이게 뭐람."

허영심이 부은 눈가를 매만지며 투덜거렸다.

"왜 왔긴? 보물 찾으러 왔지. 북한산 꼭대기에 어마어마한 보물이 있거든."

그러자 장하다가 눈을 반짝이며 "보물? 내가 찾아야지!" 하며 가방을 고쳐 멨다. 곽두기도 "형! 나도 나도!" 하며 장하다를 붙들었다. 둘이 달려 나가기 시작하자, 서로 눈치만 보던 아이들도 냉큼 따라나섰다.

"응? 얘들아! 그런 보물이 아니야. 같이 가, 얘들아!"

용선생이 애타게 불렀지만 아이들은 이미 저만치 멀어져 가고 있었다. 하는 수 없이 용선생도 허둥지둥 그 뒤를 쫓았다.

백제를 다시 일으킨 무령왕

얼마 뒤, 용선생과 아이들은 사이좋게 나란히 등산로를 걷고 있었다. 용선생이 걸음을 늦추며 아이들을 곁으로 불러 모았다.

"정상까지 올라가면 기운이 다 빠지겠구나. 우리 천천히 올라가면서 이동식 수업을 해 볼까? 지난 시간에 어디까지 얘기를 했더라……."

"백제 개로왕이 죽고 고구려에게 한강 유역을 빼앗긴 부분까지 했어요."

나선애가 기다렸다는 듯 대답했다.

"그래. 고구려에게 밀려난 백제는 웅진으로 수도를 옮겼어. 하지만 도망치듯 옮겨 온 웅진은 한 나라의 수도라고 하기엔 너무나도 작고 초라한 곳이었어. 게다가 나라가 어수선한 틈을 타 귀족들이 연거푸 반란을 일으키는 바람에 왕의 힘은 약해질 대로 약해져 버

렸어."

"그 정도면 거의 망한 거 아닌가요?"

왕수재의 말에 다른 아이들도 맞장구를 쳤다. 그러나 용선생은 고개를 저었다.

"그렇게 쉽게 무너질 백제가 아니지! 오히려 백제는 얼마 뒤에 다시 한번 전성기를 맞게 됐는걸?"

"네? 어떻게요?"

"백제의 25대 왕, 무령왕 덕분이었어. 무령왕이 왕위에 오른 것은 이미 세 명의 왕이 귀족들과의 세력 다툼 속에 차례로 목숨을 잃은 뒤였어. 그러니 귀족들의 힘을 누르고 왕권을 다시 세우지 않는다면 무령왕의 운명도, 또 백제의 운명도 위태로운 상황이었지. 무령왕은 먼저 귀족들을 제압하는 데 온 힘을 쏟았어. 반란을 일으킨 귀족 세력을 단호하게 처형하고, 귀족들이 나누어 다스리던 지방에 왕자와 왕족들을 보내 직접 다스리게 했어. 그러자 힘의 근거지를 빼앗긴 귀족들은 자연히 기가 꺾이게 되었지."

"그럼 왕의 힘도 세졌겠네요?"

영심의 말에 용선생이 고개를 끄덕였다.

"왕권을 다시 세운 무령왕은 백성들의 마음을 사로잡기 위해 노력했어. 흉년이 들어 백성들이 굶주리자 나라의 창고를 열어 곡식

용봉무늬 환두대도
무령왕의 무덤에서 나온 칼이야. 손잡이 머리[頭] 부분의 고리[環]에 용과 봉황 무늬[龍鳳文]를 새겨 넣은 큰 칼[大刀]을 용봉문 환두대도(龍鳳文環頭大刀)라고 해. 손잡이에 금실과 은실이 차례로 감겨 있고, 왕을 상징하는 용을 장식해 넣었어.

을 나누어 주었고, 백성들이 좀 더 편하게 농사를 지을 수 있도록 거대한 저수지를 만들고 새로운 농사법을 퍼뜨렸지."

나선애가 "유명한 왕은 다 그만한 이유가 있구나" 하고 중얼거렸다.

"아무렴! 이렇게 나라 안을 안정시킨 무령왕은 나라 밖으로도 눈을 돌렸어. 무령왕이 다스리는 동안 백제는 고구려와 여러 차례 전쟁을 벌였는데, 512년에는 왕이 직접 군사를 이끌고 가서 큰 승리를 거두기도 했어. 이렇게 고구려 땅을 넘나들며 전쟁을 치렀던 덕분에 백제는 한강 유역 땅 일부를 되찾게 됐지."

"우아, 천하의 중심 고구려를! 무령왕 대단한데요?"

몇 걸음 앞서가던 장하다가 귀가 번쩍 뜨여 돌아보며 말했다.

"자신감을 회복한 백제는 중국 양나라에 사신을 보내는 등 외교에도 각별히 신경 썼어. 특히 무령왕은 신라와 양나라가 외교 관계를 맺을 수 있도록 중간에서 많이 도와주기도 했지."

"엥? 왜 신라의 외교까지 도와줬어요?"

"백제랑 신라랑 손잡았잖아. 나제 동맹 기억 안 나?"

용선생은 나선애의 기억력에 혀를 내둘렀다.

"맞아. 신라랑 백제는 고구려에 대항하기 위해 433년에 나제 동맹을 맺은 뒤, 어느 한 나라가 고구려에게 공격을 받으면 다른 나

〈양직공도〉의 백제 사신 중국 양나라의 관리가 약 35개 나라에서 온 외국 사신들의 모습을 그리고 해설을 덧붙인 거야. 그림 속의 백제 사신은 521년 양나라 무제를 만나 유창한 중국어로 백제가 강한 나라가 되었음을 알렸대.

라가 군사를 보내 줬어. 그런데 처음에는 두 나라가 힘을 합쳐도 고구려를 당해 낼 수 없었지만, 백제가 다시 일어나고 신라가 눈부시게 발전하면서 상황이 달라졌어. 한층 힘이 세진 두 나라가 손을 잡고 대항하니 고구려가 주춤할 수밖에 없었던 거지."

"신라는 언제 그렇게 발전했대요?"

나날이 새로워지니, 신라!

포항 냉수리 신라비 503년(지증왕 4년) 신라에서 일어난 재산 다툼에 대한 판결 내용을 담고 있어. 지증왕 혼자가 아니라 귀족들과 함께 판결을 내렸고, 귀족들도 모두 '왕'으로 기록되어 있어. 아직은 신라 왕의 힘이 약했음을 보여 줘. 높이 67cm, 국보.

"좋아, 이제부터 신라 이야기를 제대로 해 보자. 신라가 한 단계 성장할 수 있는 기반을 닦은 것은 22대 지증왕 때였어. 전에 지증왕에 대해 잠깐 얘기한 적이 있었는데, 혹시 기억나니?"

잽싸게 공책을 꺼내 든 수재가 "여기 있다!" 하고 소리쳤다.

"마립간 대신 '왕'이라는 호칭을 쓰라고 한 사람이죠?"

"맞았어! 지증왕은 나라를 발전시키려면 백성들의 살림이 풍족해져야 한다고 생각했어. 그래서 소를 이용해 밭을 가는 방법

을 백성들 사이에 퍼뜨렸지. 사람 대신 소가 밭을 가니 농사짓기가 훨씬 쉬워졌고, 수확량도 크게 늘어났어. 그리고 각 지역마다 나라에서 직접 관리들을 내려보냈어. 이렇게 하면 왕의 명령이 지방 구석구석까지 직접 전달될 수 있었을 뿐만 아니라 각 지방에서 벌어지고 있는 일들을 왕이 바로 알 수 있었기 때문에 나라를 보다 효율적으로 다스릴 수 있었거든. 나라가 안정되기 시작하자 지증왕은 '마립간' 대신 '왕'이라는 호칭을 사용하고, 나라의 이름도 '신라'로 정했어."

"오잉? 그럼 그 전엔 신라를 뭐라고 불렀어요?"

"서라벌, 사로, 사라 등 여러 이름으로 불렸어. 하지만 지증왕이 '신라'라 부르도록 못을 박은 거지. 신라의 '신(新)'은 날마다 새로운 덕을 쌓는다는 뜻이고, '라(羅)'

은으로 만든 잔 5세기경에 만들어진 신라 무덤인 황남대총에서 발견되었어. 그릇 위아래에는 연꽃 무늬를 띠처럼 두르고, 그 사이에 봉황 등 상상 속의 동물들을 새겨 넣었어. 무척 화려하고 정교하지? 높이 3.8cm, 국립경주박물관 소장, 보물.

금으로 만든 굽다리 접시 굽이 높은 그릇으로, 황남대총에서 발견되었어. 얇은 금판을 자르고 구부려 화려하고 정교한 그릇을 만들었지. 왕의 힘이 강해지면서 수많은 금제 장식품들이 만들어졌고 황금은 신라 왕실을 상징하게 되었어. 높이 9.1cm, 국립경주박물관 소장, 보물.

는 사방에 고루 미친다는 뜻이래."

그때 갑자기 곽두기가 다급한 목소리로 용선생을 불렀다.

"선생님! 하다 형이 배 아프대요!"

장하다는 배를 움켜 쥔 채 다리를 배배 꼬고 있었다.

"아까부터 자꾸 뭘 먹더니 결국……."

왕수재가 다 안다는 표정으로 혀를 찼다.

"가만있자, 화장실이 어디 있더라?"

주위를 두리번거리던 용선생이 손가락으로 어딘가를 가리켰다.

"아, 이쪽으로 쭉 가면 작은 절이 하나 나오거든. 아마 거기에 화장실이……."

용선생의 말이 채 끝나기도 전에 장하다가 쏜살같이 달려가기 시작했다. 그 모습을 본 아이들이 웃음을 터트렸다.

"우리도 절에 들러 물 좀 마시고 가자."

절에 도착한 아이들은 차례로 약수를 꿀꺽꿀꺽 들이켰다. 등허리에 맺힌 땀이 쏙 들어갈 만큼 시원하고 개운한 물맛이었다. 어느새 장하다도 슬금슬금 아이들 곁으로 다가왔다.

"얘들아, 재미있는 이야기 하나 해 줄까? 지증왕은 몸집이 무지무지 큰 왕이었대. 하도 몸집이 커서 어울리는 신붓감을 찾을 수가 없을 정도였다지. 왕이 신붓감을 얻지 못하면 그보다 큰일이 또 어디 있겠어! 그래서 신하들은 전국 방방곡곡을 돌아다니며 왕에게

어울리는 여자를 찾았대. 그러던 어느 날, 한 신하가 나무 아래서 엄청난 것을 발견한 거야!"

"그게 뭐예요?"

아이들이 귀를 쫑긋 세우며 용선생에게 다가들었다.

"바로 어마어마하게 큰 똥 덩어리였어!"

"윽, 못살아!"

영심이 손사래를 치며 한 발짝 물러섰다.

"똥이 어찌나 크고 탐스러웠던지 개 두 마리가 양쪽에서 물고 으르렁거릴 정도였대. 그것을 본 신하는 마을로 내려가 똥을 싼 사람을 찾았어. 똥의 주인은 그 지역 높은 신분을 가진 사람의 딸이었어. 빨래를 하다가 갑자기 배가 아파서 숲속에서 실례를 한 거였지."

아이들이 킥킥거렸다.

"신하가 그 처녀를 보러 갔는데, 키가 자그마치 7자 5치나 됐대. 지금 식으로 따지면 키가 2미터가 넘었던 거야! 신하는 기뻐하며 그 처녀를 왕에게 데려갔대. 그리고 처녀는 지증왕과 결혼해서 왕비가 되었다는구나."

"똥을 보고 왕비를 뽑다니, 이상해."

곽두기의 말에 아이들이 다시 한 번 컥컥댔다.

"이런 이야기가 생겨난 데는 이유가 있어. 왕의 몸집이 크다는 것은 왕의 힘이 강했다는 사실을 표현한 거야. 왕비가 컸다는 것 역시 왕비의 집안이 힘이 셌다는 걸 의미하는 거고. 또 왕과 왕비의 덩치가 크다는 것은 아이를 많이 낳을 수 있다는 것을 의미하는데, 아이를 많이 낳는다는 건 생산력이 좋아졌다는 것을 뜻해. 다시 말하면 지증왕이 다스리는 동안 나라 살림이 풍요로워졌다는 이야기지."

"우아~ 왕의 몸집이 컸다는 걸로 나라 살림이 풍요로워졌다는 사실까지 추측할 수 있다니 흥미로워요."

"지증왕 때에는 재미있는 이야기가 하나 더 있단다."

"뭔데요?"

지증왕에 매력을 느낀 아이들이 용선생에게 바싹 달라붙었다.

"너희 이사부라는 장군 들어봤니?"

“네! 노래에서 배웠어요. 만주벌판 달려라 광개토 대왕~ 신라 장군 이사부~.”

“그래 바로 그 이사부가 이번 이야기의 주인공이야. 이사부는 신라의 유명한 장군이었는데 대표적인 업적은 우산국을 정복한 것이란다. 우산국은 바로 지금의 울릉도야. 우산국은 신라 동쪽 바다에 있었는데, 섬의 지형이 험한 것을 믿고 신라에 고분고분 따르지 않았어. 그래서 신라는 이사부를 보내 우산국을 정복하기로 했지. 이사부는 나무로 만든 사자를 배에 잔뜩 싣고 우산국으로 향했어. 우산국에 도착한 이사부는 멀리서 나무 사자를 보여 주면서 항복하지 않으면 맹수를 풀어 모두 해치겠다고 겁을 줬지. 이를 본 우산국 사람들이 벌벌 떨면서 항복했다고 하는구나.”

“우산국 사람들이 완전히 속아 넘어갔군요!”

토우 붙은 항아리 항아리를 자세히 보면 목 부분에 사람, 동물 등을 본떠서 만든 인형이 보이지? 이렇게 흙으로 빚어 만든 인형을 ‘토우’라고 해. 토우에는 자손이 많이 태어나고 농사가 잘되길 바라는 마음이 담겨 있어. 높이 34cm, 국립경주박물관 소장, 국보.

"그래. 그런데 지금의 독도가 당시 우산국에 속해 있었다고 보는 사람들이 있어. 그러니까 우산국을 정복했다는 건……."

"독도가 그때부터 우리 땅이 되었다는 거군요!"

"그래, 그렇다고 볼 수 있지."

아이들이 신나서 외쳤다.

"와~ 이사부 만세~ 지증왕 만세~~~."

불교를 흥하게 한 법흥왕

용선생과 아이들은 아예 나무 그늘 밑에 자리를 잡고 앉았다. 가방을 내려놓고 다리도 쭉 편 뒤, 용선생이 다시 이야기를 시작했다.

"지증왕의 뒤를 이은 사람은 그의 아들 법흥왕이었어. 그는 국가 체제를 정비하고 왕실의 권위를 높여야 신라가 큰 나라로 성장할 수 있다고 생각했어. 그래서 여러 정책을 시행했는데, 가장 주목할 만한 것은 바로 율령을 반포한 일이야. 드디어 신라도 율령에 따라 다스리는 나라가 된 거지."

용선생의 말에 허영심이 "아하!" 했다.

"선생님! 법을 만들어서 이름이 '법흥왕'인 거죠?"

"이런, 미안해서 어쩌나! 법흥왕은 '법을 흥하게 한 왕'이라는 뜻

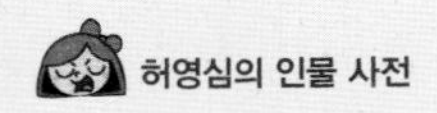

허영심의 인물 사전

법흥왕(?~540)
신라의 제23대 왕이야. 법흥왕은 말년에 머리를 깎고 스님의 옷을 입고 살 정도로 불교에 깊이 빠져들었다고 해.

인데, 여기서 '법'은 불교를 가리키는 거야."

"불교를 흥하게 했다는 건, 불교를 널리 퍼뜨렸다는 뜻인가요?"

"딩동댕! 법흥왕은 고구려나 백제처럼 신라에서도 불교를 공식적으로 받아들이고 싶어 했어. 하지만 귀족들의 반대가 너무 심해서 뜻을 이룰 수가 없었어."

"왜 반대했는데요? 다른 종교라도 믿었나?"

장하다의 말에 용선생이 놀랍다는 듯 눈을 크게 떴다.

"어? 어떻게 알았어? 당시 신라에서는 각 지역마다 다른 신을 믿었는데, 그 지역의 귀족들이 신에게 제사 지내는 일을 맡고 있었어. 신에게 제사 지내는 일은 무척 중요한 일로 여겨졌기 때문에 귀족들의 힘도 여간 센 게 아니었어. 하지만 백성들이 모두 불교를 믿게 되면 귀족들이 지역 신에게 제사 지낼 일도 없을 테고 귀족들의 힘도 그만큼 약해지겠지? 그러니 귀족들의 반대가 심할 수밖에."

"그럼 어떻게 해요?"

"법흥왕이 이 문제로 머리를 싸매고 고민하고 있는데, 어느 날 이차돈이라는 젊은 신하가 찾아왔어. 이차돈은 신라 백성들에게 불교를 널리 퍼뜨려야 한다고 생각했던 사람이었지. 그는 왕에게 이렇게 말했어. '전하, 제가 천경림에 절을 지으면 분명 귀족들이 거세게 반발할 것이옵니다. 그러면 제 목을 베시옵소서.' 천경림은 귀족들이 하늘에 제사를 지내는 신성한 숲이었거든. 법흥왕은 그럴 수 없다고 했어. 하지만 이차돈의 끈질긴 요청에 못 이겨 결국 그 말을 따르기로 했지."

아이들은 숨을 죽인 채 다음 이야기에 귀를 기울였다.

"이차돈은 천경림에 가서 나무를 마구 베었어. 깜짝 놀란 귀족들이 무슨 짓을 하는 거냐고 묻자 이차돈은 왕이 이곳에 절을 지으라는 명령을 했다고 했어. 화가 난 귀족들은 법흥왕을 찾아가 어떻게 된 일이냐고 따졌지. 법흥왕은 그런 명령을 내린 적이 없다며 당장 이차돈을 잡아 오라고 호령했어. 그런데 왕 앞으로 끌려온 이차돈이 귀족들을 향해서 이렇게 말하는 거야. '사실 왕께서는 절을 지으라는 명령을 내린 적이 없소.' 법흥왕은 화가 많이 난 척하면서 당장 이차돈의 목을 베라고 했어. 그러자 이차돈은 '내가 죽는 순간, 부처님께서 신비한 일을 보여 주실 것이오.' 하고 알쏭달쏭한 말을 했지."

곽두기가 "정말 목을 벴어요?" 하며 눈을 동그랗게 떴다.

"그랬대."

용선생이 고개를 끄덕이자, 아이들의 얼굴이 하얗게 질렸다.

"그럼 신비한 일도 일어났고요?"

"응, 전해 오는 말에 따르면, 이차돈의 목을 베자 우유처럼 흰 피가 치솟고, 갑자기 땅이 흔들리면서 하늘이 어두워지더니 하늘에서 꽃비가 내렸대. 이 광경을 본 귀족들은 더 이상 불교에 반대할 수 없었고, 결국 법흥왕은 불교를 정식으로 받아들일 수 있게 됐다는 거야."

"진짜로 그런 일이 벌어졌을까?"

"그냥 전설이겠지. 설마……."

아이들이 재잘거렸다.

"불교를 받아들인 뒤 힘이 한층 강해진 법흥왕은 더 이상 화백 회의에 들어가지 않기로 결심했어. 신라에는 오래전부터 왕과 귀족들이 한자리에 모여 나라의 중요한 일들을 결

정하는 회의 제도가 있었거든. 그게 바로 화백 회의야."

그 말을 들은 왕수재가 정색을 했다.

"힘이 좀 세졌다고 회의에 안 들어가다니……. 왕이 무책임한 거 아니에요?"

"그런 게 아니야. 법흥왕은 자신이 빠지는 대신 귀족 대표를 뽑아 '상대등'이라는 최고의 벼슬자리를 내리고 화백 회의를 이끌도록 했어. 상대등은 회의가 끝나면 왕을 찾아와 귀족들의 의견을 전달했어. 그러면 왕은 그 내용을 보면서 나라를 어떻게 다스려야 할지 혼자서 결정했지. 예전에는 왕과 귀족의 힘이 비슷했기 때문에 왕과 귀족이 한 자리에 모여 회의를 했지만, 이제는 왕의 힘이 귀족들을 뛰어넘었기 때문에 굳이 함께 결정할 필요가 없었던 거야."

"왕이 확실히 높아진 거네요."

"그렇지? 이렇게 강해진 왕권을 중심으로 신라는 쑥쑥 커 나갔어. 신라의 힘이 점점 커지자 532년에는 금관가야의 구해왕이 자기 나라를 신라에 바쳐 왔어. 덕분에 신라의 영토는 낙동

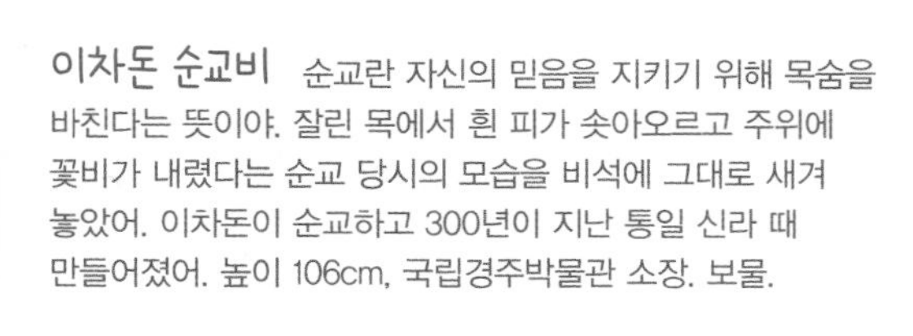

이차돈 순교비 순교란 자신의 믿음을 지키기 위해 목숨을 바친다는 뜻이야. 잘린 목에서 흰 피가 솟아오르고 주위에 꽃비가 내렸다는 순교 당시의 모습을 비석에 그대로 새겨 놓았어. 이차돈이 순교하고 300년이 지난 통일 신라 때 만들어졌어. 높이 106cm, 국립경주박물관 소장. 보물.

강 유역까지 넓어졌지."

"와, 호박이 저절로 굴러 들어온 셈이네요."

선애의 말에 용선생은 빙그레 미소를 지었다.

 나제 동맹이 깨지다!

"자, 충분히 쉬었으니 다시 움직여 볼까? 조금만 더 가면 산 정상이야."

용선생을 따라 아이들도 자리를 털고 일어섰다. 산길에 들어서자 다시 용선생의 이야기가 이어졌다.

"불교를 받아들이고 왕권도 튼튼히 세웠으니 이제 신라가 국제 무대에서 본격적으로 활약을 펼칠 차례가 됐구나! 법흥왕이 잘 닦아 놓은 왕권을 물려받은 것은 진흥왕이었어."

"그럼 진흥왕 때 신라가 전성기를 맞은 거예요?"

눈치 빠른 선애의 말에 용선생이 고개를 크게 끄덕여 주었다.

"신라의 전성기를 알려면 일단 이 무렵 고구려와 백제의 상황부터 살펴봐야 돼. 당시 고구려는 왕위를 둘러싸고 귀족들 사이에 다툼이 벌어져 나라가 어수선했어. 반면에 백제는 무령왕의 아들 성왕이 나라를 잘 이끌어 가고 있었지."

"위기에 빠진 백제를 일으켜 세웠던 그 무령왕 말이죠?"

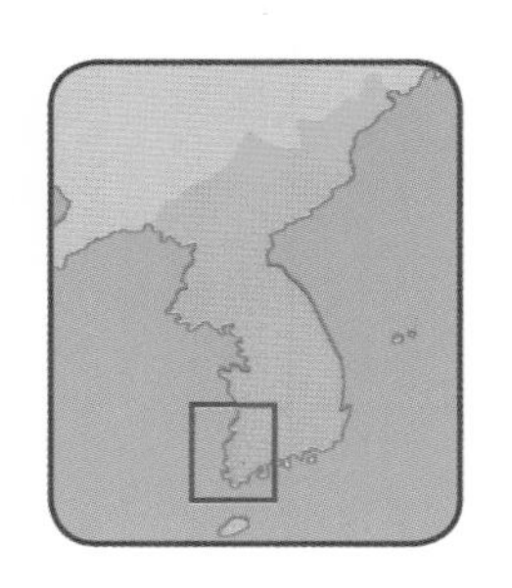

"응, 성왕은 아버지 못지않게 뛰어난 왕이었어. 좁아서 불편했던 웅진에서 사비로 수도를 옮기고, 나라를 보다 효율적으로 다스리기 위해서 여러 제도를 마련했어. 다른 나라의 침입에 대비하기 위해 튼튼한 성도 쌓았지. 그런가 하면 중국, 가야, 왜 등 여러 나라와 좋은 관계를 유지하는 데 각별히 신경을 썼는데, 가장 공을 들인 상대는 바로 신라였어."

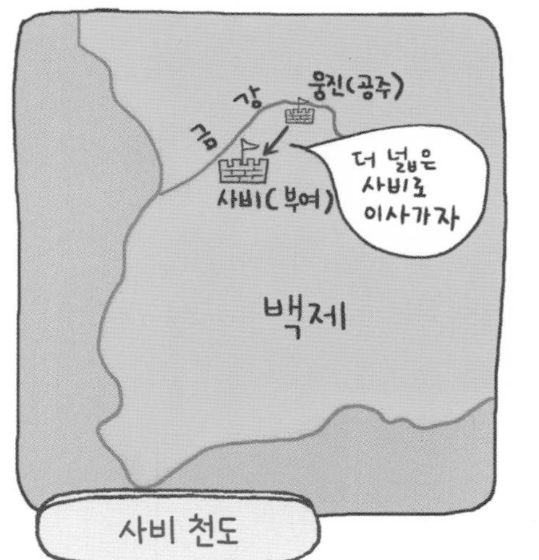

사비 천도

"신라랑 편먹고 고구려에 맞서려고요?"

영심의 말에 용선생은 고개를 끄덕였다.

"성왕은 어떻게 해서든 고구려에게 빼앗긴 한강 유역의 땅을 되찾고 싶었어. 하지만 백제의 힘만으로는 어림없는 일이었지. 그래서 그는 신라 진흥왕에게 힘을 합치자고 했어. '우리 백제가 한강 하류를 공격할 테니, 신라가 한강 상류를 공격해 주시오. 전쟁에서 이기면 새로 얻은 영토를 나누어 가집시다.' 안 그래도 영토를 넓힐 궁리를 하고 있던 진흥왕은 기꺼이 성왕의 제안을 받아들였어."

용선생이 걸음을 멈추자, 아이들도 멈춰 선 채 귀를 쫑긋 세웠다.

"그리하여 551년, 백제와 신라의 연합군이 고구려로 쳐들어갔어. 어수선한 정치 때문에 연합군을 상대할 만한 여력이 없었던 고구려

부여 궁남지 부여는 122년간 백제의 수도였던 옛 사비 지역이야. 그리고 궁남지는 사비에 지어진 백제 별궁의 인공 연못이지.

는 결국 한강 유역의 땅을 내주고 말았지. 전쟁이 끝난 뒤 약속대로 백제는 한강 하류를, 신라는 한강 상류를 차지했어."

"성왕은 진짜 기분 좋았겠네요! 잃어버린 땅을 되찾았으니."

"문제는, 그 기쁨이 얼마 가지 못했다는 거야."

"왜요? 고구려한테 또 빼앗겼어요?"

"아니! 553년에 신라 진흥왕이 갑자기 쳐

산수무늬 벽돌 이 벽돌은 1937년에 충청남도 부여의 어느 농부가 나무뿌리를 캐다가 우연히 발견했어. 산과 냇물 무늬가 있어 산수무늬 벽돌이라고 불러. 산과 강, 나무, 구름 등이 아름답게 묘사가 되었는데, 도교의 영향을 받아서 그런 거래. 이런 아름다운 벽돌로 꾸며진 멋진 건물이 늘어섰을 백제의 수도 사비의 모습, 상상만 해도 근사하지 않니? 가로세로 약 29cm, 국립중앙박물관 소장. 보물.

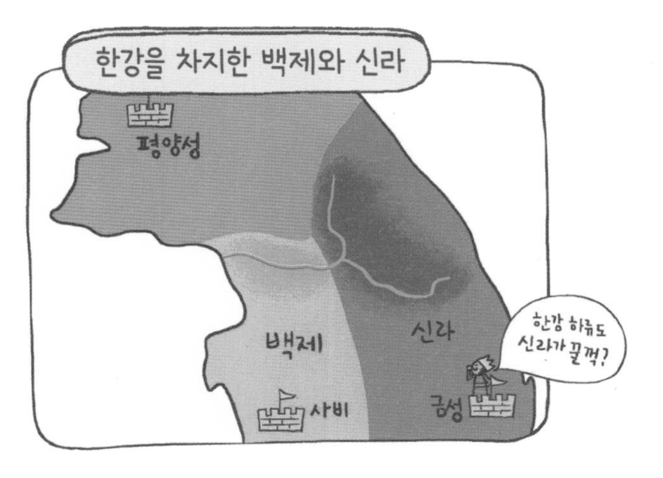

들어와서 백제가 차지하고 있던 한강 하류 지역의 땅을 빼앗았거든. 이로 인해 120년이나 이어져 온 나제 동맹은 완전히 깨지고 말았지."

"뭐야 그럼, 배신이잖아?"

장하다가 코를 찡그리며 소리쳤다.

"그런 셈이지. 화가 난 성왕은 태자를 보내 신라를 공격하게 했어. 백제군은 순식간에 신라의 관산성(충북 옥천)을 포위했지. 그런데 처음에는 백제군이 금방 이길 것 같더니, 신라에서 구원군이 오자 오히려 밀리기 시작했어. 이 소식을 들은 성왕은 군사들의 사

백제 창왕명 석조 사리감 사리감은 부처님의 사리를 보관하기 위해 만든 작은 감실이야. 이 사리감에는 백제 성왕의 딸이 사리를 모셨다는 내용이 새겨져 있어. 아버지가 다음 세상에서 편히 지내기를 바라는 마음으로 만든 것 같아. 높이 74cm, 국립부여박물관 소장. 국보.

기를 높여 주기 위해 급히 관산성으로 나섰어. 50여 명의 군사들만 거느린 채였지. 그런데 이를 알아차린 신라군의 습격을 받아 목숨을 잃었지 뭐야. 갑작스럽게 왕을 잃은 백제군의 사기는 오히려 바닥까지 떨어졌지. 그 결과 신라는 큰 승리를 거두게 되었어."

용선생의 말이 끝나자마자 아이들은 저마다 한마디씩 했다.

"진흥왕 치사하다!"

"맞아, 배신자!"

"근데 운은 참 좋네."

"성왕이 불쌍해."

삼년산성 충청북도 보은에 있어. 성을 쌓는 데 3년이 걸려서 삼년산성이라는 이름으로 불려. 이 지역의 지휘관이었던 '도도'가 성왕을 습격해 목숨을 빼앗았다고 해. 사적.

그러자 잠자코 있던 선애가 "그렇지만 말야" 하며 아이들을 둘러보았다.

"약속을 깬 게 좀 그렇긴 하지만 진흥왕을 나쁘다고만 할 순 없을 거 같아. 전쟁을 일으켜서 다른 나라 땅을 빼앗는 건 어느 나라나 다 똑같았잖아? 다들 자기네 입장에 따라서 다른 나라와 손을 잡았다가도 또 언제 그랬냐는 듯 등을 돌리고 그랬잖아."

"흠, 어제의 동지가 오늘의 적이 된다는 이야기군."

수재의 말에 하다가 다시 목소리를 높였다.

황룡사 복원도 진흥왕 때 지은 절로, 신라의 세 가지 보물 중 하나였어. 아쉽게도 고려 시대 때 몽골군의 침입을 받아 불타 버렸어. 선덕 여왕 때 만들어진 9층 목탑의 높이는 약 80m로, 현재 아파트 25층 높이 정도였대. 경주 어디서나 황룡사 9층 목탑을 볼 수 있었을 거야.

"그게 배신이지, 아님 뭐야?"

아이들이 분분하자 용선생이 나섰다.

"그래, 진흥왕이 옳았는지 틀렸는지에 대해서는 여러 각도에서 생각해 볼 수 있을 거야. 어쨌든 분명한 건 신라인들에게는 영웅이었을 거라는 점이지. 한강 유역은 한반도의 중심에 있는 데다가 경제적으로도 풍요롭고 교통도 편리해서 삼국이 앞다투어 차지하려 했던 곳이야. 백제와 고구려가 한강 유역을 차지하고 있을 때 전성기를 누렸다는 사실 기억나지? 이 지역이 신라의 손에 넘어왔다는 건, 한강 유역의 모든 이점을 신라가 독차지하게 됐다는 뜻이지. 특히 서해안을 통해 중국과 직접 교류하게 되면서 신라는 다양한 선진 문물을 빠르게 받아들일 수 있게 되었어. 그 결과 신라는 더욱 눈부시게 성장해 갈 수 있었지."

신라의 전성기를 이끈 진흥왕

"한강 유역을 차지한 진흥왕은 다른 지역으로도 눈을 돌렸어. 당시 낙동강 서쪽 고령 지역에는 가야 연맹의 하나인 대가야가 남아 있었는데, 562년에 기습 공격을 해서 완전히 멸망시켰지. 그때 큰 활약을 펼친 것은 화랑들이었어."

오오! 화랑도! 딱 내 취향이야!
얘들아! 그게 아니래도…

"화랑이요?"

"화랑은 '꽃처럼 아름다운 청년'이라는 뜻이야. 이 화랑이 이끄는 청소년 수련 단체를 '화랑도'라고 불렀어."

"어머! 그럼 꽃미남들이 무더기로 모여 있다는 뜻?"

허영심이 꺅 하고 비명을 지르자 나선애가 어이없다는 표정을 지었다.

"영심아, 화랑은 외모로만 뽑는 게 아니었어. 화랑이 되려면 뭣보다 신분이 높아야 했지. 귀족의 아들 중에서 책을 많이 읽어 아는 것이 많고 다른 사람들과 잘 어울리는 사람, 외모가 단정한 사람만이 추천을 통해 화랑이 될 수 있었어. 화랑도는 한 명의 화랑

기마 인물형 토기 경주 금령총에서 발견된 말 탄 사람 모양의 주전자야. 옷차림으로 보아 왼쪽은 주인, 오른쪽은 시종인 것 같아. 주인은 갑옷을 입고 칼을 차고 있으며, 시종은 등에 봇짐을 메고 있어. 화랑과 그를 따르던 낭도의 모습이 이러지 않았을까? 높이 26.8cm(왼쪽), 23.4cm(오른쪽), 국립중앙박물관 소장. 국보.

과 그를 따르는 수백 명의 낭도, 그리고 승려들로 이루어져 있었는데, 이들은 전국 각지를 돌아다니면서 몸과 마음을 단련했어."

"왜 그런 단체를 만든 거예요?"

곽두기가 머리를 갸웃거리며 물었다.

"나라에 필요한 유능한 인재를 길러 내기 위해서였어. 실제로 신라의 역사를 보면 화랑 출신 중에서 높은 관리들과 훌륭한 장수들이 많이 나왔어. 화랑도는 훗날 신라가 삼국 통일을 이루는 데도 큰 힘이 되었지."

"선생님, 그럼 이제 가야는 완전히 없어진 거예요?"

나선애가 콧등에 맺힌 땀을 닦으며 물었다.

"응, 가야의 땅은 모두 신라의 차지가 되었고, 가야의

신라의 무기

신라 갑옷 얇은 철판을 이어 붙여 만든 철제 갑옷이야. 전투 중에 몸을 보호하기 위해서 입었어.

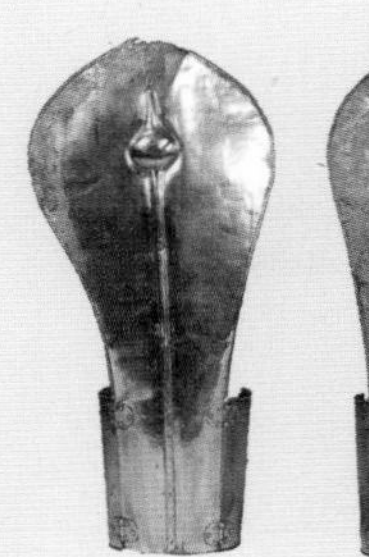

팔뚝 가리개 팔뚝이나 정강이를 보호하는 가리개로 알려져 있어. 길이는 34.9cm로, 얇은 은판을 오려서 만들었어. 국립경주박물관 소장. 보물.

금제 환두대도 금으로 만든 칼의 손잡이에는 두 마리의 용이 조각되어 있어. 고리 안에도 두 마리의 용이 있고 용의 눈은 옥으로 장식했어. 칼자루 길이 13.8cm, 국립중앙박물관 소장. 보물.

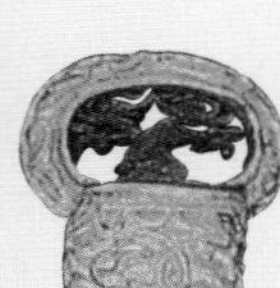

봉황무늬 환두대도 손잡이 끝의 고리 안에 봉황이 장식되어 있어. 봉황은 신성한 동물이기 때문에 무기 주인의 신분이 높았음을 알 수 있어.

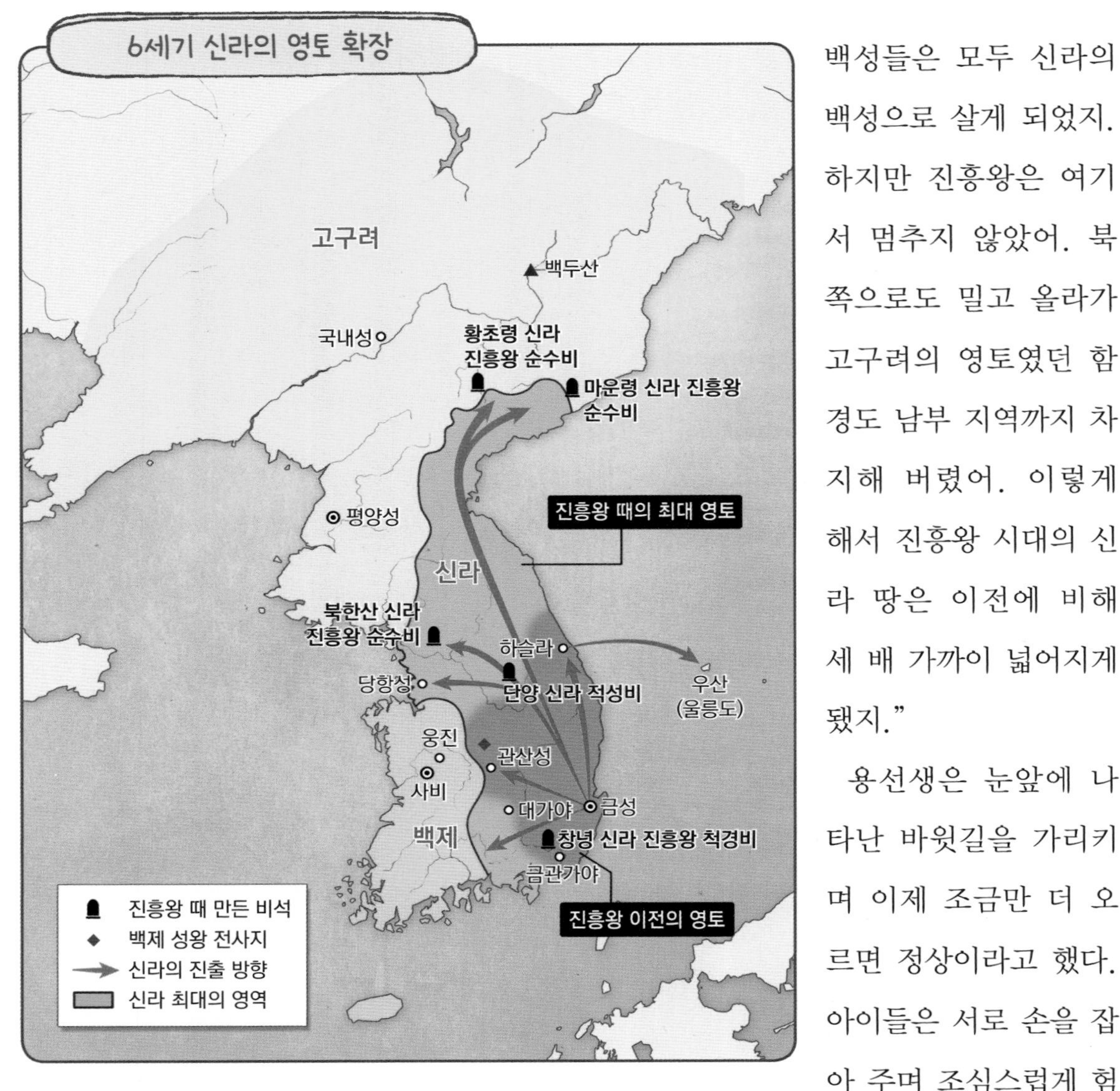

백성들은 모두 신라의 백성으로 살게 되었지. 하지만 진흥왕은 여기서 멈추지 않았어. 북쪽으로도 밀고 올라가 고구려의 영토였던 함경도 남부 지역까지 차지해 버렸어. 이렇게 해서 진흥왕 시대의 신라 땅은 이전에 비해 세 배 가까이 넓어지게 됐지."

용선생은 눈앞에 나타난 바윗길을 가리키며 이제 조금만 더 오르면 정상이라고 했다. 아이들은 서로 손을 잡아 주며 조심스럽게 험한 바윗길을 타고 올랐다.

"으아아, 다 왔다!"

북한산 꼭대기에 신라 비석이?

참고 영상

제일 먼저 도착한 장하다가 바닥에 털썩 주저앉았다. 그 뒤에 올라온 아이들도 하나둘씩 자리를 잡고 앉은 채 다리를 두드려 댔다. 이때 갑자기 곽두기가 눈을 반짝이며 하다에게 속삭였다.

"형아, 보물……!"

"맞다! 보물 어딨어요! 보물!"

용선생이 가리킨 것은 왕수재가 기대고 앉은 비석이었다.

"에이, 저게 무슨 보물이에요?"

"이래 봬도 국보라고! 이게 바로 진흥왕이 세운 순수비야."

"네? 진흥왕이 세웠다고요?"

아이들이 벌떡 일어나 모두 순수비로 몰려갔다.

"넓은 영토를 차지한 진흥왕은 자신이 정복한 지역을 돌아다니며 이런 순수비를 세웠어. '순수'란 왕이 나라 안을 살피고 돌아다니던

북한산 신라 진흥왕 순수비 북한산 비봉 꼭대기에 세워져 있던 비석이야. 영토를 크게 넓힌 진흥왕은 전국을 돌아다니며 새로 얻은 땅을 확인하고 순수비를 세웠어. 높이 154cm, 국립중앙박물관 소장. 국보.

일을 말하는 거야. 순수비는 그것을 기념하기 위해 세운 비석이고. 진흥왕은 이곳 북한산을 비롯해서 황초령, 마운령에 순수비를 세웠어."

그때 순수비를 유심히 바라보던 왕수재가 "칫!" 하고 내뱉는 소리가 들렸다.

"이럴 줄 알았어. 또야! 진짜 순수비는 국립중앙박물관에 있고, 이건 가짜래. 대체 왜 힘들게 여기까지 올라온 건지, 원!"

아이들의 차가운 시선이 일제히 용선생을 향했다.

"얘, 얘들아, 너희들 역사의 현장에 와 보는 게 얼마나 중요한 일인지 모르는구나? 체력 단련도 하고 좋잖아. 흐읍! 이 공기는 또 얼마나 좋니? 자자, 내가 너희들 주려고 김밥 싸 왔어. 얼른 먹자, 먹어!"

용선생이 김밥을 풀어 놓자 아이들은 언제 못마땅한 표정을 지었냐는 듯 신이 나서 달려들었다.

나선애의 정리노트

1. 백제의 발전

무령왕	성왕
25대 (재위 501~523)	26대 (재위 523~554)
귀족 견제(지방에 왕자와 왕족들을 보내 직접 다스리게 함), 농업 발달(저수지 축조 등)	사비 천도, 영토 확장(신라와 힘을 합쳐 한강 유역 차지)

2. 신라의 발전

지증왕	법흥왕	진흥왕
22대 (재위 500~514)	23대 (재위 514~540)	24대 (재위 540~576)
농업 발달(우경), 국호와 왕호 확정, 각 지역에 관리를 보냄	불교 수용, 율령 반포, 금관가야 정복	전성기(한강 유역 차지, 대가야 정복, 함경도까지 영토 확장)

3. 화랑이란?

- 꽃처럼 아름다운 청년이라는 뜻
- 화랑이 이끄는 청소년 수련 단체는 화랑도
- 10대 후반의 청소년

4. 진흥왕이 세운 비석

- 순수비 ——→ 북한산비, 황초령비, 마운령비
- 단양 적성비 : 적성 사람들의 공을 기리고 위로할 목적으로 세움
- 창녕 척경비 : 창녕 지역으로 영토를 넓힌 후 이를 기념하기 위해 세움

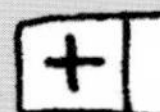
http://cafe.naver.com/yongyong

용선생의 역사 카페

역사계의 슈퍼스타,
용선생의 역사 카페에
오신 걸 환영합니다

Log in

게시판

- 역사가 제일 쉬웠어용!
- 이제는 더~ 말할 수 있다!
- 필독! 용선생의 매력 탐구
- 전교 1등 나선애의 비밀 노트

충성심과 우정으로 똘똘 뭉친 집단 '화랑도'

신라의 독특한 제도인 화랑도는 왜 생겼을까? 옛날에는 마을마다 청소년들이 모여 함께 공부하고 몸과 마음을 단련하는 집단이 있었다고 해. 그러다가 땅이 점점 넓어지게 되면서 나랏일을 처리하고 적과 용감히 맞서 싸울 수 있는 사람이 더 많이 필요해졌어. 그래서 이런 청소년 집단을 '화랑도'라는 나라의 공식적인 제도로 만든 거야.

화랑도는 나라 곳곳의 유명한 산과 계곡을 다니면서 체력을 기르고 무술과 사냥 기술을 익혔어. 비슷한 나이의 친구들끼리 집을 떠나 이곳저곳 다니다 보니 서로 끈끈한 우정을 쌓을 수 있었지.

그렇다고 화랑도가 공부를 게을리한 건 아냐. 열심히 유교 경전을 읽고 나라를 다스리는 데 필요한 지식과 덕목을 쌓기 위해 노력했어. 원광 법사처럼 지혜가 많은 승려들이 화랑도의 공부를 돕기 위해 함께하기도 했지. 참, 원광 법사는 '화랑이 지켜야 할 다섯 가지 규범'을 만든 사람이야. 이것을 '세속오계'라고 해.

〈세속오계〉

첫째, 임금에게 충성한다(사군이충).

둘째, 부모에게 효도한다(사친이효).

셋째, 친구 간에는 신의가 있어야 한다(교우이신).

넷째, 전쟁터에서는 물러섬이 없어야 한다(임전무퇴).

다섯째, 함부로 생명을 죽여서는 안 된다(살생유택).

이런 화랑도 정신을 잘 보여 주는 사람이 바로 '사다함'이야. 사다함은 대가야를 치기 위한 전쟁에 참가하고 싶었지만 그럴 수 없었어. 나이가 겨우 열다섯 살이었거든. 하지만 진흥왕에게 여러 번 간청을 한 덕분에 전쟁에 참가해서 대가야를 멸망시키는 데 큰 공을 세우게 되었어. 진흥왕은 매우 기뻐하며 가야인 포로 3백 명과 땅을 내려 주었지. 하지만 사다함은 포로를 풀어 주고 땅은 다른 사람들에게 나눠 주었다고 해. 사다함은 단짝 친구인 무관랑과 죽음을 같이하기로 맹세했는데, 무관랑이 병으로 죽자 7일 동안 통곡하다가 열일곱 살의 젊은 나이에 세상을 떠났어.

임신서기석
1934년 경주 옛 절터에서 발견되었어. 신라 화랑 2명이 나라에 충성하고 유교 경전을 열심히 공부할 것을 약속하는 내용을 새긴 비석이야. 높이 32cm, 국립경주박물관 소장. 보물.

COMMENTS

왕수재 : 친구 따라 죽었다고요? 정말 대단한 우정이네요…….

↳ 허영심 : 열일곱 살 밖에 안 된 오빠들이 죽었다니. 너무 슬퍼. 흑흑.

한국사 퀴즈 달인을 찾아라!

02 ★★☆☆☆

신하들이 전국을 돌아다니며 ○○○의 신붓감을 찾고 있어. ○○○이 남달리 몸집이 너무 커서 그런 거지. 그런데 어느 날 신하가 나무 밑에서 ○을 발견했고, ○의 주인은 ○○○의 신부가 되었어. 빈칸에 들어갈 단어는 무엇일까? (　　　　)

① 지증왕–돈　　② 법흥왕–금
③ 진흥왕–쌀　　④ 지증왕–똥

01 ★★☆☆☆

신라의 '왕'을 가리키는 호칭이 자꾸 바뀌어서 헷갈려. 빈칸에 딱 맞는 호칭을 적어 줄래? (　　　　)

거서간	→	차차웅	→	(　　)	→	(　　)	→	왕
'귀한 사람'이란 뜻이야.		'제사장'이란 뜻이지.		'이가 많은 사람'이란 뜻이야.		'큰 우두머리'라는 뜻이야.		지증왕 때부터 왕이라고 불렀어.

① 이사부 – 마징가　　② 이발소 – 마나님
③ 이바지 – 마구간　　④ 이사금 – 마립간

도착!

03 ★★★☆☆

아니, 천경림에서 마구 나무를 베는 사람이 있네. '여보시오. 이곳은 옛날부터 귀족들이 하늘에 제사를 지내는 신성한 곳인데, 여기서 나무를 베어서야 되겠소?' 그러자 이 사람은 임금님께서 시키신 일이라고 시치미를 뗀다. 사람들이 왕에게 찾아가 물어보니 아니나 다를까 왕도 모르는 일. 결국 나무를 벤 사람은 벌을 받고 목이 베이게 되었지.

그런데 어찌된 일인지 잘린 목에서 흰 피가 치솟고, 갑자기 하늘에서 꽃비가 내렸어! 범상치 않은 죽음을 맞이한 이 사람은 과연 누구일까? 그리고 사실 이 사람이 나무 베는 것을 허락해 준 신라의 왕은 누구일까?

(　　　)

① 이차원 – 광개토 대왕
② 거칠부 – 박혁거세
③ 이차돈 – 법흥왕
④ 이차돈 – 진흥왕

04 ★★★★★

허영심이 신라의 어떤 왕에 대한 업적을 조사하고 있어. 이 왕이 한 일로 옳지 않은 것을 골라 볼래? (　　　)

> 이 왕은 백제의 성왕과 힘을 합쳐 고구려로부터 한강 유역을 빼앗았어. 그리고 훗날 백제를 공격해 백제가 차지했던 한강 하류까지 빼앗았지.

① 처음으로 백제와 나제 동맹을 맺었다.

② 자신이 정복한 지역을 돌아다니며 순수비를 세웠다.

③ 고령 지역에 있던 대가야를 완전히 멸망시켰다.

④ 선발 시험에 통과한 화랑과 화랑을 따르는 낭도, 승려들로 구성된 화랑도를 만들었다.

• 정답은 274쪽에서 확인하세요!

백제 중흥의 꿈을 품은 **공주와 부여에 가다**

충청남도 공주와 부여는 옛 백제의 수도였던 웅진과 사비가 자리했던 곳이야. 백제의 문화유산을 경험하고 먹거리까지 즐기러 공주와 부여로 떠나 보자!

공산성

공주, 부여, 익산에 있는 여러 백제 유적들은 백제 역사 유적 지구로 묶여 유네스코 세계 문화유산에 등재됐어. 그중 공주에 있는 공산성은 백제의 왕궁이 있던 웅진성으로 추정되는 성이야. 공산성은 산의 지형을 살려 성벽을 쌓았어. 그래서인지 성벽이 곧지 않고 들쭉날쭉한 모습들을 하고 있었어.

공산성의 성곽 공산성은 백제가 무너진 이후에도 조선 시대까지 공주 지역을 다스리는 중심지 역할을 했대. 성은 처음에는 흙을 쌓아 만들었는데 나중에 돌로 다시 쌓았어.

마곡사

마곡사는 백제 의자왕 때 세운 아름다운 절이야. 2018년에는 통도사, 부석사 등 다른 절들과 함께 유네스코 세계 문화유산에 등재됐어. 마곡사는 '봄은 마곡사!'라는 말이 있을 정도로 봄이 되면 수려한 경치를 뽐내기로 유명해, 봄에 다시 와 보고 싶어.

마곡사 대광보전과 오층 석탑 대광보전은 조선 후기에 다시 세워진 건물이고, 그 앞의 5층 석탑은 고려 말에 원나라 탑의 영향을 받아 세워졌어. 모두 보물.

밤은 공주의 대표 특산물이야. 《세종실록》에 기록되어 있을 만큼 그 역사가 오래되었지. 공주 밤으로 만든 밤 파이가 눈에 띄어서 먹어 보았어. 밤맛이 이렇게 좋을 줄이야!

공주 밤 당도가 높고 특유의 고소한 맛이 일품이야. 한번 먹으면 계속 먹고 싶어져!

공주 밤 파이
공주에선 파이 말고도 다양한 밤 요리를 맛 볼 수 있어. 알밤 요리 대회도 열린다는데 나도 한번 참가해 볼까?

백마강과 낙화암

마곡사에서 차로 1시간을 달려 백제의 마지막 수도였던 부여에 도착했어. 우리는 가장 먼저 백마강과 낙화암을 보러 구드래 나루터 선착장에 갔어. 구드래 나루터는 중국과 일본을 오가던 배가 드나들고, 백제의 사비성으로 출입하던 큰 나루였는데, 지금은 백마강 유람선을 타기 위한 곳이 되었어. 우리는 이곳에서 유람선을 타고 백마강을 일주하며 낙화암의 아름다운 전경을 눈에 가득 담았어.

낙화암에서 바라본 백마강

백마강 금강의 강줄기 중 부여를 흐르는 곳을 백마강이라고 해. 백마는 백제에서 가장 큰 강이란 뜻이야.

부여 궁남지

부여를 대표하는 명소인 궁남지에 왔어. 궁남지는 궁궐 남쪽의 연못이란 뜻이야. 백제 무왕 때 만들어진 것으로 짐작하고 있어. 궁남지는 백제가 멸망한 뒤 크게 훼손되었는데, 오늘날 발굴된 유적을 바탕으로 복원한 거야. 백제 왕이 이곳에서 연회를 열고 뱃놀이를 했을 생각을 하니, 나도 모르게 흥얼흥얼 콧노래가 나왔어.

궁남지 연못 가운데 정자를 만들고, 목조 다리로 연결했어. 해마다 7~8월이 되면 이곳에서 연꽃 축제가 열려.

가림성

가림성은 백제의 수도였던 웅진성과 사비성을 지키기 위해 성흥산에 쌓은 성이야. 산 정상에 서면 금강 물줄기가 한눈에 보여. 이곳에는 400년 된 느티나무가 있는데, 하트 모양을 하고 있어 사랑나무라고 불린대. 낭만적이지 않니?

가림성 사랑나무 이 나무 아래에서 사랑을 약속하면 사랑이 이루어진대. 정말일까?

우리가 쓰는 '삼국 시대'란 말에는 가야가 빠져 있어.
가야는 고구려·백제·신라처럼 넓은 영토를 차지하고
한반도의 주도권을 쥔 적은 없기 때문이지.
하지만 가야는 5백여 년 동안 존재했고, 삼국 못지않게 수준 높은 문화를
지녔던 나라야. 오늘은 신비의 나라 가야의 흔적을 찾아 떠나 보자!

고령 지산동 고분군

5교시

잊힌 나라, 가야를 찾아서!

✔ 알고 있는 용어에 체크해 보자!

☐ 가야 연맹 ☐ 금관가야 ☐ 김수로 ☐ 대가야

"애들아, 저기 봐!"

용선생이 가리키는 곳에는 '가야 문화 축제'라는 플래카드가 펄럭이고 있었다.

"와, 축제다!"

아이들은 기대에 찬 표정으로 미니버스에서 우르르 뛰어내렸다. '도전 대장간 체험', '가야 병영 체험', '가야 유물 발굴', '순장 체험' 등 거리 곳곳에 마련된 행사장은 사람들로 가득했고, 무대 위에서는 화려한 공연이 펼쳐지고 있었다.

아이들은 제일 먼저 가야 시대의 옷을 입어 볼 수 있는 곳으로 향했다. 신이 난 아이들이 이것저것 걸쳐 보는 동안 용선생 또한 자주색 옷을 차려입은 채 거울을 보며 만족스러운 표정을 지었다.

"아, 난 여기 너무 좋아! 하다야, 이 옷도 좀 들어 줄래?"

허영심이 골라 놓은 옷을 이미 한아름 끌어안고 있는 장하다가

"후유" 하며 한숨을 내쉬었다.

 금관가야, 가야 연맹을 이끌다

"근데 가야 문화 축제는 왜 하는 걸까?"

"그야 당연히 가야의 역사와 문화를 알리기 위해서겠지."

왕수재가 대수롭지 않다는 듯이 말하자 하다는 이해할 수 없다는 표정을 지었다.

"그래? 별로 중요한 나라도 아니잖아?"

그 말에 용선생이 펄쩍 뛰었다.

"아니, 하다야! 그게 무슨 소리야? 중요하지 않다니! 비록 가야만 쏙 빼놓고 '삼국 시대'라 부르지만, 가야는 엄연히 우리 역사의 한 부분을 차지했던 나라야."

"수업 시간에 가야 얘기가 별로 안 나와서 중요하지 않은 나라인 줄 알았죠."

머쓱해진 장하다가 머리를 긁적였다.

"그래서 오늘 가야에 대해 제대로 공부하러 여기 온 거야. 가야 건국 신화 기억나지? 거북이한테 머리를 내놓으라고 했더니 하늘에서 황금 알이 떨어졌고, 그 알에서 김수로가 태어났다는 이야기.

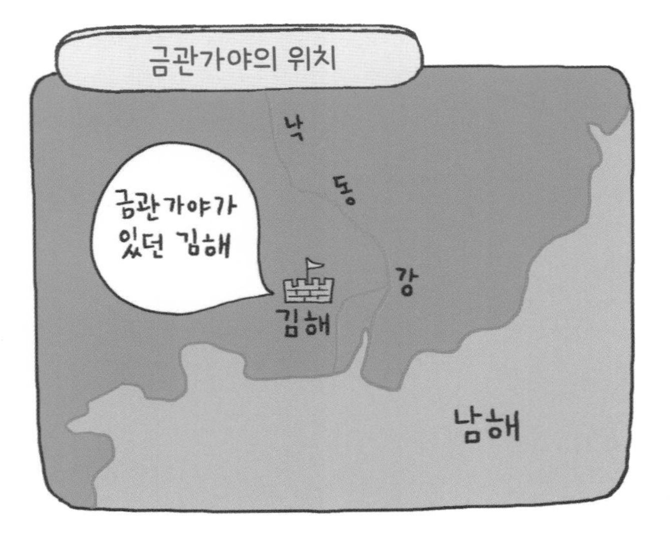

그건 가야 연맹을 이끈 금관가야에 얽힌 이야기라고 했잖아. 지금 우리가 있는 이곳 김해가 바로 금관가야가 있던 곳이야."

"여기가 금관가야였다고요?"

아이들은 새삼스레 주변을 둘러보았다.

"그런데 왜 금관가야가 가야 연맹을 이끌었어요?"

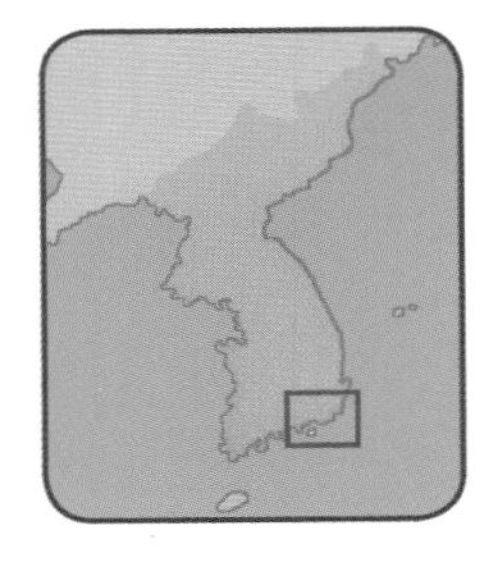

장하다의 말에 왕수재는 "그것도 몰라? 힘이 제일 세니까 그랬겠지!" 하며 핀잔을 주었다.

"그니까 왜 힘이 셌냐고?"

당황한 왕수재는 입을 꾹 다물어 버렸고, 대신 옆에 있던 영심이 "아하, 알겠다!" 하고 소리쳤다.

"이름에 '금'이 들어가잖아. 그러니까 금관가야는 황금이 엄청나게 많이 나는 부자 나라였던 거지!"

"듣고 보니 그런 것 같네."

장하다가 맞장구를 치자 용선생이 웃으며 손을 내저었다.

"'금관'이 무슨 뜻인지는 정확히 알려져 있지 않아. 하지만 아마 '금(金)'은 황금이 아니라 철을 가리킬 가능성이 높아. 가야 연맹이 자리한 지역은 예로부터 철이 많이 나기로 유명했는데, 특히 금관가야에는 질 좋은 철이 많았어."

"그럼, 여기도 철이 묻혀 있나?"

장하다가 눈을 동그랗게 뜨고 주위를 두리번거렸다.

"철이 풍부하다 보니 자연스레 철을 다루는 기술도 발달했어. 단단한 철제 농기구는 곡식의 생산량을 크게 늘렸고, 날카로운 창과 튼튼한 갑옷은 전쟁에서 승리하는 데 큰 도움을 주었지. 말로만 이럴 게 아니라 '가야 철 갑옷 체험 공간'으로 가 보자!"

가야 철 갑옷의 비밀

"금관가야 사람들은 철판의 두께를 얇게 만드는 기술을 갖고 있었어. 덕분에 갑옷의 무게를 크게 줄일 수 있었지. 자, 누가 한번 입어 볼래?"

용선생의 말이 끝나기가 무섭게 장하다가 잽싸게 튀어나왔다. 넓은 철판을 잇대어 만든 판갑옷을 입고 목 가리개와 팔꿈치 가리개, 그리고 다리 가리개까지 한 장하다의 모습은 양철 로봇 같았다.

"형, 무겁지?"

두기가 호기심 가득한 눈빛을 보내며 물었다.

가야의 갑옷과 관련 유물

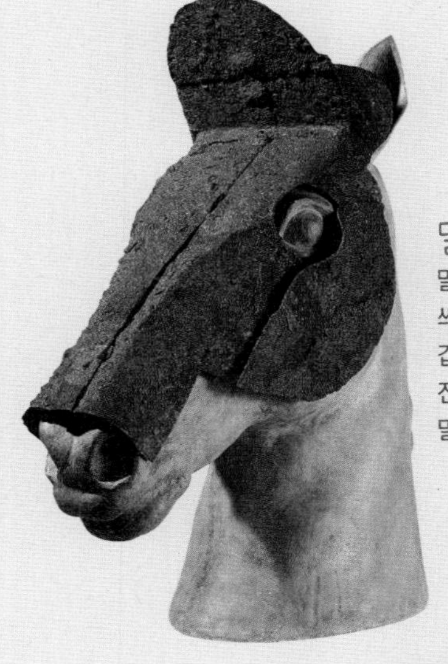

말 머리 가리개 말의 머리에는 가리개를 씌우고, 온몸을 감싸는 갑옷을 입혔어. 전쟁에선 병사만큼이나 말도 중요했으니까.

판갑옷 철판을 세로로 이어 붙이고 가슴과 어깨 부위에 고사리 문양까지 넣은 이 갑옷은 가야가 철을 잘 다루었다는 사실을 보여 줘.

갑옷과 투구 경상북도 고령의 무덤에서 발견된 대가야 갑옷과 투구야. 긴 철판을 몸에 맞춰 구부리고 못으로 연결했어. 갑옷 윗부분에는 어깨 가리개도 있어.

내 몸에 꼭 맞는 입체 디자인!
실크 처럼 부드러워용~!
세로 판갑옷
가로 판갑옷

생각보다 가벼운걸?
말 머리 가리개
철판 조각을 이어 만든 미늘 갑옷
철컥-
그건 니 생각 이고!
철컥-

용봉무늬 환두대도 손잡이의 고리 안이 용과 봉황으로 장식되어 있어. 용과 봉황은 둘 다 신성한 동물이니 무덤 주인의 신분이 얼마나 높았는지 짐작이 가지?

"별로, 생각보다 움직이기 편한데!"

장하다는 허리를 이리저리 비트는가 싶더니 아예 폴짝폴짝 주위를 뛰어다녔다.

"금관가야의 철이 뛰어나다는 소문이 널리 퍼지자 한반도에 있는 크고 작은 나라들은 물론, 바다 건너 왜에서도 철을 사기 위해 금관가야로 왔어. 북쪽에 있던 낙랑에서는 중국에서 들여온 귀한 물건들을 가져와 금관가야의 철로 바꾸어 가곤 했어. 당시 금관가야에서는 철을 덩어리로 만들어서 묶어 팔았는데 그걸 '덩이쇠'라고 불러."

"덩이쇠를 뭐에다 써요?"

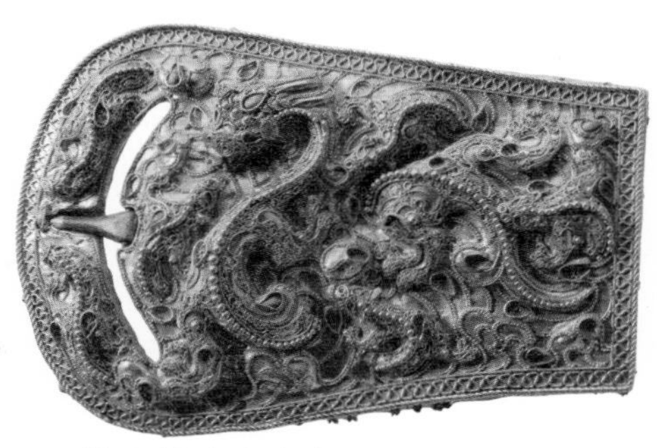

금제 허리띠 장식 순금과 비취로 만든 허리띠 고리로 낙랑의 대표적인 유물이야. 좁쌀보다 더 작은 금 알갱이와 금실을 하나하나 붙여 용을 형상화했어. 평안남도 대동군 석암리 9호분에서 출토됐어. 가로 9.4cm, 국립중앙박물관 소장. 국보.

덩이쇠 이 당시에는 덩이쇠를 화폐처럼 사용했어. 언제든 녹여서 철제품을 만들 수 있었거든.

"농기구나 무기를 만들기도 하고, 돈처럼 사용하기도 했어."

"돈으로 써요? 철이 그렇게 귀한 물건이었어요?"

"응! 옛날에는 덩이쇠가 오늘날의 금괴와 마찬가지로 화폐 가치를 지니고 있었거든. 게다가 금관가야는 낙동강과 남해가 만나는 곳에 위치해 있었기 때문에 중국, 낙랑, 왜와 직접 교류할 수 있다는 장점이 있었어. 그래서 철을 팔아서 돈을 버는 것 외에도 중국의 귀한 물건들을 들여와 다른 나라에 되팔며 큰 이익을 남겼지. 질 좋은 철과 우수한 기술, 그리고 해상 무역을 통해 부자 나라가 된 금관가야는 이러한 경제력을 바탕으로 수준 높은 문화를 꽃피웠어. 가야 연맹 중에서 가장 잘살고 힘이 센 나라가 된 금관가야는 결국 우두머리가 되어 연맹을 이끌게 된 거지."

외국에서 가야로 온 물건들

통형 동기 창의 손잡이 부분에 끼워서 쓴 것으로 추정하고 있어. 주로 일본에서 많이 발견되고 있어.

회오리 방패 장식 일본에서 만들어진 것으로 추정하고 있어. 방패 앞을 장식하는 데 사용되었어.

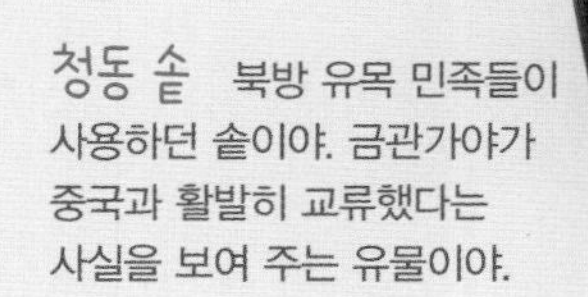

청동 솥 북방 유목 민족들이 사용하던 솥이야. 금관가야가 중국과 활발히 교류했다는 사실을 보여 주는 유물이야.

일본 토기 가야 토기와 비슷하게 생겼지만 자세히 보면 살짝 달라. '스에키'라는 일본 고대 토기야.

아이들이 고개를 끄덕이는데 어디선가 음악 소리가 들려왔다.

"어? 이게 무슨 소리지?"

주변을 둘러보던 용선생이 갑자기 꽥 소리를 질렀다.

"앗! 결혼식이다! 저건 꼭 봐야 해! 얘들아, 빨리!"

용선생과 아이들은 허둥지둥 사람들이 모여 있는 곳을 향해 달려갔다.

김수로와 허황옥, 최초의 국제결혼

"선생님, 도대체 누구 결혼식이에요?"

"진짜 결혼식이 아니라, 김수로와 허황옥의 결혼식을 재연한 거야. 두 사람은 우리 역사 최초로 국제결혼을 한 커플로 알려져 있거든."

"어머, 그럼 신부가 외국 사람이었어요? 둘이 어떻게 만났어요?"

허영심이 두 눈을 반짝이며 용선생을 쳐다보았다.

"수로왕은 왕위에 오른 지 한참이 지나도록 결혼을 하지 않았어. 딸이 있는 귀족들은 저마다 왕이 자기 딸을 왕비로 삼아 주었으면 했지만, 수로왕은 하늘이 정해 준 짝이 있다며 한사코 거절을 했지. 그러던 어느 날, 수로왕은 신하들에게 김해 앞바다로 나가 보

라고 했어. 신하들이 왕의 말대로 바닷가에 나가 보니 붉은 돛과 붉은 깃발을 단 배 한 척이 다가오는 거야. 배에는 아름다운 여인이 타고 있었어. 그 여인은 자신이 아유타국에서 온 공주 '허황옥'이라고 소개했어. 부모님 꿈에 하느님이 나타나 가야의 수로왕에게 딸을 보내 결혼을 시키라고 해서 가야로 오게 되었다는 거였지. 수로왕은 자기도 공주를 기다리고 있었다면서, 허황옥을 왕비로 맞아들였대."

"근데 아유타국은 어디에 있던 나라예요?"

나선애의 질문에 용선생은 어깨를 으쓱했다.

"나도 그게 궁금해. 어떤 사람은 인도에 있던 '아요디아'라는 나라라 하고, 어떤 사람은 태국에 있던 나라라고 하지. 또 허황옥이 중국에서 왔다고 주장하는 사람도 있어."

김해 수로왕릉 수로왕릉의 정문에는 물고기 두 마리(위)가 그려져 있는데, 인도 아요디아 지방에서 널리 쓰이는 장식 무늬와 비슷해. 하지만 이 수로왕릉의 정문은 조선 시대(1392~1910)에 만든 것이라고 해. 경상남도 김해시 서상동에 있어. 사적.

가야의 다양한 토기들

가야 무덤 속의 토기 무덤 안에 토기가 가득 쌓여 있지? 이렇게 많은 토기를 묻었던 무덤의 주인은 아마 신분이 높았을 거야. 다양한 가야 토기는 당시 생활상을 살펴보는 데 중요한 자료가 되고 있어.

집모양 토기 가야의 집이나 창고 모양을 본떠 만든 토기야. 기둥 8개를 세운 다음, 그 위에 벽과 지붕을 올렸어. 마치 원두막처럼 생겼지?

짚신모양 잔 짚신은 짚을 꼬아서 만든 신발이야. 평범한 사람들은 이런 짚신을 신고, 부유한 사람들은 가죽신을 신었을 것으로 추정하고 있어.

바퀴 달린 잔 크고 둥근 수레바퀴를 뿔잔의 양쪽에 붙여 놓은 잔이야. 당시 사람들이 이런 바퀴가 달린 수레를 타고 다녔을 것으로 추정하고 있어.

오리모양 토기 오리를 본떠 만든 토기야. 오리가 눈을 부릅뜨고 머리엔 모자를 쓴 것 같지? 몸통이 비어 있고, 등과 꼬리에 구멍이 있어서 술이나 물을 담았던 것으로 추정하고 있어.

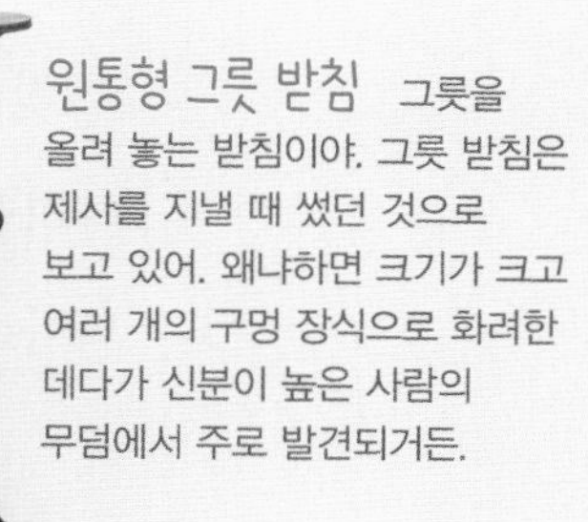

원통형 그릇 받침 그릇을 올려 놓는 받침이야. 그릇 받침은 제사를 지낼 때 썼던 것으로 보고 있어. 왜냐하면 크기가 크고 여러 개의 구멍 장식으로 화려한 데다가 신분이 높은 사람의 무덤에서 주로 발견되거든.

굽다리 접시 접시 아래에 다리처럼 긴 굽이 붙어 있어서 굽다리 접시라고 해. 음식을 담는 그릇이었을 것으로 추정하고 있어. 그런데 뚜껑이 낮아서 먹고 싶은 음식을 마음껏 담기는 어려웠겠다.

나룻배모양 토기 바닥이 얕고 평평한 배 모양을 본떠서 만들었어. 가야의 배도 이와 비슷한 모양이었을 거야. 길이 27.9cm, 높이 9.1cm, 삼성미술관 리움 소장, 보물.

"엥? 아무것도 밝혀진 게 없는 거잖아요?"

나선애가 서운한 표정을 짓자, 용선생이 말을 이었다.

"이 이야기에서 확실히 알 수 있는 것도 있지! 금관가야가 먼 곳에서 배를 타고 오는 손님들이 많았던 나라, 즉 국제 무역으로 번성한 나라였다는 사실이야."

"어쨌든 로맨틱한 이야기네요."

허영심이 결혼식에서 눈을 떼지 못한 채 중얼거렸다.

대가야, 새로운 우두머리가 되다!

"하지만 이렇게 잘 나가던 금관가야도 주변 나라들의 상황이 바뀌면서 서서히 힘이 빠지기 시작했어."

"왜요? 다른 나라에서 쳐들어오기라도 했나요?"

"맞아! 평소 금관가야에 불만을 품고 있던 가야 연맹 내의 여덟 나라들이 군사를 일으켜 금관가야를 공격했단다. 하지만 이때 금관가야는 신라의 도움을 받아 무사히 위기를 넘길 수 있었어. 그런

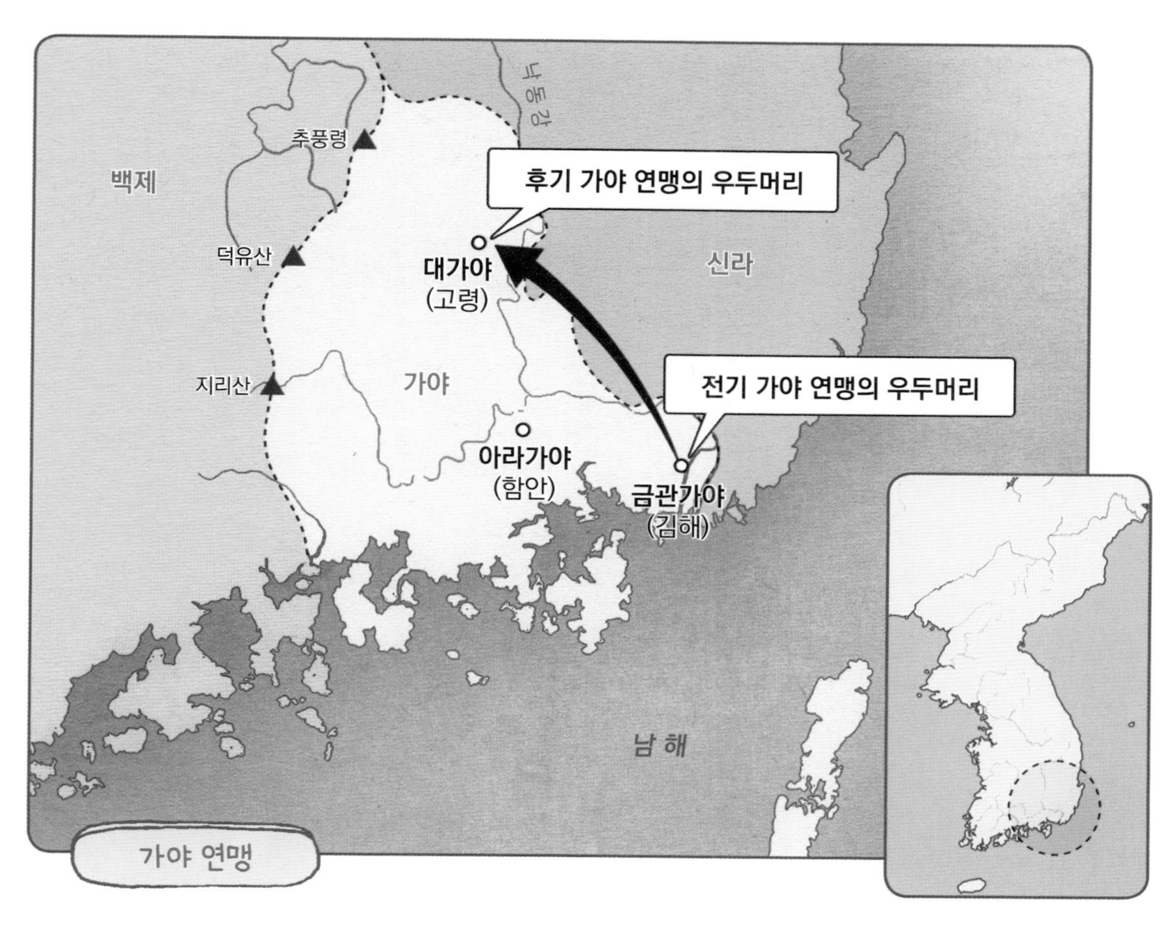

데 금관가야의 위기는 여기서 끝난 게 아니었어. 400년 금관가야는 도저히 상대할 수 없는 적의 공격을 받게 되지."

용선생의 흥미진진한 이야기에 아이들이 침을 꼴깍 삼켰다.

"어느 나라인데요? 혹시 중국에서 쳐들어왔나요?"

"백제가 왜·가야와 힘을 합쳐 신라를 공격했던 것 생각나니? 왜군이 쳐들어오자 신라에서는 고구려에 도움을 청했잖아? 이때 광개토 대왕은 수만 명의 군사를 보내 왜군들을 끝까지 추격해서 모조리 무찔렀어. 그런데 여기서 끝낸 것이 아니라 금관가야가 있던 낙동강 유역까지 공격했지. 이 일로 인해 금관가야는 거의 무너질 지경이 되었어."

"그럼 가야는 망한 거예요?"

곽두기가 걱정스러운 표정을 지었다.

"아니, 금관가야를 대신해 경상북도 고령 지방에 있던 대가야가 가야 연맹의 우두머리로 떠올랐어. 기름진 땅과 수많은 철광산이 있는 고령은 육지 깊숙한 곳에 있었기 때문에 고구려군의 발길이 미치지 않았어. 다른 지역에 비해 전쟁의

가야 금동관
경상북도 고령군 지산동 32호분에서 출토된 가야 시대의 금동관이야. 가야를 대표하는 관으로, 단순하면서도 세련된 멋을 지니고 있지. 높이 19.6cm, 국립중앙박물관 소장. 보물.

고령 지산동 고분군 대가야의 왕이나 귀족처럼 신분이 높은 사람들이 묻혔을 것으로 여겨지는 무덤들인데 다른 지역에 비해 무덤의 크기가 크고 무덤 속에서 발견된 유물의 질과 양이 월등히 뛰어나. 그만큼 대가야의 힘이 강했다는 거지. 사적.

피해를 덜 입었던 거지. 풍부한 농산물과 우수한 철기를 통해 힘을 기른 대가야는 꾸준히 성장했고, 결국 금관가야의 뒤를 이어 연맹의 우두머리 역할을 하기에 이른 거야."

"대가야도 금관가야만큼 힘이 셌나요?"

"응, 중국에 직접 사신을 보낼 정도였으니까 상당히 강했다고 봐야지. 고령 지역은 교통이 별로 좋지 않기 때문에 중국까지 가려면 돈도 많이 들고 시간도 많이 걸려. 만약 가난하고 힘이 없는 나라였다면 외교 때문에 이 먼 길을 다녀올 엄두를 내지 못했을 거야. 주변의 다른 가야 소국들은 이런 대가야의 외교 능력을 인정했고, 자신감이 생긴 대가야는 왜와의 교류도 주도하며 가야의 문화를 일본에 알렸지."

대왕명 토기
뚜껑에 '대왕(大王)'이란 글자가 새겨져 있어. 대가야의 지배자를 '대왕'으로 불렀다는 것을 알려 주는 귀중한 증거지.

"와, 가야가 다시 살아났다."

얼굴이 한결 밝아진 두기가 미소를 지었다.

"대가야가 번성했던 5세기는 신라와 백제가 손을 잡고 고구려에 맞서던 시기였어. 대가야는 신라와 백제의 편에 서서 고구려에 맞서 싸웠어. 하지만 6세기가 되면서 상황이 이상해졌어. 한동안 좋은 관계를 유지하고 있던 백제와 신라가 자신들의 이익을 위해 대가야를 이용하려 했거든."

"힝…… 너무해!"

곽두기가 다시 시무룩한 표정을 지었다.

"그러던 와중에 대가야는 땅의 일부를 백제에게 빼앗기고 말았어. 그동안 대가야와 백제는 좋은 관계를 유지하고 있었는데 이 일을 계기로 둘의 사이는 완전히 틀어지고 말았지."

"이러다 또 전쟁이 나겠네……."

곽두기가 걱정스러운 표정으로 용선생을 바라보았다.

가야, 역사 속으로 사라지다

저, 저것들이 신라랑 결혼을 해버려? 어디 얼마나 오래 가는가 보자고!
백제 무령왕

"당시 대가야를 다스리던 이뇌왕은 화가 머리끝까지 치밀었어. 하지만 대가야 혼자의 힘만으로는 백제를 상대할 수 없다는 사실을 잘 알고 있었어. 그래서 신라와 손을 잡기로 결심했지. 이때 신라는 법흥왕이 다스리고 있었는데, 이뇌왕은 법흥왕에게 신라의 여인과 결혼하게 해 달라고 청했어."

"엥? 갑자기 결혼을 왜 해요?"

장하다가 머리를 긁적였다.

"왕실끼리 결혼을 해서 두 나라 사이에 튼튼한 동맹 관계를 맺으려고 한 거지. 이뇌왕의 뜻을 전해 들은 법흥왕은 신라 왕실의 여성을 가야로 보냈고, 이뇌왕은 그 여성과 결혼을 했어.”

“어머, 그럼 또 국제결혼이잖아! 이 둘은 오래오래 행복하게 잘 살았나요?”

허영심이 눈을 반짝이며 묻자 용선생은 고개를 저었다.

“행복은커녕 불행의 시작이었지. 신부가 가야로 올 때 시종 100명을 함께 데려왔거든. 이뇌왕은 그들을 가야 땅 여기저기에 머물도록 했어. 몇 년 동안은 그렇게 잘 살았는데, 어느 날 신라의 법흥왕이 이 시종들에게 가야의 옷이 아닌 신라의 옷을 입으라는 명령을 내렸어. 가야의 입장에서는 당연히 기분이 나빴겠지. 화가 난 이뇌왕은 시종들을 모두 신라로 내쫓아 버렸어. 그러자 신라에서는 당장 왕비도 돌려보내라고 요구했어.”

“그럼 이혼하자는 말인가요?”

“음, 이건 단순한 이혼이 아니라 가야와 신라의 동맹이 깨지는 걸 의미해. 그래서 이뇌왕은 왕비를 신라로 돌려보내지 않았다고 해. 그러자 법흥왕은 이를 빌미로 가야를 공격해서 영토 일부를 빼앗아 버렸지.”

“이거 이거, 왠지 냄새가 나는 걸……. 혹시 처음부터 계획했던 일 아니에요?”

기마 인물형 토기 김해에서 발견된 토기로, 가야 무사의 모습을 잘 보여 주고 있어. 무사는 투구를 쓰고 오른손에는 창, 왼손에는 방패를 들고 있어. 말에게도 갑옷을 입혔어. 말의 안장 뒤에는 두 개의 뿔 모양 잔이 마주 보게 놓여 있어. 높이 23.2cm, 국립경주박물관 소장. 국보.

왕수재가 눈을 게슴츠레 뜨며 말했다.

"수재 네 말이 맞을 것 같구나. 법흥왕은 대가야 왕이 처음 결혼 이야기를 꺼낼 때부터 이미 다른 속셈이 있었을 거야."

"맙소사! 이뇌왕이 땅을 치며 후회했겠네요."

"그랬겠지. 신라가 뒤통수를 친 셈이었으니까. 이렇게 신라가 야금야금 가야의 땅을 점령해 나가자 견디다 못한 금관가야가 532년에 먼저 신라에 항복을 해 버렸어. 그런데 바로 이때, 백제가 대가야에 손을 내밀었어."

"응? 백제랑 가야는 사이가 나빴잖아요. 그래서 이뇌왕이 신라 여자랑 결혼까지 한 거라면서요?"

장하다가 눈을 껌벅거리자 왕수재가 "어제의 적은 오늘의 동지가 되는 법이라니까!" 하며 아는 체했다.

"신라가 나날이 힘이 세지는 걸 보고만 있을 수 없었던 백제로선 대가야와 힘을 합치는 게 유리했겠지. 대가야 역시 신라와 완전히 사이가 틀어졌기 때문에 백제와 손을 잡을 수밖에 없었고."

"왠지 불안한데……."

영심이 초조한 듯 손톱을 물어뜯기 시작했다.

“당시 성왕이 다스리고 있던 백제는 신라의 관산성을 공격했는데, 이때 대가야는 군사 1만여 명을 보냈대.”

“성왕? 어디서 들어 봤더라?”

장하다가 머리를 긁적이는 동안 왕수재가 재빨리 공책을 들춰 봤다.

“신라 진흥왕이랑 손잡고 한강 유역을 빼앗았다가 나중에 진흥왕한테 뒤통수 맞았던 왕이죠!”

“그래, 맞아. 그 뒤 백제가 신라 관산성을 공격했고, 성왕은 관산성으로 가는 도중에 목숨을 잃었다고 했잖아? 백제가 이때 전쟁에서 크게 지는 바람에 백제 편에 섰던 가야 역시 휘청거리게 됐어. 그 뒤 가야의 작은 나라들은 하나둘 신라 차지가 됐고, 힘겹게 버티던 대가야마저 562년에 신라 진흥왕의 공격을 받고 결국 무너져 버렸어. 500여 년을 이어 온 가야의 역사는 이렇게 신라의 손에 끝이 나고 말았단다.”

“쩝…… 서운하네. 좀 더 오래 이어졌으면 좋았을걸.”

“철기 기술도 있었고, 장사도 잘해서 부자였고, 좋은 무기도 많았는데 말야. 흠, 뭐가 문제지?”

하다와 수재가 마주 보고 이러쿵저러쿵 주고받았다.

용선생이 고개를 주억거리며 다시 말문을 열었다.

“가야가 좀 더 오래 이어지지 못한 이유를 한마디로 꼽으면 강한 왕권을 중심으로 나라의 힘을 모으지 못

했기 때문이야. 이 시기에 이미 고구려나 백제, 신라는 한 명의 왕이 이끄는 하나의 큰 나라였지. 하지만 가야는 작은 나라들이 힘을 모아 이룬 연맹 국가였어. 비록 금관가야와 대가야가 연맹을 이끌기는 했지만, 여러 나라들이 고만고만한 힘을 가지고 각자 편한 방식으로 나라를 다스리다 보니 어떤 문제가 생겼을 때 빠르게 대응하기 어려웠어. 뿐만 아니라 다른 나라의 침입을 받았을 때 힘을 모아 맞서 싸우기도 쉽지 않았지."

"가야의 여러 나라들이 먼저 하나의 나라로 확실히 뭉쳐야 했던 거네요."

나선애가 심각한 표정으로 중얼거렸다.

"그렇지. 가야가 뒤처졌던 또 하나의 이유는 지리적인 위치 때문이었어. 백제와 신라 사이에 끼어 있다 보니 아무래도 이 두 나라의 간섭을 많이 받을 수밖에 없었거든. 이렇게 강한 나라들에게 휘둘리다 보면 정치적으로 발전하기 어려웠을 거야. 특히 가야가 있던 낙동강 유역은 교통이 좋은 데다 철도 풍부했기 때문에 다

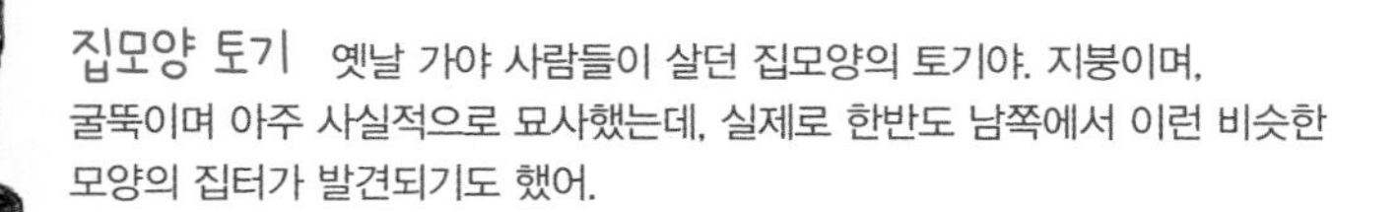

집모양 토기 옛날 가야 사람들이 살던 집모양의 토기야. 지붕이며, 굴뚝이며 아주 사실적으로 묘사했는데, 실제로 한반도 남쪽에서 이런 비슷한 모양의 집터가 발견되기도 했어.

른 나라들이 탐내던 지역이었거든."

 나라는 사라져도 사람은 남는다

"나라가 없어졌으니 이제 가야 사람들은 어쩌죠?"

가야 옷차림을 하고 행렬을 지어 지나가는 사람들을 보며 곽두기가 걱정스레 말했다.

"두기야, 너무 슬퍼하지 마. 나라가 사라졌다고 해서 사람들까지 사라진 건 아니야. 비록 가야가 아닌 신라의 백성으로 살아가긴 했지만, 그들 중에는 신라를 빛내는 인물이 되어 역사에 이름을 남긴 사람들이 많아."

"정말이요? 그런 사람들이 있었어요?"

"응, 우선 대가야 귀족 집안의 후손인 강수라는 사람이 있었어. 강수는 어렸을 때부터 어려운 글도 막힘없이 해석할 수 있었고 까다로운 문장도 술술 써내는 재주를 갖고 있었대. 그 당시엔 외교 문서를 작성하는 일이 매우 중요했어. 자칫 오해를 살 만한 글귀를 썼다간 그것 때문에 전쟁도 일어날 수 있었거든. 강수는 중국에서 보낸 외교 문서를 제대로 이해하고, 또 반대로 중국에 보낼 외교 문서를 훌륭하게

 허영심의 인물 사전

강수(?~692)
대가야가 망한 후 신라 중원경(지금의 충청북도 충주)에서 태어났어. 태어났을 때 머리 뒤에 뼈가 불쑥 나와 있어서 처음에는 이름을 '우두(소머리를 의미)'라고 했대.

써내고 해서 신라 왕의 총애를 받았지."

"좀 더 유명한 사람은 없나요? 우리가 알 만한 사람이요!"

"있고 말고! 그 이름은 바로 김유신!"

"어? 김유신이 가야 출신이에요?"

"응! 김유신의 할아버지는 김무력이라는 사람인데, 그는 금관가야의 마지막 왕자였어. 금관가야가 신라로 넘어온 뒤에는 신라의 귀족으로 살며 전쟁터에서 큰 공을 세워 신라 사람들의 존경을 받은 인물이지. 그의 손자인 김유신은 신라 귀족이기 이전에 금관가야의 왕족이었던 거야. 어린 시절부터 화랑으로 이름을 떨치던 김유신은 훗날 김춘추와 함께 삼국 통일을 이끌게 됐지."

"둥딩 둥딩, 딩당 둥기당 둥덩."

그때 어디선가 익숙한 선율이 들려왔다.

"어? 이게 무슨 소리지?"

아이들이 소리가 나는 쪽으로 고개를 돌려 보니, 무대 위에서 막 가야금 연주가 펼쳐지고 있었다.

"얘들아, 너희들 저 악기를 왜 가야금이라고 부르는 줄 아니?"

가야금 일본 왕실의 보물 창고인 쇼소인에서 발견된 가야금이야. 신라에서 가져온 것이라 해서 일본 사람들은 '신라금'이라 불러. 지금의 가야금과 매우 닮았고 튕기는 줄이 12개인 것도 같아.

나선애가 손가락을 탁 튕겼다.

"아! 혹시 가야에서 만들어진 악기라서?"

"딩동댕! 가야금은 대가야의 가실왕 때 만들어진 악기야. 가실왕은 가야 최고의 악사였던 우륵에게 가야금에 맞는 곡을 만들라고 했어. 우륵이 이때 최초의 가야금 연주곡을 열두 곡 만들어 바쳤다고 하는데, 아쉽게도 전해지지는 않아. 이후 가야가 위태로워지자 우륵은 가야금을 가지고 신라로 넘어왔어. 우륵의 재주를 알아본 진흥왕은 그가 계속 음악을 할 수 있도록 도와줬어. 우륵은 곡을 만들어 진흥왕 앞에서 연주하기도 했고, 진흥왕이 보낸 사람들을 제자로 삼아 음악을 전수하기도 했지."

"우륵의 가야금 소리 듣고 싶다."

"가야 사람들은 정말 재주가 많은 것 같아."

"다 신라로 넘어갔으니 결국 신라만 좋은 건가?"

용선생의 이야기가 끝나자 아이들은 저마다 한마디씩 하느라 정신이 없었다.

"선생님, 근데요……. 어라? 어디 가셨지?"

아이들은 갑자기 사라져 버린 용선생을 찾기 위해 주위를 두리번거렸다. 그때 허영심의 눈에 용선생의 모습이 들어왔다.

"어머, 얘들아! 저기!"

무대 한가운데 떡하니 자리를 잡고 앉은 용선생이 아이들을 향해 손을 흔들었다. 그 앞에는 커다란 가야금이 놓여 있었다. 놀란 아이들은 우르르 무대 앞으로 몰려갔다.

"선생님, 그 위에서 뭐 하시는 거예요?"

"뭐 하긴? 가야금 타기 경연 대회에 나온 거지! 이제 곧 시작할 거야."

"우아, 선생님 가야금도 탈 줄 아세요?"

곽두기의 질문에 잠시 멈칫했던 용선생은 이내 머쓱한 표정을 지었다.

"아니, 오늘 처음 만져 보는 거야."

"네에?"

"하하…… 걱정 마. 이런 것도 다 경험이야. 혹시 아니? 이러다가 내가 일등 할지? 너희들은 그냥 열심히 응원만 해 주면 돼!"

아이들은 떨떠름한 표정으로 제일 앞줄에 나란히 앉았다.

"뚜웅~ 띵! 댕~뚱!"

용선생의 연주가 시작되자 아이들은 고개를 푹 숙였다. 차마 들어줄 수 없는 소리였다.

'어휴, 우리 선생님은 대체 어느 별에서 왔을까?'

나선애는 슬그머니 귀를 막으며 한숨을 내쉬었다.

나선애의 정리노트

1. 한눈에 보는 가야의 역사!

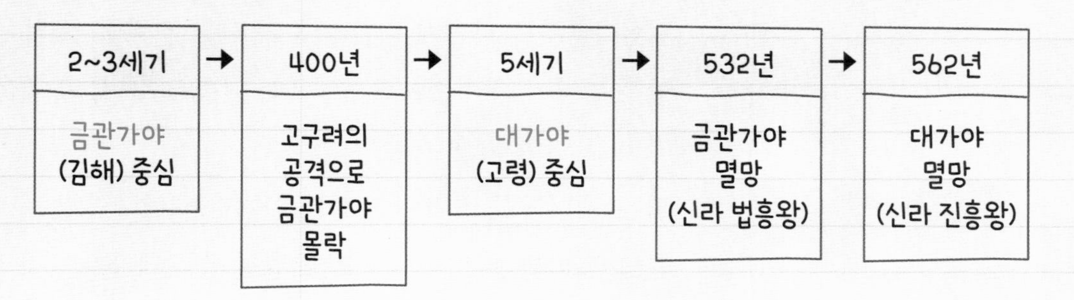

2~3세기	400년	5세기	532년	562년
금관가야 (김해) 중심	고구려의 공격으로 금관가야 몰락	대가야 (고령) 중심	금관가야 멸망 (신라 법흥왕)	대가야 멸망 (신라 진흥왕)

2. 가야가 발전할 수 있었던 까닭은?

- 철 풍부, 제련 기술 발달
- 해상 교통의 중심지 - 중계 무역(낙랑·왜)

3. 가야가 빨리 멸망한 이유

- 하나의 나라로 합쳐지지 못했기 때문
- 지리적으로 백제와 신라 사이에 끼어 간섭을 받을 수밖에 없었음

4. 가야 출신 삼인방

강수	우륵	김유신
외교 문서의 달인	가야금의 1인자	삼국 통일의 주역

http://cafe.naver.com/yongyong

용선생의 역사 카페

역사계의 슈퍼스타,
용선생의 역사 카페에
오신 걸 환영합니다

Log in

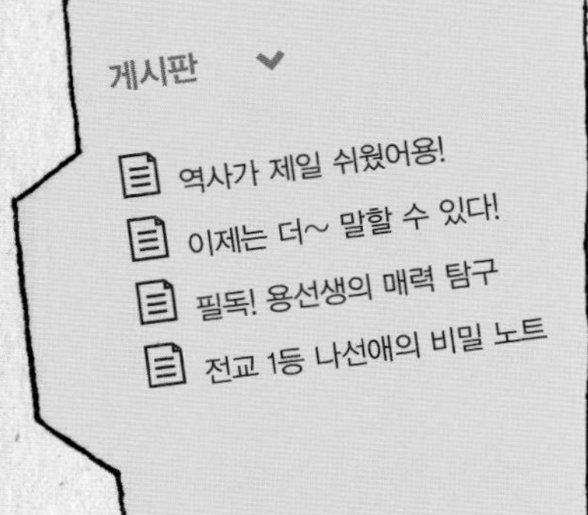

가야 사람들의 신기한 풍속

사람마다 아름다움에 대한 기준이 다른 것처럼, 옛날 사람들은 미에 대한 기준이 오늘날과는 많이 달랐어. 그 좋은 예가 바로 가야의 '편두'야.

편두는 '납작한 머리'란 뜻인데 아기가 태어나면 돌로 머리를 눌러 납작하게 만드는 거야. 엄청 아픈 데다가 자칫 잘못하면 목숨을 잃을 수 있는데도 가야에선 그런 위험을 무릅쓰고 편두를 했대. 아마도 이마가 납작한 것이 아름답다고 생각했기 때문에 그랬던 것 같아.

한편 몸에 글자나 그림을 새기는 문신을 가야와 신라 사람들이 즐겨 했다는 기록이 중국 역사책에 남아 있어. 남자, 여자, 어린이, 노인 할 것 없이 모두 문신을 했대. 왜 문신을 했는지는 정확히 알 수 없지만, 아마도 멋을 내거나 신분을 나타내는 용도로 쓰였던 것 같아. 또 육지와 바다에서 사나운 짐승을 만났을 때 위장을 하기 위한 용도이기도 했을 거야.

그런데 가야의 풍속 중에는 편두와 문신보다 더 고통스러운 것도 있었어. 바로 멀쩡한 치아를 뽑는 거지. 언뜻 보면 이해할 수 없는 가야 사람들의 이러한 행동은 가까운 친척이 죽었을 때 같이 죽지 못하는 슬픔을 표현하기 위한 것이었어. 죽은 사람을 묻을 때 친척들이 아파하면서 뽑은 자신의 이를 같이 묻었던 거야. 큰 아픔을 견뎌 내면서까지 다른 사람의 죽음을 슬퍼하는 마음에서 생겨난 풍습이었던 거지.

또한 가야에는 '여전사'들이 있었다고 해. 어떻게 아냐고? 경상남도 김해에서 갑옷과 투구로 무장한 세 사람의 뼈가 발견되었는데, 놀랍게도 모두 20~30대 여성인 것으로 밝혀졌대. 게다가 보통 여성들보다 다리 근육이 훨씬 더 발달해 있어서 '여전사'인 걸로 추정하는 거지. 아마도 고구려의 공격을 받아 쓰러져 가던 금관가야를 되살리기 위해 여성들까지 전쟁터에 나간 것으로 보여.

COMMENTS

 허영심 : 머리를 돌로 누른다고요? 아무리 예뻐진다고 해도 너무 끔찍해요.

↳ 나선애 : 나도 그렇게 생각해. 무서워!

한국사 퀴즈 달인을 찾아라!

출발!

01 ★☆☆☆☆

수로왕이 다스리던 나라의 이름은 뭘까? 그리고 이곳의 현재 지명은 뭘까? (　　　　)

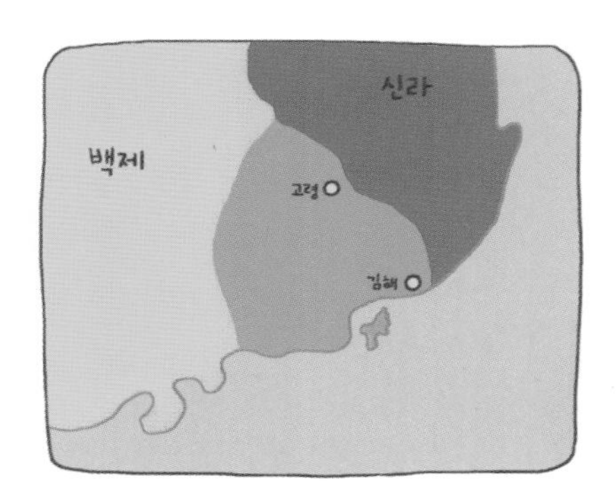

① 금관가야 – 김해
② 금관가야 – 금천
③ 대가야 – 고성
④ 대가야 – 고령

02 ★★☆☆☆

다음 중 가야와 관련이 없는 것은 무엇일까? (　　　　)

①

②

③

④

★★★★★

곽두기가 다음 주제로 탐구 보고서를 작성하려고 해. 보고서에 들어갈 내용으로 옳지 않은 것은 무엇일까? (　　　　)

연구 주제: 가야 연맹

① 풍부한 철을 수출해 부유해진 가야

② 낙동강을 중심으로 성장한 금관가야

③ 강한 왕권을 중심으로 나라의 힘을 모으지 못한 가야

④ 백제와 신라의 사이에서 고구려와 친하게 지낸 가야

★★☆☆☆

가야의 어떤 왕은 배를 타고 온 여인과 결혼했어. 그 왕과 여인의 이름은 뭘까? (　　　　)

① 온달 – 평강 공주
② 김수로 – 허황옥
③ 호동 왕자 – 낙랑 공주
④ 김유신 – 덕만 공주

★★★☆☆

금관가야에 무슨 일이 있어났던 걸까? 가야 연맹의 중심이 금관가야에서 대가야로 이동하게 됐어. 저 멀리 북쪽 고구려에서 한반도 남쪽 나라 가야까지 군사를 보낸 고구려의 왕은 누구일까?

금관가야	→	대가야
한반도와 주변 나라들에 철을 수출하면서 부유한 나라로 성장했고 가야 연맹을 이끌었다.	고구려의 (　　　　　　)이 금관가야를 공격하였다.	땅이 기름지고 철광산이 많았던 고령의 대가야가 금관가야를 대신해 가야 연맹을 이끌었다.

• 정답은 274쪽에서 확인하세요!

삼국 시대에는 지금과는 다르게 사람들을 신분에 따라 나눴어.
귀족, 평민, 노비는 각자의 신분에 따라 누릴 수 있는 권리와 해야 할 의무가 많이 달랐지.
귀족이 부와 권력을 거머쥐고 화려한 삶을 살았던데 반해,
평민과 노비는 농사를 짓거나 주인을 모시며 하루하루를 벅차게 살았어.
자, 그럼 삼국 시대의 귀족과 평민, 노비가 각각 어떻게 살았는지 살펴보자!

32
신라에서 가배를 시작하다
194
고구려에서 진대법이 실시되다
502
신라에서 소로 농사짓기를 권장하다
621
신라의 설계두, 당나라로 떠나다
6두품
632
최초의 여왕인 선덕 여왕이 즉위하다
신라 선덕여왕
654
진골인 김춘추가 왕이 되다

수산리 고분 벽화 (복원)

삼국 시대 사람들의 생활 속으로

✔ 알고 있는 용어에 체크해 보자!

☐ 귀족 ☐ 평민 ☐ 노비 ☐ 골품제

"혹시 어제 텔레비전에서 '황금종을 울려라!' 봤니?"

역사반 교실에서 옹기종기 모여 앉아 과자를 먹고 있던 아이들에게 나선애가 말을 걸었다.

"나는 그 퀴즈 프로그램 별로 안 좋아하는데. 내가 풀 수 있는 문제가 별로 없어서. 헤헤."

장하다의 솔직한 대답에 왕수재의 말문이 막혔다.

"누나, 나도 그 프로그램 좋아해. 역사 관련 문제가 많이 나오거든."

"나는 그 시간에 다른 거 보고 싶은데, 아빠가 워낙 좋아하셔서 그걸 볼 수밖에 없어."

허영심이 뾰로통한 표정을 짓자 그 모습을 본 아이들이 웃음을 꾹 참았다.

"어제 우리 사촌 언니가 거기 나와서 황금종을 울렸거든. 대단하

지?"

"우아, 정말 대단하다. 선애네 집 사람들은 다들 똑똑한가 보구나."

장하다의 눈이 왕방울만 해진 그때 용선생이 교실 문을 힘차게 열고 들어왔다. 용선생은 머리에 반짝거리는 관을 쓰고 있었다.

"선생님 머리에 쓰신 게 뭐예요?"

"응, 금관이란다. 오늘은 수업 중에 퀴즈를 낼 예정이야. 정답을 가장 많이 맞힌 사람에게 이 금관을 선물하마."

"와~!"

아이들은 용선생의 말에 술렁거렸다. 용선생은 어느 때보다 반짝거리는 아이들의 눈망울을 보며 오늘 수업은 왠지 좀 더 즐거울 것 같다는 예감이 들었다.

사람 사이의 차별을 법으로 정하다

"자 그럼 지금부터 시작이다. 오늘의 주제는 '삼국 시대 사람들의 생활 속으로'란다. 우선 삼국 시대 신분 제도에 대해 공부할 텐데, 퀴즈는 설명 중간에 갑자기 나오니까 잘 맞춰 보렴!"

장하다가 머리를 긁적이며 물었다.

"저…… 그런데 선생님…… 신분이 뭐예요?"

하다의 질문을 들은 왕수재가 낄낄대며 놀렸다.

"큭큭큭, 하다는 문제 자체를 이해 못할 텐데 오늘 한 문제나 맞힐 수 있으려나……."

용선생이 티격태격하는 하다와 수재를 말리며 설명을 이어 갔다.

"신분은 모든 사람을 평등하게 생각하지 않고, 핏줄이나 집안 배경 등으로 사람을 나누고 차별하는 거야. 신분 제도는 그런 차별을 제도로 만든 거고."

"그럼 사람을 차별하기 시작한 게 삼국 시대부터인가요?"

"아니란다. 사람을 차별하기 시작한 건 정확하게 말하면 그 이전이야. 자 그럼 첫 번째 퀴즈! 사람을 차별하기 시작한 건 언제부터일까요~?"

"청동기 시대부터입니다. 청동기 시대에 차별이 생기면서 힘이 센 족장이 청동기를 독점했습니다!"

나선애의 당찬 대답에 모두들 나선애를 대단하다는 듯이 쳐다봤다.

"그래, 선애가 맞췄구나. 일단 선애 1점! 선애 말대로 청동기 시대부터 사람들 사이에 차별이 생기기 시작했어. 그러다 고조선과 같은 나라가 생기면서 법을 만들었는데, 이런 법을 통해서 사람들에 대한 차별을 제도로 정하게 된 거란다. 그것이 이후까지 계속

이어진 거고."

"그럼 당시 신분에는 어떤 것이 있었는데요?"

"삼국 시대의 신분은 크게 귀족, 평민, 천민으로 나눌 수 있어. 물론 왕이 될 수 있는 왕족이 따로 있었지만, 일단 예외로 치자꾸나. 귀족은 말 그대로 귀한 집안의 사람들, 평민은 농민처럼 평범한 사람들, 천민은 노비처럼 가장 어렵고 힘든 일을 하는 사람들이었지."

"딱 봐도 귀족이 제일 좋았을 것 같네요. 그러면 어떤 사람들이 귀족이 될 수 있었어요?"

"삼국 시대 귀족이 된 집안들에는 여러 집단들이 있었단다. 우선 고구려, 백제, 신라 등 나라가 세워졌을 때 그 나라들을 주도적으로 만든 사람들이 대개 귀족이 되었지. 그리고 삼국은 주변에 있는 세력들을 정복하면서 몸집을 불려 갔잖니? 그런 과정에서 항복한 집단의 우두머리들이 삼국의 지배층에 포함되면서 귀족의 지위를 한 자리씩 꿰차기도 했어. 그 외에도 많지는 않지만 전쟁에서 공을 세운 사람들이 귀족이 되는 경우도 있었단다."

“나도 삼국 시대에 태어났으면 분명히 전쟁에서 큰 공을 세워 귀족이 됐을 거야! 얍얍!”

장하다가 허공에 손짓 발짓을 하며 까불거렸다.

“그럼 평민은 어떤 사람들이었어요?”

“평민은 말 그대로 평범한 사람들을 말해. 매년 농사를 지어 먹고 사는 농민, 물건을 만드는 수공업자, 그런 물건들을 내다 파는 상인 등이 평민에 해당됐지. 다만 삼국 시대 대부분의 평민은 농민이었어. 이때에는 먹을 것이 풍부하지 않았기 때문에 대다수의 평민이 농사를 지어야 했거든.”

머리에 쓴 금관 때문에 이마에 땀이 가득 찬 용선생이 손수건으로 이마를 한번 훑고 설명을 이어 갔다.

“자 이제 천민에 대해 얘기해 볼까? 삼국 시대 천민은 대개가 노비였어. 노비는 노와 비가 합쳐진 말이야. 노(奴)는 남자 종을, 비(婢)는 여자 종을 뜻해. 그러니까 노비는 남자 종과 여자 종을 합쳐서 부르는 말이지.”

“선생님 그런데 노비는 가장 어렵고 힘든 일을 하는 사람들이라고 하셨잖아요. 어떤 사람들이 노비가 됐어요?”

“당시 노비가 된 사람들은 주로 전쟁이 끝나고 포로로 잡혀 오거나 범죄를 지은 사람들이었어. 또는 평민이더라도 귀족들에게 진 빚을 갚지 못했을 때 노비 신분으로 떨어지기도 했지. 그리고 노비의 자식들은 부모의 신분을 이어받아 노비가 되었는데, 나중에는 이렇게 노비가 된 사람들이 제일 많았단다. 평민들의 삶도 쉽지 않았지만, 노비들의 삶은 그보다 훨씬 힘들었어. 자신의 주인이 시키는 온갖 허드렛일들을 도맡아 해야 했거든. 그러면서도 이들은 최소한의 사람대접조차 받지 못했단다. 이들은 관청이나 귀족의 재산으로 속해 있어서 물건처럼 사고팔리기도 했지. 심지어는 주인이 죽었을 때 같이 묻히기도 했단다."

순장 당한 가야 소녀 2007년 창녕 송현동 15호분에서 발견된 사람의 뼈로 재현한 소녀의 모습이야. 17세가량의 소녀는 주인이 죽고 나서 같이 무덤에 묻혔던 것 같아. 고대에는 주인이 죽으면 그를 모시던 사람들을 같이 묻기도 했는데, 이를 '순장'이라고 해.

용선생의 설명을 들은 아이들은 놀란 입을 다물지 못했다. 잠시 어리벙벙해 있던 아이들이 하나씩 입을 열었다.

"사람을 사고팔다니……."

"주인이 죽었을 때 같이 묻는다고요? 그건 좀 심했다."

"그 시대에 안 태어난 게 다행이네. 휴……."

"그래. 사람을 나누고 차별하는 건 나쁜 일이지. 하지만 그때는 지금처럼 모든 사람이 귀하다는 생각이 생기기 이전이라서 사람들을 차별하고 있었던 거란다. 신분 제도는 그 이후에도 오랫동안 이어지게 돼. 이렇게 삼국 시대는 자신의 능력보다는 핏줄이나 집안으로 신분을 정하고 그에 따라 정치적인 출세나 일상생활, 사회적 활동 등에서 차별을 두었어. 이런 모습이 당시 그려졌던 그림 속에도 남아 있는데, 자 그럼 두 번째 퀴즈를 풀어 볼까?"

용선생이 아이들에게 그림을 보여 주기 위해 칠판 앞에 있는 스크린을 내렸다.

"자, 이 그림은 고구려 고분 벽화란다."

수산리 고분 벽화(복원)
평안남도 강서군 수산리의 고구려 무덤에 그려져 있어. 귀족 부부가 나들이를 가다가, 재주꾼들이 재주 부리는 걸 지켜보고 있어. 신분에 따라 사람의 크기가 다르고 머리 모양이나 옷차림도 달라. 여자들이 입고 있는 긴 치마는 주름치마 같지?

"어? 이건 서커스 아니에요?"

"그래, 꼭 서커스를 하는 장면 같지? 귀족들이 나들이 가는 모습이야. 고구려의 귀족들은 나들이를 할 때나 큰 모임에 갈 때면 재주꾼들을 불렀어. 그러면 재주꾼들은 갖은 재주를 부려서 귀족들을 즐

겁게 해 줬지. 근데 이 그림을 보면서 뭐 이상한 점을 못 느꼈니?"

그림을 보며 눈이 초롱초롱하던 허영심이 가장 먼저 입을 열었다.

"와, 귀족들 옷이 참 화려하고 예쁘네요!"

당황한 용선생이 땀을 흘렸다.

"그래. 맞는 말이긴 하지만 그거 말고 다른 이상한 점은 없니?"

"사람들 덩치가 제각각이에요!"

장하다가 외치자 아이들은 설마 그게 답일까 생각하며 용선생의 입만 쳐다봤다.

"그래, 하다가 맞췄구나. 장하다 1점! 사람들의 크기가 다른 건 신분에 따라 크기를 다르게 그려서 그래. 귀족은 신분이 높으니까 크게 그리고, 다른 사람들은 신분이 낮았기 때문에 작게 그린 거야."

"췻, 신분이 낮은 것도 서러운데 그림마저 작게 그리다니!"
나선애가 팔짱을 낀 채 투덜거렸다.

 신라의 독특한 신분 제도, 골품제

"그런데 더 흥미로운 사실은 높은 신분 사이에서도 차별이 존재했다는 거야. 심지어는 그 차별을 제도로 만들어 놨었지."

용선생에게서 생각지도 못했던 얘기를 들은 아이들이 흠칫 놀랐다.

"높은 신분 사이에서도 차별을 했다고요? 그 제도가 뭔데요?"

"바로 골품제야."

"골품제라…… 많이 들어 본 거 같은데……."

"선생님 좀 자세히 설명해 주세요!"

"그래. 골품제는 신라에 있던 신분 제도야. 사람의 신분을 골(骨)과 품(品)으로 나눈 거지."

"사람을 '골'과 '품'으로 나눠요? 그게 무슨 소리래요?"

장하다가 눈을 끔벅거리며 되물었다.

"골품 제도는 쉽게 말해서 지배층의 등급을 정해 놓은 거야. 우선 '골'은 '성골'과 '진골'로 나뉘었는데, 그중에서도 성골은 최고의 신분이었어. 그 수도 아주 적었지. 한때 신라에서는 이 성골만이 왕위를 물려받을 수 있었어. 여기서 퀴즈! 우리 역사상 최초의 여왕은?"

"선덕 여왕입니다!"

오늘따라 허영심이 적극적으로 수업에 참여하자 용선생의 얼굴에 미소가 번졌다.

"그래, 맞았다. 영심이 1점! 선덕 여왕이 여자임에도 왕위에 오를 수 있었던 데에는 당시 성골 남자들이 하나도 남아 있지 않았던 이유가 컸단다."

허영심까지 한 문제를 맞히자 왕수재의 마음이 조급해졌다.

"선생님, 얼른 진골에 대해서도 설명해 주시죠!"

"그래, 수재야. 진골은 신라에서 두 번째로 높은 신분이야. 진골은 나라 안에서 가장 높은 관직에까지 오를 수 있는 자격을 갖고 있었지. 진골은 귀족이긴 했지만 왕위를 물려받을 수는 없었어. 하지만 선덕 여왕의 뒤를 이은 진덕 여왕이 죽은 뒤 성골이 더 이상 남아 있지 않게 되자 진골인 김춘추, 즉 태종 무열왕이 왕위에 오르면서 이 규칙은 저절로 사라졌어."

"진골만 되어도 엄청 높은 신분이었겠네요."

"그렇지. 자, 그럼 이제 '품'에 대해 얘기해 보자꾸나. '품'은 '골' 아래의 신분으로 6두품에서 1두품까지 여섯 개의 등급으로 나뉘어 있었어. 자 그럼 여기서 또 퀴즈! 6두품이 높을까, 1두품이 높을까?"

용선생의 질문이 채 끝나기도 전에 왕수재가 얼른 대답했다.

"1두품입니다!"

"왠지 6두품일 거 같은데……."

"그래, 이번엔 두기가 잘 맞췄구나. 두기 1점! 두기 말대로 6두품이 가장 높고 1두품이 가장 낮았어. 6두품부터 4두품까지는 진골 귀족만큼은 아니었지만 그래도 지배층에 속한 신분이었지. 하지만 각 등급마다 올라갈 수 있는 관직의 한계가 따로 정해져 있었어. 3두품부터 1두품까지는 원래 지배층에 속했지만 시간이 흐르며 점차 평민이 되었지. 그래도 이 사람들은 지방 사람들에 비해 훨씬 나은 대접을 받았어. 무슨 소린가 하면, 2개의 '골'과 6개의 '품'은 신라의 수도인 경주에 사는 사람들만이 가질 수 있는 신분이었어. 지방에 사는 사람들은 모두 골품 자체가 없었던 거야. 물론 경주에 살아도 노비라면 당연히 골품이 없는 거고. 이 골품은 자손 대대로 이어지며 좀처럼 바뀌는 법이 없었어."

용선생의 설명에 아이들은 점점 어이없다는 표정이 되어 갔다.

"어휴, 뭐가 그렇게 복잡해요?"

"그래, 어느 나라나 신분 제도는 있었지. 그런데 신라의 골품 제도는 유난히 까다롭고, 또 철저하게 지켜졌어. 이런 골품 제도가 제 꼴을 갖추기 시작한 것은 법흥왕 때였어. 나라 안의 여러 제도

신라의 골품 제도

등급	관등
1	이벌찬
2	이찬
3	잡찬
4	파진찬
5	대아찬
6	아찬
7	일길찬
8	사찬
9	급벌찬
10	대나마
11	나마
12	대사
13	사지
14	길사
15	대오
16	소오
17	조위

진골

가장 높은 관직인 '이벌찬' 까지 오를 수 있었지. 하지만 집의 크기는 24자를 넘지 못했어.

6두품

6위 관직인 '아찬'까지 오를수 있었어. 집의 크기는 21자를 넘지 못했고 말도 5마리만 가질 수 있었지.

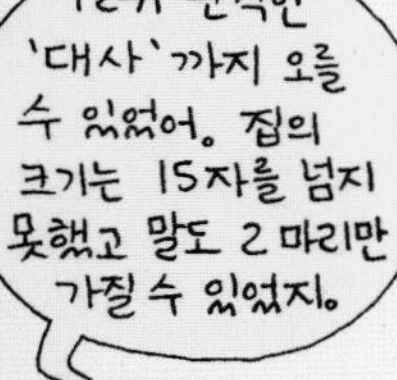

4두품

5두품

10위 관직인 '대나마'까지 오를수 있었어. 집의 크기는 18 자를 넘지 못했고 말도 3마리만 가질수 있었어。

15자

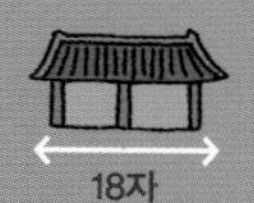

18자

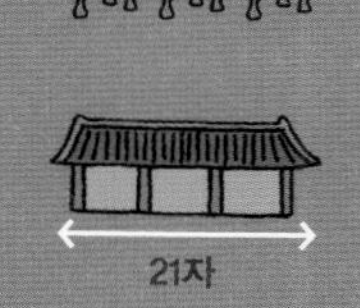

21자

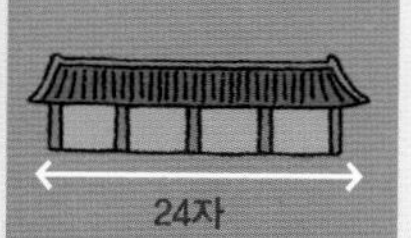

24자

를 갖추어 나가던 법흥왕은 경주에 사는 귀족들에게 세력의 크기에 따라 6두품, 5두품, 4두품 신분을 내려 주었대. 그리고 각 등급에 따라 높고 낮은 관직에 앉혀서 신분의 차이를 확실히 구별해 놓았지. 이후 여러 왕을 거치며 골품 제도는 더욱 세세하게 정해졌고, 결국 왕이 될 수 있는 신분, 다른 건 다 허용되지만 왕위만큼은 절대 넘보면 안 되는 신분, 그 다음 높은 신분, 또 그 다음 신분이 엄격하게 나뉘게 된 거야."

곽두기가 잘 이해가 안 되는지 장하다에게 "형아, 무슨 말인지 알겠어?" 하고 소곤거렸다. 잠시 생각하던 장하다가 대답했다.

"음…… 니네도 한 자리씩 가져, 대신 내 자린 넘보지 마! 이랬단 뜻인 거 같은데."

그러자 용선생의 눈이 갑자기 커다래졌다.

"오! 하다야, 어떻게 핵심을 그렇게 간단하게 짚어 냈니? 맞아, 결국 그런 뜻이야. 골품 제도는 신라에 아주 깊이 뿌리박힌 제도였어. 어느 정도였냐 하면, 결혼을 할 때에도 신분이 같아야만 할 수 있었고, 신분에 따라 옷차림이랑 수레, 그릇, 집의 크기, 밥그릇 종류도 정해져 있었지. 신발을 만드는 재료며 수레에 사용하는 장식품의 종류도 다 달랐어. 여자들의 겉옷, 속옷, 소매가 짧은 상의, 바지, 버선, 신발, 목도리, 빗, 비녀, 모자 등을 만드는 재료도 신분에 따라 제한을 뒀어. 그러니 아무리 돈이 많더라도 신분이 낮으면 좋은 물건을 쓸 수가 없었지."

"어머! 말도 안 돼! 속옷까지 차별했다고요?"

허영심이 질린다는 듯 고개를 절레절레 저었다.

"그러면 이런 신분 제도에 불만이 있는 사람들도 있었을 것 같아요."

신라 귀족들의 삶 엿보기

금동 대접 경주 월지에서 출토되었어. 지금은 검게 변했지만 예전에는 화려한 금빛이었을 거야. 귀족들이 사용했던 것 같아. 높이 11.2cm(오른쪽).

집모양 토기 지붕 옆면이 여덟 팔(八) 자 모양인 팔작지붕 집 형태의 토기야. 별도로 문을 만들어 끼웠던 흔적도 남아 있어. 기와도 사실적으로 묘사되어 있지. 당시 귀족들이 살았던 집 모양을 상상해 볼 수 있어.

장식 빗 구하기 어려운 바다거북 껍질에 옥과 금실을 새겨 넣어 만들었어. 머리카락을 빗는 용도보다 머리에 꽂는 장식용으로 짐작되고 있어.

주철 빗 경주 월지에서 출토되었어. 재질로 보아 귀족들 중에서도 낮은 등급의 귀족들이 사용했던 것 같아. 길이 9.7cm.

"맞아 선애야. 이렇게 까다로운 신분 제도에서는 진골 귀족들을 제외하고 나머지 신분들은 아마 자기 처지에 만족하지 못하고 살았겠지. 특히 능력은 있지만 골품제 때문에 높은 관직에 오르지 못했던 사람들은 결국 신라를 떠나 당나라로 가기도 했단다."

"답답한 제도 때문에 어쩔 수 없이 정든 고향을 떠나야 했다니……."

곽두기는 중국으로 향하는 배 안에서 멀어져 가는 신라를 바라보고 있었던 사람들을 생각하니 가슴이 찡해졌다.

"그 대표적인 사람들이 장보고, 최치원, 설계두야. 장보고와 최치원은 나중에 다시 얘기할 기회가 있으니까 오늘은 설계두에 대한 이야기를 들려줄게. 설계두는 신라의 관리 가문의 자손이었어. 그런데 어느 날 친구들과 만난 자리에서 이렇게 안타까워했대. '신라에서는 골품을 따지기 때문에 비록 큰 재주와 뛰어난 공이 있어도 뜻을 이룰 수 없구나. 나는 당나라로 가서 큰 공을 세워 중국 황제의 인정을 받을 것이오.' 그래서 당나라에 가서 결국 당나라의 장수가 되었는데, 고구려와의 전쟁에 참여하여 큰 공을 세우고 죽었대. 나중에 이 소식을 들은 당나라 황제가 눈물을 흘리면서 고마워했다지."

"아…… 설계두가 신라에서 활약했다면 김유신 못지않은 장군이 되었을 것 같아요!"

"그래, 이렇게 골품제는 진골 귀족들의 권력을 유지하는 역할을 하기도 했지만, 한편으로는 능력 있는 사람들이 활약할 수 있는 길을 막았다는 점에서 문제가 있는 제도였단다."

삼국 시대 귀족과 평민의 생활

"그러면 삼국 시대 때 이렇게 문제가 많은 신분 제도를 유지했던 이유는 뭔가요?"

어느새 진지해진 왕수재가 심각한 표정으로 물었다.

"그야 귀족들이 가지고 있는 어마어마한 특권 때문이었지. 귀족들은 귀족 회의에서 나라의 정치를 담당할 수상, 즉 지금의 총리를 뽑을 수 있는 권리가 있었지. 심지어 귀족 회의를 통해 새로운 왕을 뽑거나, 정치를 잘 못하는 왕을 몰아내기도 했단다. 그뿐인 줄 아니? 다른 나라와 전쟁을 할지 말지, 국가적인 행사를 어떻게 진행할지 등 나라 전반에 대한 중요한 일을 결정할 수 있는 권한이 있었어.

"거의 나라의 권력을 독점하고 있었군요?"

"그래, 그러다 보니 이러한 정치권력을 바탕으로 여러 사회·경제적인 특권을 누리면서 아주 호화로운 생활을 했단다. 귀족들의 집은 높은 담으로 둘러싸여 있었어. 담 안에는 건물이 여러 채가 있

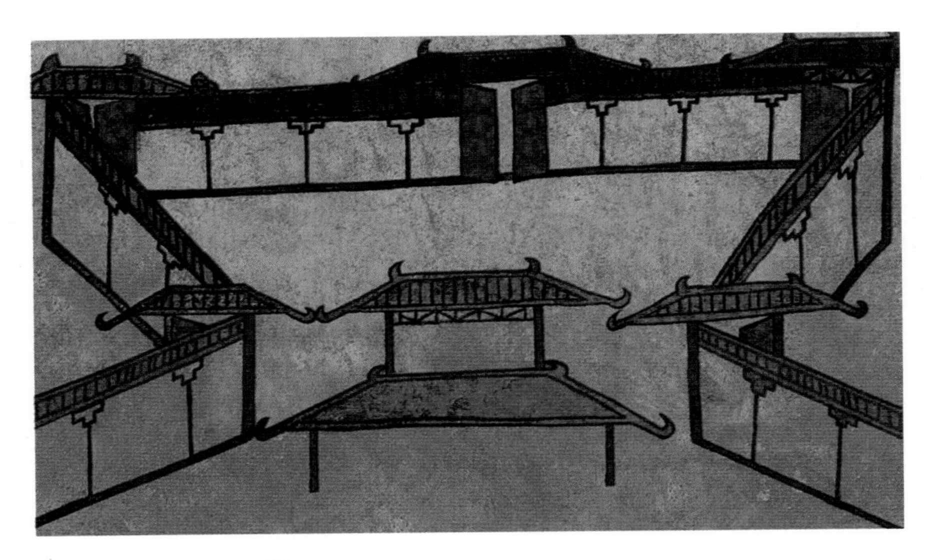

고구려 귀족들이 살던 건물 안악 1호분(황해남도 안악군)에 그려져 있는 귀족의 저택이야. 한가운데 2층 집이 있고, 주변을 높은 담이 둘러싸고 있네. 당시 귀족의 호화로운 생활을 엿볼 수 있지 않니?

었는데, 모두 당시 유행하던 최고급의 기와를 멋들어지게 올려놨지. 주인과 노비들이 살고 있는 방은 물론이고, 창고, 마구간, 우물, 주방 등을 갖춘 집에서 풍족한 생활을 했단다. 외출을 할 때에는 중국에서 수입한 비단과 보석, 금귀고리, 은반지 등으로 화려하게 치장을 해 눈이 부실 정도였어. 신라의 어느 재상은 얼마나 잘 살았는지, 부리는 노비가 3천 명이나 되고, 소와 말, 돼지도 각각 3천 마리씩 길렀대. 그럼 이렇게 많은 가축들을 다 어디에서 길렀냐고? 집에서 기르기엔 너무 많으니까 섬에 풀어 놓고 기르다가 먹고 싶을 때 섬에 가서 사냥을 해서 먹었단다."

귀족들의 이야기를 듣던 아이들의 입이 딱 벌어졌다.

"3천 명의 노비에 수천 마리의 가축들이라니…… 상상이 안 돼요."

"이뿐만이 아니야. 당시 귀족들은 아주 넓은 땅도 가지고 있었어. 귀족들은 집안 대대로 내려오던 땅을 물려받았어. 거기에 관직에 나가 일을 하거나 공을 세우면 나라에서 땅을 받았는데, 이렇게 땅을 차곡차곡 늘려 가며 엄청난 땅을 갖기도 했지."

"그러면 그 넓은 땅에서 농사는 누가 다 지어요?"

"귀족 집에 속해 있던 노비들이 농사를 지었지. 또는 가진 땅이 없어서 농사를 지을 수 없었던 농민들에게 땅을 빌려주고 농사를 짓게 했을 거야. 처음에는 농민들에게 땅을 빌려주고 수확한 곡식의 일부를 받았어. 그런데 이런 농민들을 자기 노비로 만들면 수확한 곡식을 다 자기 것으로 만들 수 있을 뿐더러, 집안일도 시킬 수 있겠지? 그래서 귀족들은 농민들에게 비싼 이자를 물게 해서 못 갚게 하거나, 혹은 농민의 토지를 빼앗아서 농민을 자신의 집의 노비로 만들기도 했단다."

"그건 너무 욕심이 심하네요! 농민들이 무슨 잘못이 있다고!"

"그래, 이렇게 귀족 밑에 살던 농민들의 삶은 쉽지 않았어. 자, 그럼 말 나온 김에 이제 평민들의 삶에 대해 알아보자. 아까 얘기한 것처럼 삼국 시대 평민들은 대부분 농민들이었어. 이들은 매년 농사를 지으며 생계를 유지했지."

"아까 귀족들은 어마어마한 땅을 가지고 있다고 하셨는데, 농민들도 자기 땅이 있었나요?"

"응, 대대로 농사짓던 땅은 농민의 소유로 인정을 해 줬어. 하지만 대다수 농민의 땅은 그리 넓지 않았단다. 한 해 동안 열심히 일해서 곡식을 거두면 그중 일부를 나라나 귀족에게 세금으로 바쳐야 했지. 그러고 나서 생활에 꼭 필요한 물건들을 사고 나면 남는 곡식으로는 가족의 끼니를 때우기도 벅찼단다. 입에 풀칠할 수 있을 정도면 다행이었지."

"매년 열심히 농사를 짓는대도 그런가요?"

"당시에는 농사를 지어서 거둬들이는 양이 많지 않았어. 게다가 같은 땅에 매년 농사를 짓기가 힘들었단다."

아이들은 알 수 없다는 듯 고개를 갸우뚱했다.

"농민들이 가지고 있던 땅은 기름진 땅이 별로 없었어. 그래서 그 해 가뭄이 들거나 홍수라도 나면 한 해 농사를 망치기가 쉬웠단다. 게다가 당시에는 퇴비 기술도 발달하지 못했어. 퇴비는 땅에 뿌리는 영양제라고 생각하면 된단다. 너희들도 몸에 좋은 음식을 먹어

삼국 시대의 농기구
삼국 시대에는 철기 제작 기술이 발전하면서 농기구의 종류도 많아지고 성능도 훨씬 좋아졌어. 왼쪽부터 논과 밭을 가는 따비, 땅을 일구는 데 썼던 쇠스랑, 논에 물꼬를 트는 살포야.

야 건강하게 쑥쑥 자랄 수 있지? 땅도 마찬가지야. 땅에도 좋은 비료를 뿌려 줘야 땅의 힘이 세지고 농사를 더 잘 지을 수 있게 되는데 당시에는 그런 기술이 없었거든. 그래서 짧게는 1년, 많게는 몇 년씩 땅을 돌아가면서 쉬게 했단다. 그러면 쉬는 땅에는 농사를 아예 지을 수 없게 되는 거지."

"농민들은 이래저래 고생이 많았군요."

마음이 약해진 허영심이 주절거렸다.

"이런 상황에서도 농민들은 나라에 꼬박꼬박 세금을 바치고 나랏일에 동원돼야 했단다. 당시 농민들이 짊어져야 할 의무는 크게 세 가지가 있었어. 하나는 농사를 짓고 나서 거둔 곡식의 일부를 바치는 조세, 군사 일이나 궁궐·성·저수지 공사 등에 동원되는 역, 지역의 특산물을 바치는 공물이 있었지. 어느 하나도 농민들에게 쉬운 일이 아니었단다."

"하나도 벅찬데 세 가지씩이나!"

"그래, 농민들에게는 이런 세금과 나랏일이 큰 부담으로 다가왔는데, 이 중 역과 관련된 이야기를 하나 들려줄게. 신라 진평왕 때 설씨라는 노인이 용모가 아주 고운 딸과 함께 살고 있었어. 동네의 청년들이 모두 그 딸을 마음에 품고 있었지. 그런데 어느 날 설씨 노인한테 군사 일을 하라는 명령이 떨어졌어. 늙어서 병으로 고생하고 있었던 노인과 그의 딸은 근심이 이만저만이 아니었지. 그런데 이 소식을 들은 가실이라는 소년이 나타나 자기가 대신 군사일을 가겠다고 나섰던 거야. 노인과 딸은 감동을 받았고, 딸은 가실이 돌아온 후 결혼을 하겠다고 약속하며 거울을 반으로 쪼개 징표로 주었어. 그렇게 반쪽 거울을 하나 들고 군사 일을 떠난 가실은 3년이 지나도 6년이 지나도 마을로 돌아오지 않았어. 가실이 돌아오지 않자 노인은 딸을 다른 사람에게 시집보내려고 했지. 딸은 끝까지 반대하며 가실을 기다리겠다고 했어. 하지만, 노인은 딸 몰래 동네 사람과 결혼 날짜를 잡아 버리고 만 거야. 드디어 결혼 날이 되자 딸은 도망치려고 했지. 그때 마침 삐쩍 마르고 옷이 다 해진 낯선 사람이 마을에 나타났어. 아무도 그를 못 알아봤지만 그가 깨진 거울 반쪽을 내밀자 노인과 딸은 그가 가실임을 알고 울면서 반겼다고 해. 그리고 결국 두 사람은 결혼을 하게 되었어."

용선생의 이야기가 끝날 때쯤 한 쪽에서 울먹이는 소리가 들렸다.

"아, 로맨틱해……."

"이렇게 농민들은 여러모로 사정이 좋지 않았단다. 그래서 농민들은 귀족들에게 땅을 더 빌려 농사를 짓거나 빚을 지게 되었지. 그러다 빚을 갚지 못하면……."

"귀족의 노비가 되는 거였고요."

"그래. 아니면 원래 살던 곳을 떠나 이리저리 떠돌거나 도적이 되기도 했단다. 이렇게 농민은 언제든지 천민의 신분으로 바뀔지 모르는 불안한 삶을 살아야만 했지."

"그러다 농민들이 다 노비가 되면 어떡해요!"

차분히 듣고 있던 나선애도 결국 속상해하며 따져 물었다.

"그래. 농민들이 자기 땅을 잃고 노비가 되는 건 나라 입장에서도 큰 손해였지. 왜냐하면 세금을 낼 사람이 없어지게 되는 거니까. 그래서 고구려에서는 농민들을 도와주기 위해 고국천왕 때 법을 만들었지. 자, 오래 기다렸다. 그러면 여기서 돌발 퀴즈! 어려움에 빠진 농민들을 구하기 위해 고구려의 고국천왕 때 만들었던 법의 이름은 무엇이었지?"

한참을 용선생의 이야기에 빠져 있다가 갑작스럽게 질문은 받게 된 아이들은 적잖이 당황했다. 이때 오로지 퀴즈의 정답을 맞히겠다는 일념 하나만으로 온 신경을 집중하고 있었던 왕수재가 얼른 노트 필기를 뒤적였다.

"진대법입니다!"

"딩동댕~! 드디어 수재까지 맞혔구나. 맞다. 진대법."

가까스로 한 문제를 맞힌 수재의 얼굴에 평온이 찾아 왔다.

"지난 시간에 얘기한 것처럼 고구려는 가난한 농민을 구제하면서

논 유적에서 발견된 소 발자국

소에 쟁기를 매어서 논이나 밭을 갈면 사람이 괭이나 따비로 가는 것보다 훨씬 쉽고 빠르게 갈 수가 있었어. 사진은 경상남도 창원시 반계동 논 유적에서 발견된 소의 발자국이야.

귀족 세력이 커지는 것을 막기 위해 진대법을 실시했어. 아마 다른 나라에서도 비슷한 법을 만들었을 거야. 그리고 농민들의 생활을 안정시키기 위해 철로 만든 농기구를 보급하거나 소를 농사에 이용하도록 권장하기도 했단다. 전에도 얘기한 것처럼 철제 농기구와 소를 이용하면 농사짓기가 쉬워지고 훨씬 많은 곡식을 거둘 수 있거든. 그뿐 아니라 황무지를 개간하여 농사를 지을 수 있는 땅으로 만들게 하였고, 저수지를 만들거나 수리하여 가뭄에 대비하기도 하였지."

삼국 시대의 흥미로운 법률과 풍습

어느새 수업은 막바지로 향하고 있었다. 머리에 쓴 금관이 계속 걸리적거리는지 용선생은 잠시 땀을 닦으며 아이들에게 숨 고를 시간을 주었다. 아이들은 각각 귀족의 삶과 평민의 삶을 상상하면서 당시에 태어났다면 자신들은 어떻게 살고 있었을까를 떠올리고 있었다.

"선생님, 저는 다시 태어난다면 고구려에서 살고 싶어요!"

침묵을 깬 씩씩한 목소리는 장하다였다.

"하다는 왜 고구려에서 태어나고 싶니?"

무용총의 <무용도>
무용총(중국 지린성 지안시)에 그려진 그림이야. 남녀가 춤을 추는 그림이 그려져 있어서 무용총이라고 해. 고구려 사람들은 노래와 춤을 좋아해서 밤이 되면 남녀가 같이 모여 노래하며 놀기를 즐겼다고 해. 남녀 무용수들이 긴 소매를 어깨 뒤로 늘어뜨리고 춤추는 장면이 흥겹지 않니?

"광개토 대왕만 훌륭한 줄 알았는데, 고국천왕 같이 백성을 생각하는 멋진 왕도 있었잖아요."

"그래, 내 생각에도 하다는 고구려에서 태어났으면 좋았을 것 같구나. 왜냐하면 고구려 사람들은 하다처럼 씩씩한 사람들이 많았거든."

"정말요?"

"고구려가 있던 곳은 산이 많은 지역이라 농사짓기가 쉽지 않았어. 그래서 영토를 넓히기 위해 일찍부터 주변 나라들과 전쟁을 많이 했는데, 그러다 보니 싸움에 능하고 씩씩한 사람들이 많았단다. 고구려 사람들이 즐겨하던 놀이도 그런 놀이가 많았어. 지금의 축

구와 비슷한 축국이라는 놀이가 있었고, 씨름도 즐겨 했지."

장하다는 왠지 자신이 고구려 사람들의 후예라도 된 양 어깨를 추켜세웠다.

"하지만 고구려에서 살려면 조심해야 할 것들이 많았단다. 고구려에서는 왕에 대한 반역을 꾀하거나 반란을 일으킨 자는 불에 태워 죽인 뒤 다시 목을 베었고, 그것도 모자라 그 사람의 가족들을 노비로 삼았어. 그리고 전쟁 중에 적에게 항복하거나 전쟁에서 패한 자 역시 사형에 처했지. 도둑질한 자는 자기가 훔친 물건 값의 12배를 물어야 했단다."

용선생의 이야기를 듣던 장하다의 목소리가 두려움에 떨렸다.

"저는 그럼 고구려에서 태어나는 거 취소할게요. 백제에서 태어날래요!"

"백제도 고구려만큼 법이 엄격했단다. 반역한 사람이나 전쟁터에서 도망친 사람은 고구려와 마찬가지로 목을 베었지. 관리가 뇌물

을 받거나 물건을 빼돌렸을 때에는 3배를 배상하고 평생을 갇혀 살아야 했어."

"으…… 백제의 법이라고 만만하지는 않았네요. 삼국 시대에는 왜 이렇게 무시무시한 법이 많았어요?"

"법은 각 시대가 처한 상황을 반영할 때가 많단다. 앞에서 본 것처럼 이 시대는 엄격한 신분 제도를 유지하고 있었지. 그런데 그런 신분 제도에 불만이 있는 사람도 생길 수 있을 테니 엄격한 법을 만들어 딴마음을 품지 않게 하려는 의도가 있었던 거란다. 그리고 또 이때는 전쟁이 많았던 시기잖니. 그런데 어떤 사람이 전쟁터에 동원되는 것을 빠지려고 한다거나 전쟁터에 가서도 도망치려 한다면 군대의 사기도 떨어지지 않겠니? 그래서 이렇게 엄격한 법을 만들어서 사회 분위기를 다잡으려고 했던 거란다."

"그럼 백제 사람들도 고구려 사람들처럼 씩씩했나요?"

"응. 아무래도 고구려에서 내려온 사람들이 세운 나라라서 그런지 씩씩한 기운은 고구려를 많이 닮았어. 백제 사람들은 말을 타고 활을 쏘는 무예 시합을 즐겼대. 또한 매사냥을 잘했는데, 백제 왕자들이 왜의 조정에 가서 매사냥하는 것을 가르쳐 주기도 했다더구나. 이렇게 활동적인 것 말고도 백제 사람들은 중국의 역사책을 읽거나, 바둑이나 장기를 두는 것을 좋아했어."

"저도 책 읽는 거하고 할아버지한테 배운 바둑 두는 거 좋아하는

데, 저는 딱 백제가 어울리는 것 같아요."

곽두기가 수줍어하며 말을 꺼내자, 용선생이 미소를 띠었다.

"자 그럼 마지막으로 신라 사람들에 대해 살펴볼까? 신라에도 고구려, 백제 못지않게 씩씩한 젊은이들이 많았단다."

"저 알아요. 화랑도가 있잖아요!"

허영심이 반가운 얼굴로 말했다.

"그래, 몸과 마음을 단련한 신라의 화랑들이 삼국 통일의 주역이 됐다는 건 지난 수업에도 얘기했었지? 이번엔 신라 여성들의 이야기를 하나 들려줄게."

여성들의 이야기라는 말에 특히 나선애와 허영심이 귀를 쫑긋 세웠다.

"신라에는 음력 7~8월에 하는 명절놀이가 있었어. 어떻게 하는 거냐면, 우선 왕이 나라 안의 여자들을 두 편으로 갈라 공주 두 명에게 각각 한 편씩을 거느리게 해. 그리고 음력 7월 16일부터 8월 14일까지 밤낮으로 길쌈을 하는데 더 많이 길쌈을 한 편이 이기는 거야. 길쌈은 실로 옷감을 만드는 것을 말하는 거란다. 그렇게 해서 8월 15일에 진 편이 이긴 편에게 술과 음식을 내면서 노래하고 춤추며 즐겁게 노는데, 이를 가배라고 불렀지. 자 그럼 여기서 마지막 퀴즈!"

시간이 지나며 점점 긴장감이 풀어지던 아이들은 마지막 퀴즈란 말에 정신이 바짝 들었다. 아이들의 진지한 얼굴을 본 용선생은 속으로 웃음이 터졌지만 꾹 참을 수밖에 없었다.

"신라의 명절인 가배는 지금까지 이어져 오고 있는데 지금의 어떤 명절에 해당할까요~!"

"에이~ 그걸 어떻게 알아요!"

"선생님 너무 어려워요!"

"혹시 금관 안 주시려고 그러시는 거 아녜요?"

"아냐, 잘 생각해보면 맞힐 수 있어. 힌트는 가배가 끝나는 날짜에 있단다."

"가배가 끝나는 날짜라. 8월 15일, 8월 15일……."

이때 장하다가 손을 번쩍 들었다.

"8월 15일 광복절입니다!"

"하다야, 광복절은 양력이잖아. 그리고 광복절이 설마 신라 시대부터 내려왔겠니? 휴……."

나선애의 핀잔에 하다의 얼굴이 조금 빨개졌다.

"양력이 아니라 음력이라…… 음력 8월 15일, 음력 8월 15일……."

이번엔 왕수재가 손을 번쩍 들면서 환호성을 질렀다.

"선생님, 민족의 대명절 추석입니다!"

"그래, 수재가 마지막 문제를 맞혔네. 수재 우승!"

"야호~!"

"그럼 나는 이 금관을 수재에게 물려주고, 이만 다른 수업 준비를 하러 가야겠다. 얘들아 다음 시간에 보자~!"

평소와 다르게 오늘은 용선생이 제일 먼저 역사반 교실을 빠져나갔다. 아이들은 모두 왕수재가 쓴 금관을 부럽게 쳐다보느라 용선생이 나갔는지도 알지 못했다.

"와 멋있다……."

"금관이 반짝반짝 빛난다!"

수재는 마치 자기가 삼국 시대의 왕이라도 된 양 한껏 거드름을 피우며 교실을 한 바퀴 빙 돌았다.

"어, 수재 형 그런데 뒤쪽에 금이 좀 벗겨져 있어."

"뭐라고? 그게 무슨 소리야!"

왕수재가 금관 뒤쪽에 올라와있는 금박지를 손으로 문지르자 주변 종이에 붙어 있던 금박지들이 연달아 떨어지기 시작했다.

"금관이 아니라 금박지관이었구만……. 어쩐지 가볍다 했어!"

왕수재가 허탈한 표정을 지으며 금관을 벗어 놓았다. 그러자 장하다가 얼른 금관을 머리에 쓰면서 달아났다.

"그럼 이 금관은 내가 하고 다닐게~ 헤헤, 멋있다."

아이들은 항상 즐겁게 사는 장하다가 참 보기 좋았다.

나선애의 정리노트

1. 삼국 시대의 신분은?

귀족	· 귀한 집안의 사람들 · 모든 부와 권력을 가지고 화려한 생활을 함
평민	· 주로 농사를 짓는 평범한 사람들 · 나라에 세금을 바치고 군대 일에 동원됨
노비	· 남자 종과 여자 종 · 주인을 모시며 가장 어렵고 힘든 일을 도맡아 했음

2. 신라의 독특한 신분 제도, 골품제

골	성골	· 최고의 신분으로 선덕 여왕도 성골
	진골	· 성골 다음 신분, 성골이 사라지고 최고의 신분이 됨 · 태종 무열왕(김춘추)은 진골
품	6두품	· 지배층에 속함 · 등급마다 올라갈 수 있는 관직이 정해져 있음 → 6두품이 가장 큰 불만을 가짐
	5두품	
	4두품	
	3두품	· 원래는 지배층이었음 · 시간이 지나면서 평민이 됨
	2두품	
	1두품	

3. 법률과 풍습

법률	· 반역을 꾀하거나 전쟁 중에 적에게 항복하면 사형 → 전쟁이 많은 시대에 사회 기강을 잡기 위한 목적
놀이와 명절	· 고구려 : 축국, 씨름 · 백제 : 매사냥, 바둑 · 신라 : 가배(현재까지 추석으로 이어져 옴)

http://cafe.naver.com/yongyong

용선생의 역사 카페

역사계의 슈퍼스타,
용선생의 역사 카페에
오신 걸 환영합니다

Log in

게시판

- 역사가 제일 쉬웠어용!
- 이제는 더~ 말할 수 있다!
- 필독! 용선생의 매력 탐구
- 전교 1등 나선애의 비밀 노트

삼국 시대 사람들은 세금을 얼마나 냈을까?

대한민국의 국민으로서 우리에게는 반드시 지켜야 할 몇 가지 의무가 있어. 나라 살림을 하는 데 필요한 세금을 내는 것, 나라를 지키기 위해 군대를 가는 것이 여기에 해당되지. 우리처럼 삼국 시대 사람들도 나라에서 정한 의무를 지켜야 했어.

먼저, 삼국 시대 사람들은 나라에 각종 세금을 냈어. 지금은 나라에서 정한 만큼 돈으로 내거나, 이미 세금이 포함된 물건을 사면서 세금을 내지만, 삼국 시대에는 곡식이나 옷감을 세금으로 냈어. 예를 들어 7세기 고구려에서는 한 사람마다 베 다섯 필과 곡식 다섯 섬을 내고, 각 가정마다 가진 재산에 따라 곡식을 따로 냈다는 기록이 남아 있어.

둘째, 삼국 시대 사람들은 농사일이 한가한 봄과 가을에 나라를 위해 일해야만 했어. 산성이나 궁궐을 쌓거나, 나라에서 세금으로 걷은 곡식을 옮기는 게 주된 일이었어. 대부분 15세부터 60세 사이의 남성들이 그 대상이었지만 나라

남산 신성비(제1비)
신라 진평왕 13년(591) 경주 남산에 성을 쌓고 이를 기념하려 세운 비석이야. 성을 쌓는데 참여했던 사람들의 이름과 '3년 안에 성벽이 무너지면 어떠한 처벌도 달게 받겠다'는 내용이 새겨져 있어.

에 큰일이 있을 때는 남녀 모두 나가서 일하기도 했어. 때론 자기 집에서 아주 멀리 떨어진 곳까지 가서 힘든 일을 해야 하는 경우도 있었지.

마지막으로, 남자들은 3년 동안 군인이 되어 나라를 지키는 일도 해야만 했어. 지금은 한 번만 군대를 다녀오면 되지만, 전쟁이 자주 일어났던 삼국 시대에는 여러 번 군인이 되어 싸워야만 했지. 심지어 3년이란 기간을 훌쩍 넘어서까지 계속 군대에 있기도 했어. 예를 들어 신라 진평왕 때 살았던 가실이란 청년은 자신이 좋아하던 여성의 아버지를 대신해 군대를 갔는데, 3년을 훌쩍 넘긴 6년 동안 군대에 있으면서 목숨을 걸고 싸웠다고 해. 나라를 지키는 의무는 60세가 돼서야 벗어날 수 있었어.

물동이를 진 토우

사랑하는 사람을 잃고 슬퍼하는 토우

COMMENTS

왕수재 : 헐, 군대를 여러 번 가야 했다고요? 그리고 60세까지?

↳ 장하다 : 그럼 소는 누가 키우나요? 농사는 누가 짓고요?

↳ 나선애 : 쯧쯧. 여자들이 대신했다고 그러셨잖아. 기억 안 나?

한국사 퀴즈 달인을 찾아라!

01 ★☆☆☆☆

역사반 친구들이 삼국 시대 사람들 분장을 하고 있네. 친구들의 자기소개를 듣고 각자 어떤 신분으로 분장한 건지 맞춰 볼래?

나는 약간의 땅을 가지고 농사를 지어요. 올해는 제발 풍년이었으면 좋겠어요.

(　　　　)

흑흑, 나는 전쟁에서 포로로 잡혀와 어떤 귀족을 주인으로 모시게 됐어요. 매일 주인님 밥하랴, 빨래하랴 정신이 없답니다.

(　　　　)

하하, 나는 귀한 집안에서 태어났어요. 매일 맛있는 쌀밥과 반찬을 먹고 나라에서 중요한 회의가 열리면 참석을 하지요.

(　　　　)

02 ★★☆☆☆

아이들이 모여서 고분 벽화를 보고 있네. 다음 중 엉뚱한 소리를 하는 사람은 누구일까?

(　　　　)

① 이건 고구려 고분에 그려진 벽화야.

② 응, 맞아. 귀족들이 나들이 가는 모습을 그린 거야.

③ 두 번째 사람을 작게 그린 건 신분이 낮았기 때문이야.

④ 응. 두 번째 사람만 노비고, 나머지는 평민이거든.

03 ★★☆☆☆

여기에 글자가 쓰인 맛있는 비스킷이 있네. 그런데 일부는 뒤집혀 있어. 용선생님이 뒤집혀 안 보이는 글자를 모두 맞춘 사람에게 비스킷을 주시겠대. 너희들도 도전해 볼래?

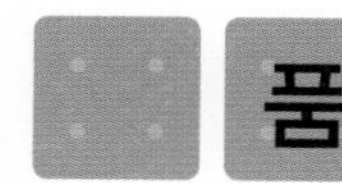 

품

: 신라의 독특한 신분 제도야.

골

: 왕위에 오를 수 있는 신라 최고의 신분이야.
선덕 여왕도 이 신분이었대.

골

: 원래 신라에서 두 번째로 높은 신분이었어.
나중엔 이 신분도 왕위에 오를 수 있게 됐어.

두 품

: 6위 관직인 '아찬'까지 오를 수 있는 신분이었어.

04 ★★☆☆☆

삼국 시대 농민들에게는 세 가지 의무가 있었어. 조세, 공물, 그리고 '이것'이야. 가실이라는 청년이 설씨 노인을 대신해 '이것'을 했다는 이야기 기억하지? 자, 그럼 '이것'에 포함되는 일은 무엇일까? (　　　　)

① 집안일　　② 장보기
③ 군사 일　　④ 운동

05 ★★★★★

하다가 '추석'에 대한 유래를 검색해 보았어. 검색 결과 중 밑줄 그은 '이 나라'에 대한 설명으로 옳은 것은 무엇일까? (　　　　)

> 추석은 <u>이 나라</u>에서 음력 7~8월에 하던 명절놀이에서 유래되었다. 음력 7월 16일부터 8월 14일까지 <u>이 나라</u> 여자들은 밤낮으로 길쌈 시합을 하고, 이긴 편이 술과 음식을 대접받고 노래와 춤을 추며 놀았다.

① 진대법을 실시했다.

② 왜의 조정에 매사냥을 가르쳐 주었다.

③ 산이 많은 지역에 위치해 농사짓기가 쉽지 않았다.

④ 골품제라는 독특한 신분 제도가 있었는데, 성골이 최고의 신분이었다.

• 정답은 274쪽에서 확인하세요!

7교시

삼국, 다채로운 문화를 꽃피우다

1,300년이 넘는 시간이 흘렀지만, 우리 곁에는 아직도 삼국 시대에 만들어진 문화유산들이 많이 남아 있어. 고구려 고분 벽화, 백제 무령왕릉, 신라 금관 등 이름만 들어도 알 수 있는 문화유산들이 바로 그것이지. 삼국 시대에 만들어진 문화유산들은 우리나라뿐만 아니라, 일본, 중국, 중앙아시아까지 그 흔적이 남아 있어.
이번 시간에는 삼국 시대의 찬란한 문화유산을 만나러 떠나 볼까?

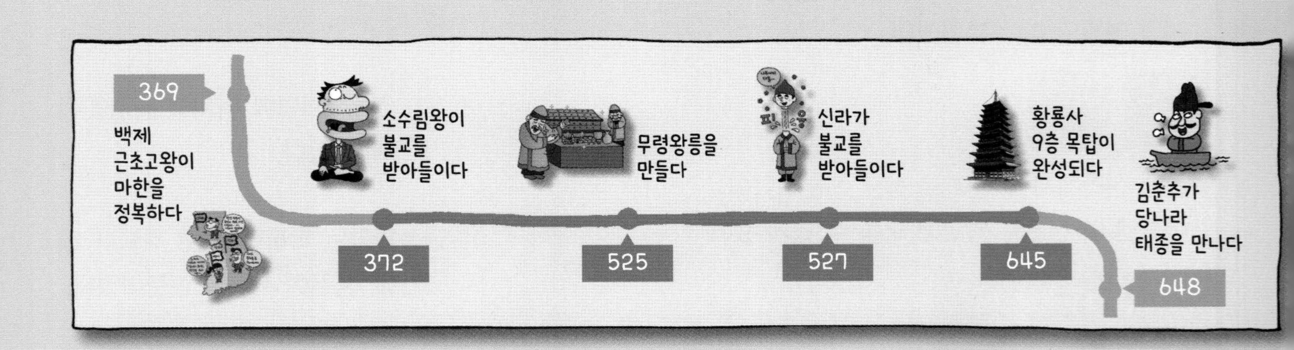
369
백제 근초고왕이 마한을 정복하다
372
소수림왕이 불교를 받아들이다
525
무령왕릉을 만들다
527
신라가 불교를 받아들이다
645
황룡사 9층 목탑이 완성되다
648
김춘추가 당나라 태종을 만나다

무령왕릉 복원 모형

"또 놀러 간다! 이이히!"

들뜬 장하다가 미니버스가 떠나가라 괴성을 지르자 용선생이 짐짓 훈계를 했다.

"하다야, 놀러 가는 게 아니라니까! 삼국 시대 유물들을 보면서 그 당시 사람들의 생활과 문화를 배우러 가는 거라고."

"아, 그게 그거죠! 역사반 최고!"

"그렇지? 역사반 최고지? 선생님도 최고 아니냐? 으허허!"

금세 시시덕거리는 용선생을 보며 아까부터 입이 튀어나온 왕수재가 불평을 쏟아 냈다.

"글쎄요. 시험이 코앞인데 학생들 데리고 놀러 나오는 선생님이 과연 최고라고 할 수 있을지……? 아, 그냥 책 보고 넘어가면 안 되는 거냐고요. 어차피 삼국 시대 유물이 다 거기서 거길 텐데!"

그러자 이번엔 난데없이 허영심이 목소리를 높였다.

"정말? 삼국 시대 유물이 거기서 거기야? 구경거리도 별로 없단 얘기잖아? 그럼 안 되지! 내가 얼마나 오늘을 기다렸는데!"

"안 봐도 뻔하지. 다 같은 우리 조상들이고, 똑같은 시대에 서로 옆에 붙어 있었는데 달라 봐야 얼마나 달랐겠냐?"

"아냐, 그럴 리 없어!"

용선생은 화제가 다른 데로 옮겨 가서 다행이라고 생각하며 얼른 말을 받았다.

"얘들아, 잠깐! 너희 둘의 말이 다 맞아. 삼국의 문화는 다르기도 하고 비슷하기도 했어. 문화라는 건 사람들이 자신이 살고 있는 환경에 적응하면서 만들어 내는 거잖아? 그러니 자연환경이 다르면 문화도 달라지는 게 당연해. 그렇다면 각기 다른 자연환경을 가지고 있는 고구려, 백제, 신라도 서로 다른 문화를 발전시켰겠지?"

"그것 봐!"

영심이 수재에게 보란 듯이 턱짓을 했다.

"영심아, 그렇지만 삼국의 문화는 서로 비슷한 부분도 많아. 삼국은 끊임없이 전쟁을 했지? 그 전쟁이 바로 문화 교류의 통로가 되어 주었어. 다른 나라의 땅을 빼앗으면 그 땅에 사는 주민들은 물론 그들의 문화까지도 흡수하게 되니까. 그리고 세 나라는 모두 불교를 받아들였기 때문에 불교가 발달했다는 점도 비슷해."

이번에는 수재가 영심을 향해 가슴을 좍 내밀었다. 잠시 뒤 미니

버스는 거대한 무덤 앞에 멈췄다.

"다 왔다. 어서 내리자."

"어마, 웬 무덤? 설마 저 안에 들어가는 건 아니죠?"

영심이 하다 뒤에 바짝 붙어 서며 떨리는 목소리로 말했다.

"걱정 마. 이건 진짜 무덤이 아니라 무덤 모양으로 만든 박물관이야. 자, 어서들 들어가자!"

용선생은 아직 얼떨떨한 아이들의 등을 막무가내로 떠밀었다.

 무덤에 그려진 고구려 사람들

아이들이 무덤 안으로 들어서자 '고구려관'이라는 팻말이 붙은 문이 나타났다. 문을 천천히 열고 들어가니 어두컴컴한 방이었다. 군데군데 켜진 조명만이 벽에 그려진 그림들을 밝히고 있었다.

"이게 다 무슨 그림이에요?"

주위를 두리번거리던 장하다가 속삭이듯이 물었다.

"고구려의 고분 벽화야. 고분은 옛날 사람들의 무덤을 말하는 거고, 벽화는 벽이나 천장에 그린 그림을 말하는 거야. 그러니까 옛날 무덤 안에 그려져 있는 그림을 고분 벽화라 부르는 거지. 그런데 하다야, 왜 그렇게 속삭이니?"

“몰라요. 무덤이라고 생각하니깐 말이 이렇게 나와요. 근데 왜 무덤 벽에 그림을 그렸어요?”

“고구려 사람들은 사람이 죽으면 다음 세상에서도 살아 있을 때와 똑같은 삶을 이어 갈 거라고 생각했어. 그래서 다음 세상에서도 편하게 지내라는 마음을 담아 무덤 주인이 살던 집이나 그의 일상생활 모습, 혹은 노비들이나 생활 도구들을 그림으로 남긴 거야. 고구려 고분 벽화는 당시 사람들의 모습을 생생하게 보여 주고 있어서 아주 귀중한 자료로 평가받고 있어. 그림을 자세히 관찰해 보면 고구려 사람들이 어떻게 살았는지는 물론 어떤 생각을 했는지도

안악 3호분의
<부엌과 고기 창고>
황해남도 안악군에 있는 무덤으로 357년(고국원왕 27)에 만들어졌어. 높이 7m, 남북 길이 33m로, 위의 그림은 앞방의 동쪽 옆방에 그려져 있어.

알 수 있거든."

용선생은 몇 발자국 걸음을 옮기더니 한 벽화 앞에 멈췄다.

"어? 이건 집을 그린 것 같은데요?"

"응, 고구려 귀족이 살던 집이야. 왼쪽에 사람들도 있지? 여긴 무얼 하는 공간일까?"

용선생이 그림 한쪽을 가리켰다.

"음…… 큰 솥도 있고, 그릇도 있고…… 부엌 아닌가요?"

눈을 가늘게 뜨고 벽화를 열심히 들여다보던 나선애가 말했다.

"맞았어! 그런데 저 커다란 단지는 솥이 아니라 흙을 구워서 만든 시루야. 이 시루에 곡식을 넣고 수증기를 통해 쪄서 밥이나 떡을 해 먹는 거지. 이 그림이 그려졌을 때는 아직 철로 만든 솥이 생겨나기 전이었어. 철제 솥은 나중에 등장했는데, 시루보다 연료도 적게 들고 밥맛도 좋아지는 장점이 있었지."

"그럼 고구려 사람들도 쌀밥을 먹었어요?"

"당시 고구려에서는 쌀이 많이 나지 않았어. 그래서 쌀밥은 왕이나 귀족들만 먹을 수 있었고, 일반 백성들은 보통 보리밥이나 콩밥, 조밥 등을 먹었대."

"그런데 왜 여긴 짐승들을 주렁주렁 매달아 놓은 거예요?"

"그건 고기를 저장해 놓는 고기 창고를 그린 거야. 보시다시피 이곳에 돼지고기, 닭고기, 노루 고기, 꿩고기 등을 걸어 뒀지. 고구려 음식 중에는 고기를 양념에 재웠다 숯불에 구워 먹는 요리도 있었어. 이 음식을 '맥적'이라고 하는데, 얼마나 맛이 좋았던지 중국 사람들도 많이 찾았대."

"아, 그럼 맥적이 요즘 우리가 먹는 숯불 구이의 원조쯤 되겠네요? 아…… 숯불 구이 먹고 싶다. 김치랑 같이 집어서 한입에 쏙 집어넣으면……!"

장하다의 말에 다른 아이들까지 꼴깍 침을 삼켰다.

"참, 고구려 사람들도 김치를 먹었나요?"

"응. 그런데 지금처럼 빨갛고 매운 김치는 아니야. 아직 우리 땅에는 고추가 나지 않았거든. 이때는 채소를 소금에 절여서 김치를 담가 놓고 채소가 귀한 겨울철까지 먹었어. 고구려 사람들은 김치 뿐 아니라 다른 발효 식품도 만들어 먹었대. 콩을 이용해서 간장과 된장도 만들고, 젓갈도 만들어 먹었다지."

"숯불 구이도 먹고, 김치에 젓갈도 먹고, 생각보다 요즘 우리랑 비슷한 게 많네요!"

"그렇지? 이때 벌써 자가용도 있었는데 뭐."

"네? 그 옛날에 자동차가 있었다고요?"

왕수재가 화들짝 놀라자 용선생은 두 개의 바퀴가 달린 수레를 가리켰다.

"여기 있잖아! 바로 이 수레가 고구려 사람들의 자가용이란 말씀! 그렇다면 수레를 두 대씩이나 세워 둔 이 공간은 요즘으로 치면 주차장이겠지? 이 수레를 끈 것은 소와 말이었어. 고구려에서 수레는 대단히 중요한 교통수단이었어. 수레를 이용하면 힘들이지 않고 먼 거리를 갈 수 있을 뿐 아니라 많은 물건을 실어 나를 수도 있었으니까. 그래서 귀족들은 수레를 몇 대씩 갖고 있었고, 일반 백성들도 수레를 흔히 이용했지."

용선생은 아이들을 다음 벽화 쪽으로 이끌었다.

"이건 귀족이 손님을 맞아 대접하고 있는 모습이야. 오른쪽에 앉은 사람이 주인이고, 왼쪽에 있는 두 사람은 손님이지."

벽화를 유심히 보던 허영심이 이상하다는 듯 고개를 갸웃거렸다.

무용총의 〈접객도〉(복원)
주인이 손님을 맞이하는 모습을 그린 벽화야. 이 그림에도 역시 신분이 높은 주인과 손님은 크게, 시중드는 종들은 작게 그려 놨지? 이렇게 고구려의 무덤에 그려진 그림들은 당시 사람들의 삶과 생각을 생생히 전해 주는 귀중한 자료란다.

"이 두 사람도 남자 아니에요? 그런데 왜 치마를 입었지?"

"어라? 진짜네? 고구려 남자들은 치마를 입었어요?"

"오, 영심이가 눈이 밝구나. 그 사람들은 아마 승려일 거야."

"그럼 일반 사람들은 무슨 옷을 입었어요?"

"저고리와 바지를 입었어. 저고리는 엉덩이를 덮을 정도로 길었고, 허리에 띠를 매는 형태였어. 여자들은 대부분 바지 위에 치마를 덧입었는데, 가장 대표적인 것이 주름치마였대."

"치마만 입지 않고 왜요? 속에 바지까지 입으면 둔하고 답답할 텐데!"

허영심이 원피스 자락을 살랑 흔들며 물었다.

"농사를 짓거나 가축을 기르려면 많이 움직여야 하는데 치마만 입고 있으면 아무래도 좀 불편하지 않겠어? 게다가 고구려에서는 여자들도 말을 많이 탔기 때문에 항상 바지를 입고 다니는 게 편리했겠지. 고구려의 기후도 상관이 있었을 거야. 고구려는 겨울이 길

고 추운 북쪽 나라잖아. 그러니 치마만 입는 것보다는 바지 위에 치마를 입는 쪽이 더 따뜻했겠지. 그림을 보면 사람들이 의자에 앉아 있지? 그것도 추위 때문이었을 거야. 고구려 사람들은 의자에 앉아 식탁에서 밥도 먹고, 잘 때도 요가 아닌 침대 위에 누워 잤어. 바닥에서 올라오는 찬 기운을 피하느라 침대나 의자를 사용한 거지."

"그럼 방바닥이 차가웠던 거예요? 진짜 추웠겠다……."

영심이 안쓰러운 표정을 지었다.

"방바닥 전체를 덥히는 온돌은 없었지만 쪽구들을 이용해서 방을 덥히기는 했어. 방 한쪽에 흙으로 침대를 만들고 그 아래 아궁이에 불을 지피는 거야. 그럼 아궁이의 열기가 침대로 전해지면서 그 열기운이 오래도록 방을 덥혀 주었지. 자, 또 다음 벽화를 볼까?"

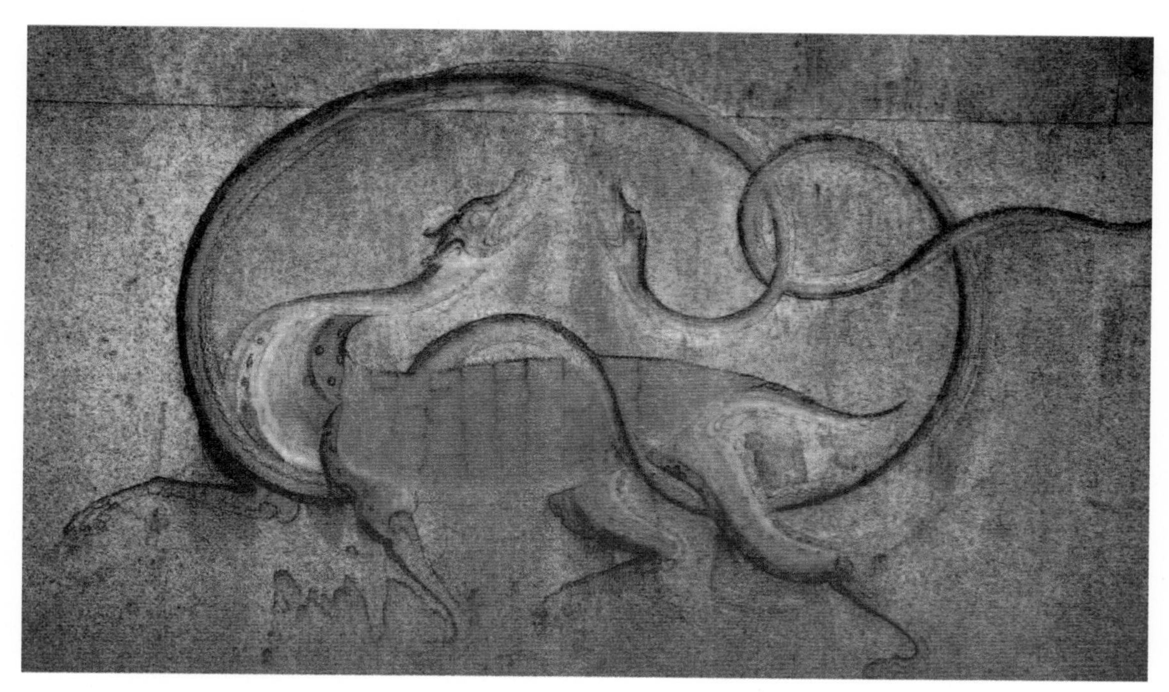

〈현무도〉 평안남도 강서군에 있는 강서대묘의 내부 북쪽 벽에 그려져 있어. 현무는 신령한 거북이를 뜻하는데, 북쪽을 지키는 수호신이지. 현무도는 거북이와 뱀이 뒤엉켜 있는 모습으로 자주 그려져 있단다.

"어머낫! 저 무섭게 생긴 동물들은 뭐에요?"

갑자기 등장한 동물들의 그림에 허영심이 적잖이 놀란 표정이었다.

"거북이와 뱀이란다."

"거북이와 뱀이 살아서 꿈틀거리는 것 같아요."

"그래, 고구려 사람들이 얼마나 그림을 세련되고 실감나게 잘 그렸는지를 보여 주는 대표적인 벽화란다."

"그런데 왜 하필 그 많은 동물 중에 거북이하고 뱀을 그렸어요?"

"거북이는 도교에서 방위신, 즉 동서남북 사방을 지키는 신의 하나거든. 너희들 좌청룡, 우백호라는 말 들어 봤니?"

“네! ‘왼쪽엔 청룡’, ‘오른쪽엔 백호’라는 뜻이죠?”

곽두기가 자신 있게 대답하자 용선생이 흐뭇한 미소를 지으며 설명을 이어 갔다.

“그래. 바로 그 좌청룡이 동쪽을 지키는 푸른 용, 우백호가 서쪽을 지키는 하얀 호랑이를 뜻하는 거란다. 옛날에는 임금님이 궁궐에서 남쪽을 바라보며 앉았기 때문에 동쪽을 왼쪽, 서쪽을 오른쪽이라고 부른 거란다.”

“그럼 남쪽과 북쪽을 지키는 동물은 뭐예요?”

“남쪽을 지키는 동물이 붉은 봉황인 주작, 북쪽을 지키는 동물이 너희들이 지금 보고 있는 신령스러운 거북이야.”

“선생님, 그런데 도교가 뭐예요?”

“도교는 중국에서 만들어진 종교인데, 늙지 않고 오래 살면서 현실에서 많은 복을 받고 사는 삶을 바라지. 너희들 옛날이야기에서 ‘신선’이라고 들어 봤지? 현실의 복잡한 인간 세상을 떠나, 산속 깊은 곳에서 자연과 벗하며 산다는 신비한 사람들 말야. 그런 신선들도 도교와 관련이 깊단다.”

“딱 제가 원하는 삶이네요. 저도 도교를 믿으며 신선처럼 자연과 벗하며 살고 싶어요.”

장하다가 신선을 흉내 내며 있지도 않은 수염을 쓰다듬는 시늉을 했다.

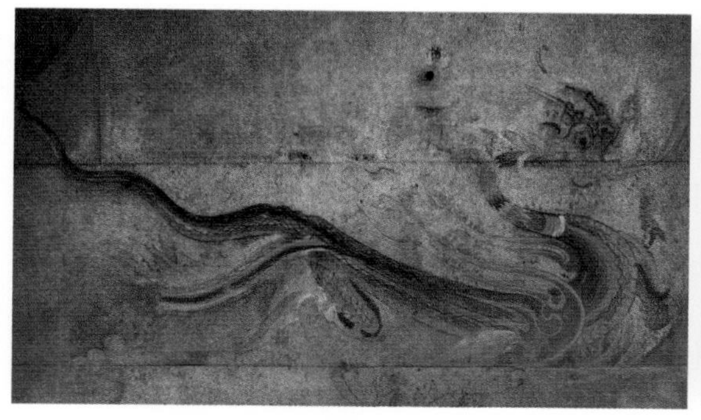

청룡도

백호도

주작도

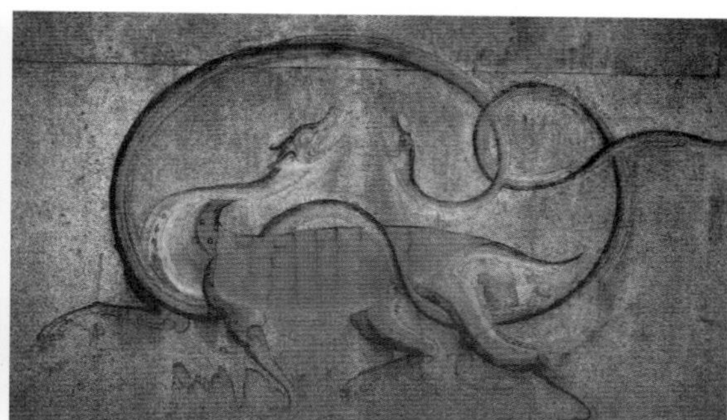

현무도

〈사신도〉 사신(四神)은 도교에서 동서남북 사방을 지키는 수호신이야. 강서대묘의 방 동쪽에는 청룡(푸른 용)이, 서쪽에는 백호(하얀 호랑이)가, 남쪽에는 주작(붉은 봉황)이, 북쪽에는 현무(신령한 거북이)가 그려져 있어.

"넌 지금도 신선처럼 살고 있잖니. 공부도 안 하고 맨날 놀러 다니면서."

용선생은 웃으며 아이들을 또 다른 문앞으로 데려갔다. 문 위에는 '백제관'이라는 팻말이 붙어 있었다.

무령왕릉에서 백제의 문화를 엿보다

문을 열고 들어가니 이번에는 천장이 둥근 아늑한 방이었다.

"이곳은 백제 25대 왕인 무령왕의 무덤 속과 똑같이 꾸며 놓은 곳이야. 흔히 '무령왕릉'이라고 불리는 무덤 말이야. 너희들, 무령왕이 어떤 왕이었는지 기억나니?"

"웅진으로 쫓겨 온 백제를 다시 일으킨 왕이요!"

들어가 보자!
무령왕릉

무령왕릉 복원 모형 충청남도 공주에 있는 무령왕릉을 복원한 거야. 벽돌을 하나씩 쌓아 올려 천장을 둥글게 만들었어.

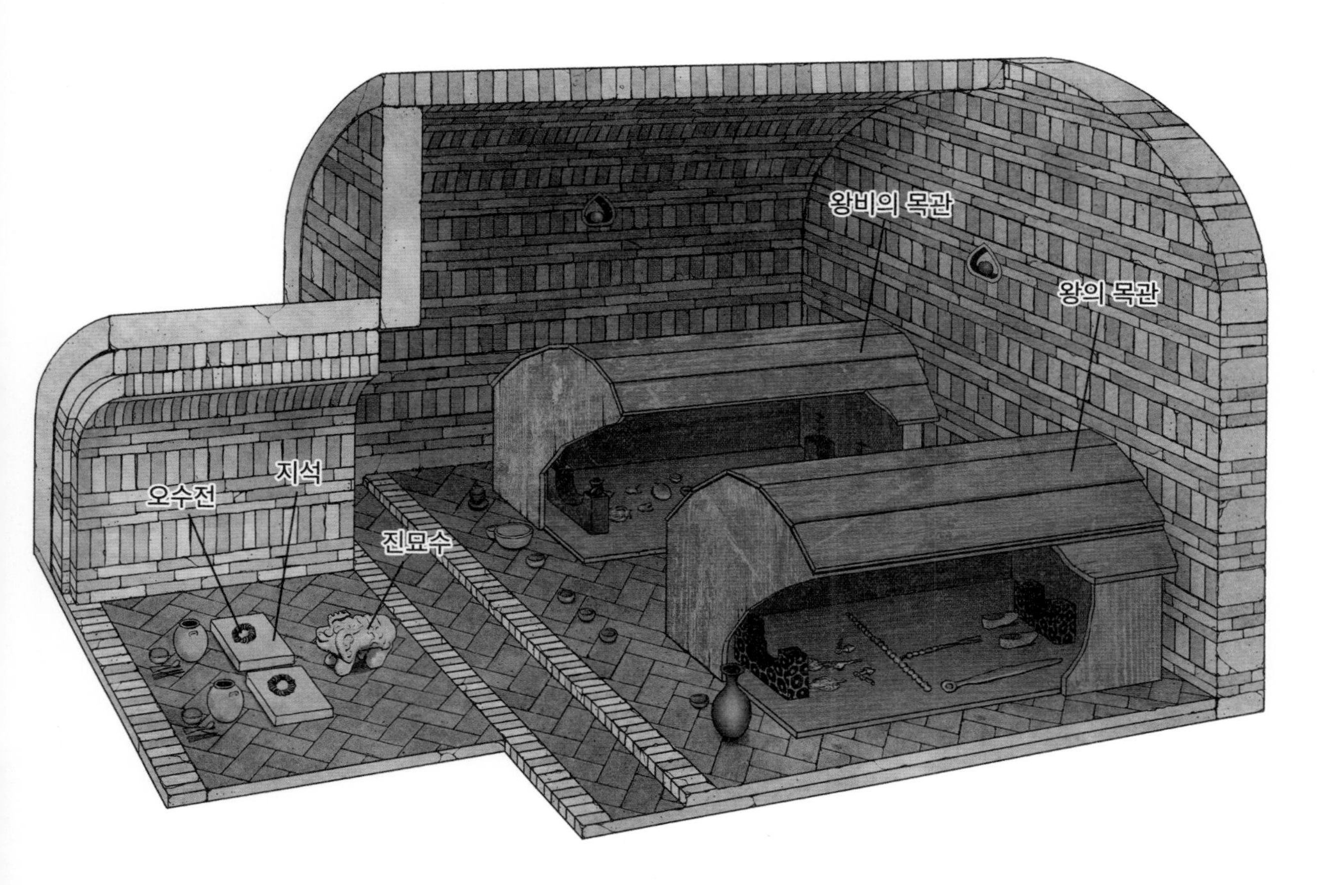

나선애가 재빨리 대답했다.

"그래, 맞아. 지금까지 우리나라에서는 수많은 고대 무덤들이 발견됐는데, 그 무덤에 묻힌 사람이 누구인지 정확히 알려진 경우는 별로 없어. 하지만 무령왕릉은 달라. 무덤 안에서 나온 지석에 무령왕과 왕비의 이름이 새겨져 있었거든."

아이들은 입을 헤벌린 채 주위를 두리번

지석 무덤으로 사용할 땅을 지신(地神)에게 사들였다는 내용을 새긴 돌판이야. 무령왕릉에서 왕과 왕비의 지석이 함께 발견되었어. 이 지석 덕분에 누가 묻혔는지, 언제 무덤을 만들었는지를 알 수 있어. 가로 41.5cm, 국립공주박물관 소장, 국보.

거렸다.

"이 유물들은 백제의 수준 높은 문화와 뛰어난 기술은 물론, 중국이나 일본과의 활발한 교류를 보여 주는 귀한 자료들이야. 그냥 작은 언덕처럼 보였기에 망정이지, 왕의 무덤이라는 사실이 알려졌다면 도둑들이 이 소중한 유물들을 가만 두지 않았을 거야."

용선생은 상상조차 하기 싫다는 듯, 고개를 설레설레 흔들었다.

"그럼 이 무덤을 어떻게 찾은 거예요?"

"웅진, 그러니까 지금의 공주에서는 꽤 오래전부터 백제의 무덤들이 여럿 발견되었어. 근데 발굴 과정에서 천장이 망가지는 바람에 큰비만 오면 무덤 안으로 물이 스며들곤 했지. 그래서 1971년 7월, 무덤 주변의 물길을 정돈하는 공사를 한 거야. 그 과정에서 우연히 무령왕릉 입구가 드러났지. 무령왕릉이 발견됐다는 소식은 당시 전국을 뒤흔들 정도로 엄청난 뉴스거리였어. 그 전에도 삼국 시대 왕릉으로 짐작되는 무덤이 발견된 적은 있었지만, 무령왕릉처럼 왕의 이름까지 뚜렷이 확인할 수 있는 건 처음이었거든."

무령왕릉 발굴 현장!

참고 영상

"생각만 해도 짜릿하다. 처음 발견한 사람은 얼마나 놀랐을까?"

무덤 안을 휘휘 둘러보던 허영심이 벽을 천천히 쓰다듬었다.

"어머, 이것 좀 봐! 그냥 돌이 아니라 꽃무늬가 새겨진 벽돌이야! 어떻게 이런 벽돌을 만들었지?"

"자세히 보면 벽돌의 종류도 여러 가지야. 모두 스물여덟 가지나

되지. 이 중에서 가장 많이 쓰인 벽돌은 금방 영심이가 본 연꽃무늬가 새겨진 벽돌이야. 옛날 무덤은 보통 내부를 돌로 쌓았는데, 무령왕릉은 특이하게도 수천 개의 벽돌로 쌓았어. 이런 형태의 벽돌과 무덤은 중국 양나라의 영향을 받은 거야."

그때 장하다의 눈에 특이한 물건이 들어왔다.

"어? 이게 뭐지? 돈인가?"

연꽃무늬 벽돌
벽돌 두 장을 합치면 하나의 연꽃무늬가 완성되도록 만들어졌어. 높이 32cm.

"맞아! '오수전'이란 건데, 중국 양나라에서 사용하던 화폐야. 원래 오수전은 구리로 만들었는데, 523년 구리가 부족해서 대신 철로 만들었다지. 그런데 무령왕릉에서 발견된 것도 철로 만들어진 것이고, 무령왕이 죽은 해도 523년이었어. 중국에서 돈을 만든 시기와 이 돈을 무령왕의 무덤에 넣은 시기가 그다지 차이가 안 난다는 건, 그만큼 중국 물건들이 백제로 전해지는 속도가 빨랐다는 뜻이겠지?"

오수전 무령왕릉에서 나온 화폐야. 무령왕의 죽음을 중국에 알리러 갔던 백제 사신이 가져왔을 것으로 추정하고 있어. 지름 2.4cm.

청자 항아리
무령왕릉에서는 중국 양나라에서 수입한 도자기가 9점이나 발견되었어. 이 청자 항아리도 그중 하나야. 당시 청자는 우리 기술로는 만들지 못했던 최고급품이었어.

진묘수 '무덤을 지키는 동물'이라는 뜻이야. 머리에는 뿔이 있고, 옆구리에는 날개가 있는 것으로 보아 상상 속의 동물 같아. 높이 30cm, 국립공주박물관 소장. 국보.

"백제 사람들도 신상품을 엄청 좋아했나 보죠?"

허영심의 말에 용선생이 흐흐 웃었다.

"그랬을지도 모르지. 자, 조금 더 안쪽으로 들어가 볼까?"

무덤 안쪽에는 기묘하게 생긴 짐승 조각과 도자기, 그릇들이 늘어서 있었고, 더 깊숙한 곳에는 두 개의 관이 놓여 있었다.

"이 짐승 조각은 '진묘수'라는 건데, 무덤을 지키라고 놓아둔 거야. 그리고 여기 있는 도자기와 그릇들은 중국 양나라에서 들여온 거고."

"선생님, 저거…… 관 맞죠? 왜 관이 두 개예요?"

곽두기가 조그만 목소리로 물었다.

"하나는 무령왕의 관이고, 다른 하나는 왕비의 관이야. 이 관은 '금송'이라는 나무로 만들어졌는데, 금송은 일본에서만 자라는 나무라고 해."

가시는 길 곱게 가시라고 일본에서 직수입한 나무로 관을 짰고요,
도둑 방지를 위해 세콤… 이 아니고 진묘수를 뒀습니다!
순금 장신구는 물론 메이드 인 차이나 명품 도자기까지…
좋노라! 좋아! 아주~ 좋아!

"아하, 그럼 일본에서 가져온 나무로 만든 거네요."

"그렇지. 이만하면 백제가 중국, 일본과 얼마나 활발하게 교류를 했는지 알 수 있겠지?"

갑자기 용선생이 관 뚜껑을 열자

영심과 두기가 나란히 "꺅" 소리를 질렀다. 하지만 뜻밖에 관 속에는 화려한 유물들이 가득했다. 그제야 안심한 영심이 관 앞으로 달려들었다.

"해골이 아니잖아? 으, 너무 아름다워요."

"이 유물들은 모두 무령왕릉에서 나온 거야."

아이들은 "와, 금으로 만든 신발이다", "나무로 만든 것도 있어", "이 팔찌랑 귀걸이 좀 봐" 하며 입을 다물지 못했다.

"백제 사람들은 다양한 재료를 이용해 섬세하면서도 세련된 작품들을 만들어 냈어. 그만큼 백제의 금속 공예 수준이 높았다는 뜻이지. 잠깐 이쪽으로 와 봐."

용선생이 아이들을 데려간 곳에는 커다란 향로가 놓여 있었다.

"우아! 이게 뭐예요? 희한하게 생겼네. 뭔가 엄청난 물건인 것 같

어쩜 좋아! 딱 내 취향이야!

역시 백제가 최고!

백제 금동 대향로 청동 위에 금을 입힌 큰 향로라는 뜻이야. 1993년 부여 능산리 옛 절터에서 진흙탕에 파묻힌 모습으로 발견되었어. 발견된 장소와 상태로 보아 급한 위기를 피하기 위해 임시로 땅에 묻어 두었던 것으로 짐작되고 있어. 높이 61.8cm, 무게 11.8kg, 국립부여박물관 소장. 국보.

무령왕릉의 유물들

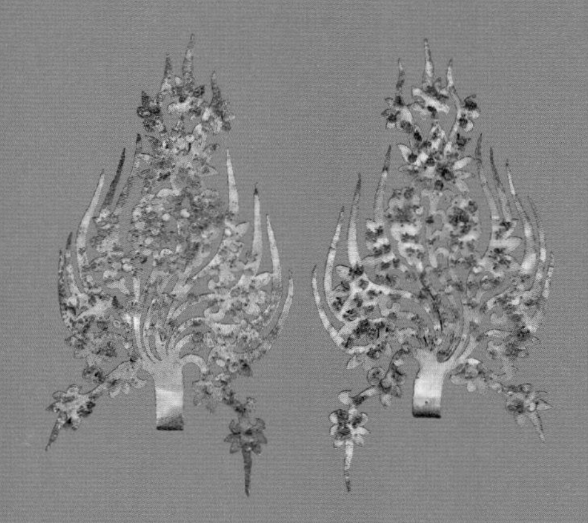

왕의 금제 관식 왕의 모자를 꾸미는 장신구야. 마치 불꽃이 하늘로 타오르는 것 같지? 높이 30.7cm, 국립공주박물관 소장. 국보.

왕비의 금제 관식 왕비의 모자를 꾸미는 장신구야. 왕의 것보다는 단순한 느낌이야. 높이 29.2cm, 국립중앙박물관 소장. 국보.

금제 귀걸이 동그란 고리에 두 줄의 화려한 장식이 달려 있어. 길이 8.8cm, 국립공주박물관 소장. 국보.

은팔찌 팔찌 안쪽에 경자년(520년)에 '다리'라는 장인이 왕비를 위해 만들었다는 글자가 새겨져 있어. 지름 14cm, 국립공주박물관 소장. 국보.

금제 뒤꽂이 머리 뒤에 꽂은 장신구야. 세 가닥 꼬리를 가진 제비가 날개를 활짝 편 모양이야. 길이는 18.4cm, 국립공주박물관 소장. 국보.

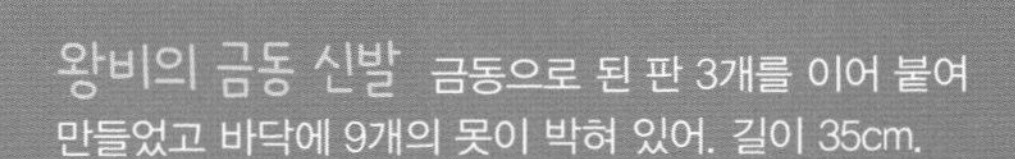

동탁 은잔 청동으로 만든 받침(탁)과 은으로 만든 잔 · 뚜껑으로 구성되어 있어. 높이 15cm.

왕의 발받침 나무를 사다리꼴 모양으로 만든 후 가운데를 W자로 다듬어 다리를 올릴 수 있게 한 받침이야. 높이 20cm, 가로 43.2cm, 국립공주박물관 소장. 국보.

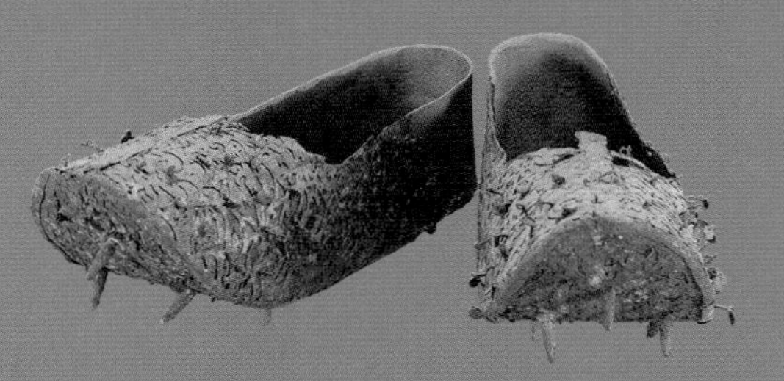

왕비의 금동 신발 금동으로 된 판 3개를 이어 붙여 만들었고 바닥에 9개의 못이 박혀 있어. 길이 35cm.

아요!"

아이들의 눈이 휘둥그레졌다.

"향을 피울 때 쓰는 향로야. 맨 꼭대기에 있는 것은 뚜껑 손잡이야. 봉황이 여의주를 품고 있는 모습이지. 그 아래는 뚜껑과 몸통. 꽃봉오리 모양을 하고 있지? 그리고 맨 아래는 받침이야. 자세히 보렴, 꿈틀거리는 용이 보이지? 그러니까 이 향로는 봉황이 앉아 있는 꽃봉오리를 용이 물고 있는 모습을 표현한 거야."

"근데 뚜껑에 새긴 건 뭐예요? 엄청 복잡해 보이는데……."

"맞아, 정말 복잡한 무늬야. 23개나 되는 산봉우리에 신선들, 피리와 북, 비파를 연주하는 사람들, 말을 타는 사람들, 또 봉황이며 용, 호랑이, 원숭이 등의 동물들……. 몸통도 마찬가지야. 꽃잎 표면에는 불사조와 물고기, 사슴, 학 등의 동물들이 조각되어 있어. 그리고 이 산봉우리 뒤와 봉황의 가슴에는 작은 구멍들이 나 있어서, 향을 피우면 이 구멍을 통해 연기가 피어오르도록 되어 있어."

"우아, 이런 걸 어떻게 만들었지?"

"호랑이 여기 있다! 원숭이도!"

용선생은 향로 앞에 붙어 떨어질 줄 모르는 아이들을 간신히 '신라관'으로 이끌었다.

신라, 눈부신 황금의 나라

신라관의 문을 열고 들어가자 이번에는 사방에 놓인 황금 유물들이 아이들의 눈을 잡아끌었다.

"어머! 온통 황금 천지잖아!"

"정말 화려하지? 신라 무덤에서는 금으로 만든 장신구들이 유독 많이 나왔어. 그래서 신라를 '황금의 나라'라고 부르기도 해."

반짝반짝 빛나는 금관 앞에서 왕수재와 장하다가 입을 떡 벌리고 서 있었다.

"고대에 만들어진 금관은 전 세계적으로도 아주 귀한 유물이야. 그 숫자가 많지 않거든. 그런데 신라의 수도였던 경주에서는 금관이 6개나 쏟아져 나왔어. 그러니 신라를 황금의 나라라고 부를 만도 하지?"

"아, 한 번만 머리에 써 보면 소원이 없겠다."

허영심이 중얼거리자 용선생은 헛기침을 했다.

"영심아, 미안하지만 저 금관은 머리에 썼던 게 아닌 것 같아. 얇게 편 금을 아주 가늘게 잘라서 만들었기 때문에 무척 약하거든. 무게도 1킬로그램이나 돼서 머리에 쓰기엔 너무 무거워."

"그럼 왜 만든 거예요?"

"아마 무덤 주인이 다음 세상에서 잘살기를 바라는 마음으로 무

신라의 금관

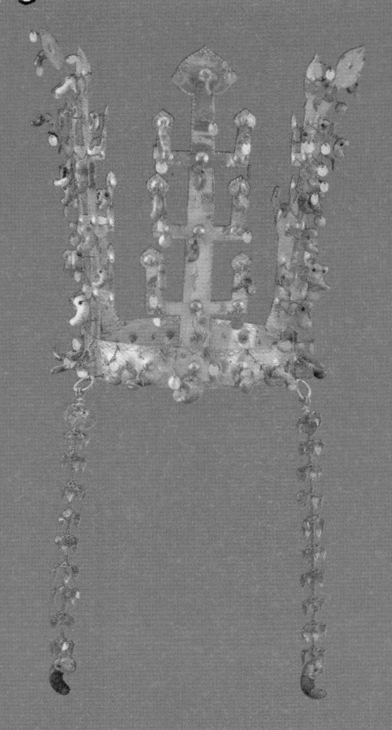

금관총 금관 1921년 주민이 집터를 파다가 우연히 발견했어. '금관이 나온 무덤'이라고 해서 '금관총'이라 불러. 높이 44.4㎝, 국립경주박물관 소장. 국보.

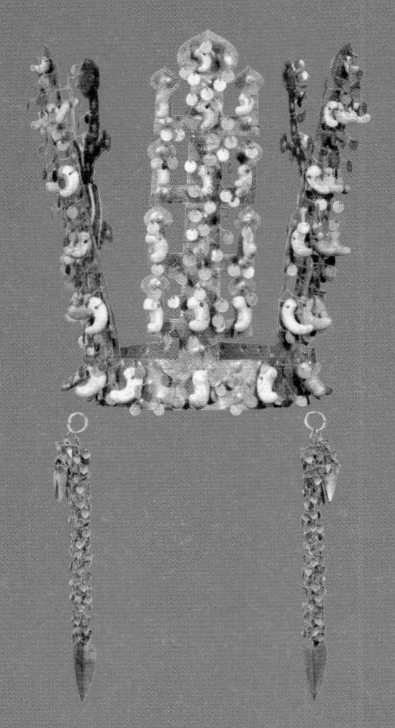

천마총 금관 천마총에서 나온 금관이야. 여느 금관들처럼 앞에는 나뭇가지처럼 생긴 장식(出 자형 장식)이 있고, 옆에는 사슴뿔처럼 생긴 장식이 있어. 높이 32.5㎝, 국립경주박물관 소장. 국보.

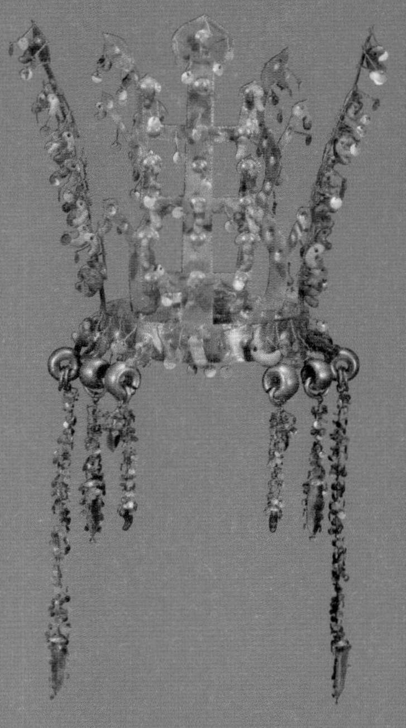

황남대총 금관 신라 무덤 중 가장 큰 황남대총에서 나온 금관이야. 반달 모양의 옥(굽은옥)이 유독 많이 달려 있어 무척 화려해. 높이 27.5㎝, 국립중앙박물관 소장. 국보.

덤 속에 넣어 준 부장품이었을 거야. 어떤 무덤에서는 금관을 마스크처럼 얼굴 전체에 감싼 시신이 발견됐어."

"드라마에서는 저 금관을 머리에 썼던 것 같은데……."

"그야 드라마니까. 하지만 왕이 머리에 썼던 거라고 주장하는 학자들도 있긴 해."

"그런데 여긴 벽화가 없네요?"

선애의 질문에 용선생은 "좋은 질문!" 하며 휘파람 소리를 냈다.

"신라의 무덤 구조가 고구려, 백제와는 조금 달랐기 때문이야. 고구려와 백제에서는 초기에 돌무지무덤을 만들었던 것 기억나니? 그런데 나중에는 두 나라 모두 무덤 모양이 굴식 돌방무덤으로 바뀌었단다. 굴식 돌방무덤은 무덤 안에 돌로 된 방을 만든 다음, 그 안에 관과 유물들을 놓아두었어. 고구려에서는 특히 무덤 안쪽 벽에 그림을 많이 그려 넣었고. 하지만 신라에서는 돌방을 만들지 않고 대신 나무판으로 상자를 만든 다음, 그 안에 관과 유물들을 넣었어. 그 나무 상자 위에 돌을 쌓은 뒤 다시 흙을 덮었지. 이런 무덤을 돌무지덧널무덤이라고 해. 이런 구조 덕분에 신라 무덤은 상대적으로 무덤 도둑들의 손을 덜 탔어. 유물을 훔쳐 가려면 흙을 파내고 돌을 모두 치워야 하는데 그 힘든 일을 어떻게 하겠어?"

"어라? 선생님! 근데 여기 벽화가 있는데요?"

두기의 말에 아이들이 일제히 고개를 돌렸다. 그곳에는 하늘을

날고 있는 듯한 하얀 말 그림이 걸려 있었다.

"그건 벽화가 아니라 말다래에 그려진 그림이야."

"네? 말다래요?"

"말다래는 말을 타고 있는 사람의 옷에 흙이 튀지 않도록 안장 양쪽으로 늘어뜨린 가리개를 말하는 거야. 이 그림은 천마도라고 하는데, 자작나무 껍질에 그린 거야. 예전에는 이 동물을 '말'이라고 생각했기 때문에 천마도란 이름을 붙였어. 근데 최근에는 말이 아니라 '기린'이라고 주장하는 사람들도 많아."

"기린이 이렇게 목이 짧아요? 아닌 것 같은데……."

"그 기린 말고 다른 기린도 있거든. 용이나 봉황과 같은 상상 속의 동물이지. 어쨌건, 이 동물이 말이건 기린이건 상관없이 이 천마도의 역사적 가치는 어마어마하게 커. 신라 그림 중에서 지금까지 제대로 남아 있는 것은 거의 없거든."

〈천마도〉 입에서 기운을 내뿜고 갈기를 휘날리는 동물의 모습이 하늘을 나는 말 같다고 해서 '천마도'라 하고, 무덤의 이름도 '천마총'이라고 붙였어. 가로 75cm, 세로 53cm. 국립경주박물관 소장. 국보.

용선생과 아이들은 반짝거리는 금 장신구가 잔뜩 진열된 곳으로 자리를 옮겼다.

"어머, 예뻐라! 신라 여자들은 너무 좋았겠다!"

영심의 얼굴은 부러움으로 가득했다.

"영심아, 이 장신구들은 여자들만을

신라의 여러 장신구

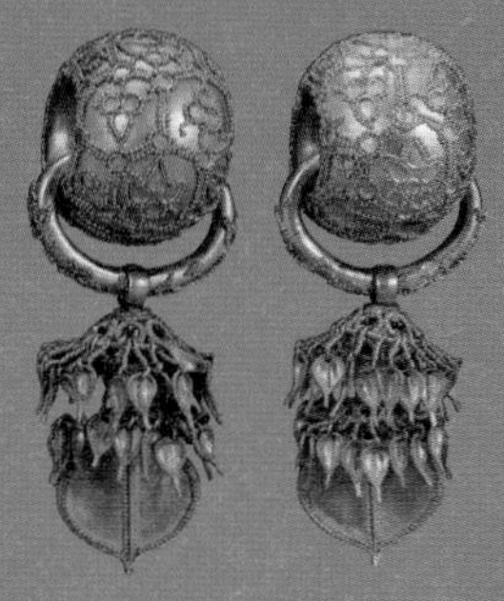

굵은 고리 귀걸이 경주 부부총에서 발견되었어. 귀걸이 아래쪽에 하트 모양의 화려한 장식들이 매달려 있어. 길이 8.7cm, 국립중앙박물관 소장. 국보.

천마총 금제 허리띠 가죽이나 비단으로 만든 긴 띠에 금으로 된 작고 얇은 판들을 붙여서 만들었어. 허리띠에는 굽은옥, 물고기, 칼 등의 모양을 한 장식품이 매달려 있지. 길이 125cm, 국립경주박물관 소장. 국보.

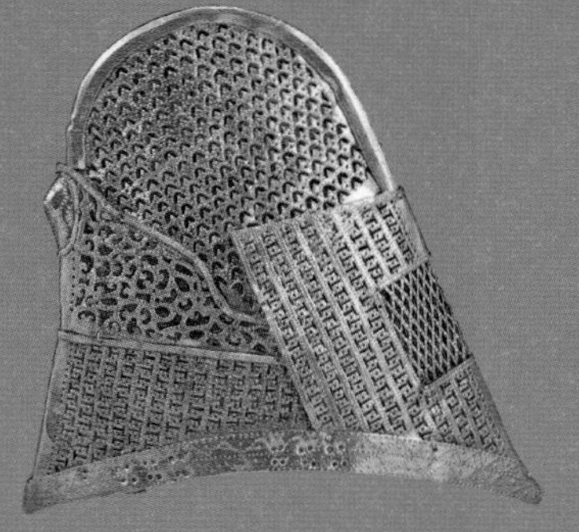

천마총 관모 관 안에 쓰는 금으로 만든 모자야. 높이 16cm, 국립경주박물관 소장. 국보.

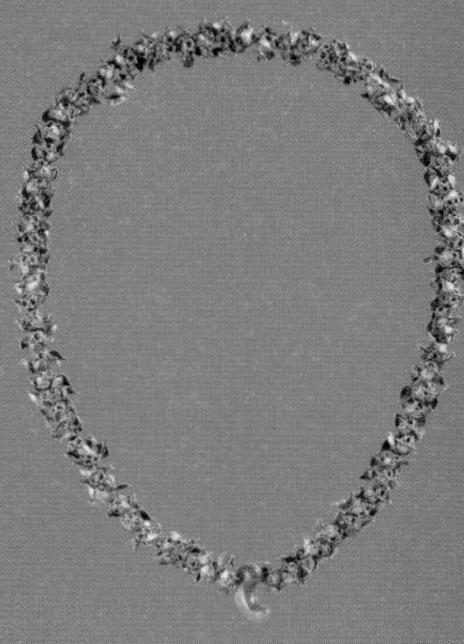

경주 노서동 금팔찌 경주 노서동에 있는 무덤에서 발견되었어. 오돌토돌한 돌기가 59개나 있고 그 옆에는 용 4마리가 조각되어 있어. 지름 8cm, 국립중앙박물관 소장. 보물.

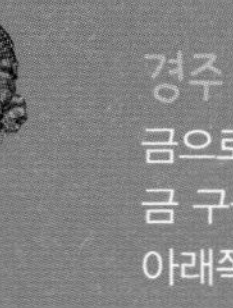

경주 노서동 금목걸이 금으로 된 고리를 연결해 금 구슬 70여 개를 만들고, 아래쪽에는 푸른빛의 옥을 달았어. 길이 30.3cm, 국립중앙박물관 소장. 보물.

금동 신발 바닥 신발 바닥에 동물무늬가 빼곡히 장식되어 있어. 신발이 나왔다고 해서 무덤 이름을 식리총(신발 무덤)이라고 붙였어. 길이 32cm.

금관총 금제 관식 금관총 금관과 함께 발견되었어. 두 갈래로 된 긴 새날개 모양으로, 모자 위에 꽂아 장식했어. 높이 45cm, 국립경주박물관 소장. 국보.

가는 고리 귀걸이 경주 금령총에서 발견되었어. 귀걸이 연결 부위와 하트 모양 장식 가운데에 푸른빛이 도는 옥이 박혀 있어.

위한 게 아니었을 거야. 금으로 만든 장신구는 귀족들만 가질 수 있는 귀한 물건이었기 때문에 남녀 상관없이 자신의 지위와 신분을 드러내기 위해 착용했을 가능성이 커."

"어쩜, 신발, 허리띠, 모자까지 없는 게 없어요."

"그렇지? 삼국 중에서도 신라의 금 장신구가 가장 다양하고 화려해. 자, 그럼 또 다음 장소로 이동해 보자고!"

"조금만 더 보면 안 돼요?"

용선생은 진열대에서 떨어지지 않으려는 허영심을 질질 끄며 '불교관'으로 향했다.

삼국 문화의 키워드, 불교

"이번엔 고구려, 백제, 신라에서 고루 찾아볼 수 있는 불교문화야! 세 나라 모두 불교를 널리 퍼뜨리기 위해 수많은 절을 지었고, 이렇게 불상과 탑도 많이 만들었어. 불상은 원래 부처님의 모습을 담은 그림이나 조각을 뜻하는 말이었는데, 나중에는 불교와 관련된 모든 조각들을 불상이라고 부르게 됐어. 그리고 탑은 부처님의 사리나 귀한 보물을 모셔 놓은 건축물을 말하는 거야. 불상과 탑은 물론 불교를 믿는 사람들이 예배를 드리는 대상이지. 자, 그럼 이

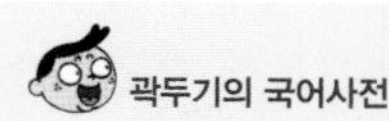

사리
석가모니의 시신을 화장할 때 나온 딱딱한 물질을 '사리'라 부르기 시작했어. 참된 수행을 한 사람의 몸에서 생겨나는 구슬 모양의 유골이야.

제 하나씩 살펴볼까?"

용선생이 아이들을 불상 앞으로 이끌었다.

"이건 고구려의 대표적인 불상인데, 이름은 '금동 연가 7년명 여래 입상'이야."

"어휴, 무슨 이름이 이렇게 길고 어려워요?"

장하다가 어지럽다는 듯 머리카락을 움켜쥐었다.

"그래, 좀 어렵지? 하지만 규칙만 알면 훨씬 쉽게 이해할 수 있어. 불상 이름은 규칙에 따라서 짓도록 되어 있거든. 이름의 제일 첫 부분에는 어떤 재료로 만들었는지 쓰고, 그 다음에는 부처님 이름을 써. 불교에서는 석가모니 부처, 아미타 부처, 미륵 부처 등 부처님이 여러 분 있거든. 그리고 마지막엔 부처님이 어떤 자세를 취하고 있는지 쓰는 거야. 즉, '금동 연가 7년명 여래 입상'은 '연가 7년이라는 연도가 새겨져 있는, 금동으로 만든 부처님의 서있는 조각상'이라는 뜻이지. '연가 7년'은 불상 뒤에 다른 글씨와 함께 새겨져 있단다."

금동 연가 7년명 여래 입상 고구려 불상인데, 옛 신라 땅인 경상남도 의령에서 발견되었어. 갸름한 얼굴의 부처님이 양손을 위아래로 꺾어 손바닥을 보이고 있어. 높이 16.2cm, 국립중앙박물관 소장. 국보.

아이들의 눈이 불상 뒤쪽으로 향했다.

"오호…… 그런 규칙이 있었군요!"

초간단! 불상 이름 짓기				
(재료) +	(부처 이름) +	(자세)	=	(이름)
(금동) +	(여래) +	(서 있음)	=	(금동 여래 입상)
(금동) +	(미륵보살) +	(오른쪽 다리를 왼쪽 다리에 걸치고 앉아 생각하고 있음)	=	(금동 미륵보살 반가 사유상)

왕수재가 공책에 열심히 받아 적으며 고개를 끄덕였다.

"자, 이제 백제의 불상을 볼까?"

"이건 부처님이 셋이네요?"

"응, 그래서 이름이 서산 용현리 마애 여래 삼존상이야. 서산 용현리는 지역 이름이고, '마애'는 바위벽에 새겼다는 뜻이야. 그리고 '삼존상'은 세 부처님을 모신 조각이라는 뜻이지."

"부처님 볼이 아기처럼 통통해요."

곽두기가 눈을 깜빡이며 말했다.

"그래서 이 불상을 두고 '백제의 미소'라고 부르기도 해. 정말 편안하고 푸근하지 않니? 이 불상은 신기하게도 햇빛이 비치는 각도에 따라 웃는 표정이 조금씩 달라진대."

"어? 이 불상은 다리를 꼬고 있네?"

서산 용현리 마애 여래 삼존상 충청남도 서산에 있는 가야산 바위에 조각되어 있어. 최대 높이 2.8m, 국보.

"이건 '금동 미륵보살 반가 사유상'이야. '반가'는 한쪽 다리를 다른 쪽 다리에 걸치고 앉은 자세를 말해. 보통은 오른쪽 다리를 왼쪽 다리에 걸치지. 그리고 '사유'는 생각한다는 뜻이야. 그러니까 '금동으로 만든 미륵보살이 오른쪽 다리를 왼쪽 다리에 걸치고 앉아 깊이 생각하는 모습의 조각상'이라는 뜻이야."

"그럼 난 '장하다 반가 사유상' 할래요."

장하다가 선 채로 불상을 흉내 내다 비틀비틀거리자 왕수재가 낄낄거렸다.

"불상은 무슨? 넌 그냥 벌 받는 것 같아."

"이제 탑을 살펴볼까? 삼국 시대 탑은 나무나 돌로 만들었지. 나무로 만든 것 중에 대표적인 탑이 바로 신라의 황룡사 구층 목탑이야."

용선생은 높이 솟아 있는 탑을 가리켰

금동 미륵보살 반가 사유상 은은한 미소를 띤 채 깊은 생각에 잠긴 부처님의 모습이 참 인상적이지? 높이 90.8cm. 국립중앙박물관 소장. 국보.

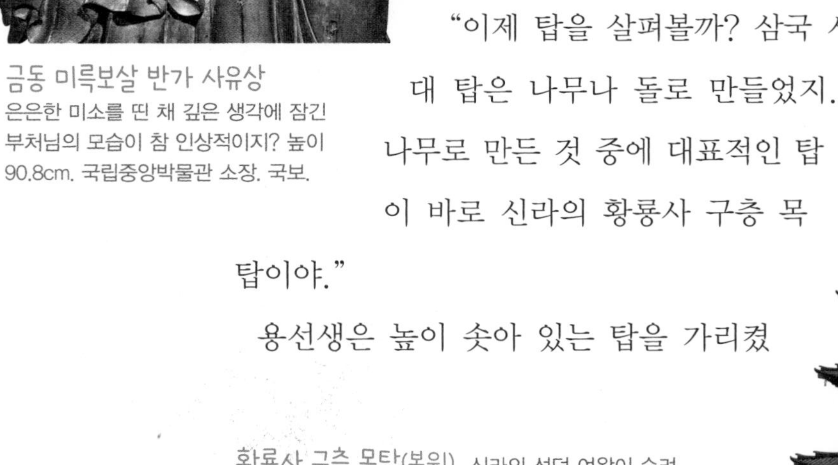

황룡사 구층 목탑(복원) 신라의 선덕 여왕이 승려 자장의 건의를 받아들여 세운 탑이야. 9개의 층은 각각 왜, 중국, 말갈 등 신라 주변의 아홉 나라를 상징하는데, 이 나라들이 모두 신라로 항복해 오기를 바라면서 만들었대.

다.

"황룡사 구층 목탑은 실제 높이가 거의 80미터 정도였대. 1층에는 불상을 모셨고, 9층까지 계단을 통해 올라갈 수 있었다고 해."

"그 옛날에 80미터나요? 신라 사람들은 금관만 잘 만든 게 아니었군요!"

나선애가 탑을 올려다보며 감탄했다.

"사실 이 탑은 신라인들의 힘만으로 만든 게 아니라 백제의 유명한 기술자인 아비지를 초청해서 만든 거야. 한마디로 신라와 백제의 합작품이라 할 수 있지."

"실제로 보면 정말 어마어마하겠네요."

장하다 역시 입을 헤벌린 채 탑을 위아래로 훑어보았다.

"아쉽게도 실제로 볼 수 있는 방법은 없어. 고려 시대 때 몽골군의 침입으로 불타고 말았거든. 이렇게 나무로 만든 탑은 불에 약하다는 단점이 있었기 때문에 삼국은 점차 탑을 돌로 만들기 시작했지."

용선생은 조금 떨어진 곳에 서 있는 두 개의 석탑을 가리켰다.

"앞에 있는 것이 현재 남아 있

실제로 보면 얼마나 클까?

미륵사지 석탑(복원)
백제 무왕 때 세워진 탑으로 전라북도 익산에 있어. 원래 동탑과 서탑이 있었는데 동탑은 1993년에 9층으로 복원했고, 서탑은 2018년에 복원을 완료했어. 서탑 안에서 금동으로 만든 사리 항아리, 절을 세운 이유와 연도가 적힌 금동판 등이 발견됐어. 높이 14.2m. 모두 국보.

정림사지 오층 석탑 충청남도 부여에 있어. '정림사'는 고려 때 지어진 절의 이름이야. 백제 때 지어진 절의 이름은 아직 알 수 없어. 높이 8.33m. 국보.

는 석탑 중에서 가장 크고 오래된 미륵사지 석탑이야. 원래는 백제의 '미륵사'라는 절에 있던 탑인데 절은 없어지고 이 탑만 남았어. 그래서 '터'라는 뜻의 한자 '지(址)'를 붙여서 '미륵사지 석탑'이라고 부르게 된 거야."

"선생님, 뒤에 있는 석탑은 모양이 좀 달라요."

"그렇지? 이 탑은 정림사지 오층 석탑이야. 조금 전에 말했던 미륵사지 석탑과 마찬가지로, '정림사'라는 절의 터에 탑만 남아 있어. 미륵사지 석탑에 비해 크기는 작지만 균형감이 있고 안정되어 보이기 때문에 백제를 대표하는 탑으로 꼽히지. 정림사지 오층 석탑은 이후 우리나라의 석탑 양식에 큰 영향을 미쳤단다."

백제탑의 가슴 아픈 이야기!

"그럼 고구려와 신라에서도 석탑을 만들었나요?"

"물론이지. 하지만 안타깝게도 고구려 사람들이 만든 석탑은 남아 있지 않단다. 지금까지 남아 있는 신라 석탑 중에 가장 오래된 석탑을 소개하마. 분황사 모전석탑이란다."

"좀 독특하게 생겼어요. 벽돌을 쌓아서 만든 것 같아요!"

"그래, 하지만 자세히 보면 흙을 구워서 만든 벽돌이 아니야. 그냥

분황사 모전석탑 경주에 있는 신라 시대의 모전석탑이야. 원래는 훨씬 높았을 텐데, 지금은 3층까지만 남아 있어. 언뜻 보면 벽돌을 쌓아 올려 만든 것 같은데, 자세히 보면 돌을 다듬어 벽돌처럼 만든 거야. 1층 네 면 중앙에 문이 뚫려 있고 문 양쪽마다 불교의 수호신인 인왕상이 지키고 서 있어. 높이 9.3m. 국보.

용선생 현장 강의

모전석탑 한 바퀴!

돌을 벽돌처럼 깎아서 만든 거란다. 벽돌을 한자로 전(塼)이라고 하는데, 벽돌을 모방해서 만든 탑이라 모전석탑이라고 부르는 거란다."

설명을 마친 용선생이 두 팔을 비틀어 올리며 크게 기지개를 켰다. 아이들도 덩달아 허리며 어깨를 비틀었다.

"영심아, 아까 오는 길에 오늘 기대가 아주 크다고 했었지? 삼국 시대 유물들을 둘러보고 나니 어때?"

"어떻긴요! 끝내줘요! 세 나라 모두 제가 생각했던 것보다 훨씬 더 대단한 나라들이었던 것 같아요."

 삼국, 다른 나라와 문화를 주고받다

"그럼, 그럼! 대단하니까 저 멀리 중국, 서역과 교류도 하고 일본에까지 문화적으로 영향을 줬겠지. 당시 삼국은 중국을 비롯한 다른 여러 나라들과 활발하게 문화 교류를 했단다. 특히 중국의 문화는 삼국의 건축, 음악, 고분 양식 등에 큰 영향을 주었지. 고구려의 왕산악은 중국의 악기를 개조해서 거문고를 만들기도 했고, 고구려

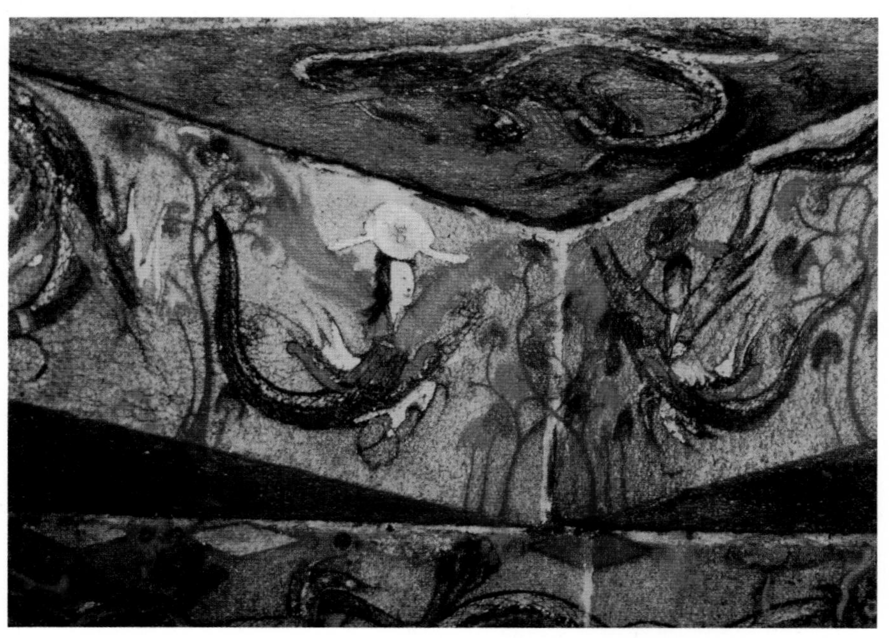

〈해신과 달신〉 오회분 4호묘(중국 지린성 지안시)에 그려져 있어. 왼쪽 여자신은 해를, 오른쪽 남자신은 달을 들고 있어. 이 두 신은 중국 신화에 등장하는 신들로 보기도 하고, 고구려에서 믿고 있었던 해신과 달신으로 보기도 해.

고분 벽화에는 중국 신화에 등장하는 신이나 동물이 새겨져 있기도 하단다. 백제의 토성에서는 중국식 토기가 자주 발견되기도 하고, 무령왕릉도 중국 무덤 양식의 영향을 받았다는 얘기는 이미 했지?"

"서역은 어디인가요?"

"옛날에는 중국보다 서쪽에 있는 나라들을 서역이라고 불렀어. 중국도 가까운 거리는 아니었는데, 서역은 한참 더 먼 거리였지. 그런데도 고구려 고분 벽화에는 서역 사람처럼 생긴 인물이 그려져 있고, 우즈베키스탄의 궁전 벽화에는 고구려에서 보낸 사신이 그려져 있기도 하단다. 신라 고분에서는 페르시아-로마 계통의 유리

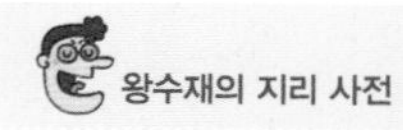

서역
중국인들이 중국의 서쪽 지역을 뭉뚱그려서 말할 때 사용하던 단어야. 구체적으로는 중국 신장 지역, 인도, 중앙아시아, 페르시아, 아라비아 등을 가리키는 말이지.

각저총의 〈씨름도〉 중국 지린성 지안시에 있는 각저총에 그려져 있어. 두 사람이 대결을 펼치고 있는데, 오른쪽 사람은 눈이 부리부리하고 코가 큰 걸로 봐서 서역인으로 추정돼.

아프라시압 궁전 벽화(복원) 우즈베키스탄 공화국의 사마르칸트시에 있어. 새 깃털을 모자에 꽂고 칼을 찬 고구려 사신들의 모습이 그려져 있어. 당나라의 공격으로 위기에 처한 고구려가 중앙아시아의 나라들과 동맹을 맺기 위해 보낸 사신으로 보여.

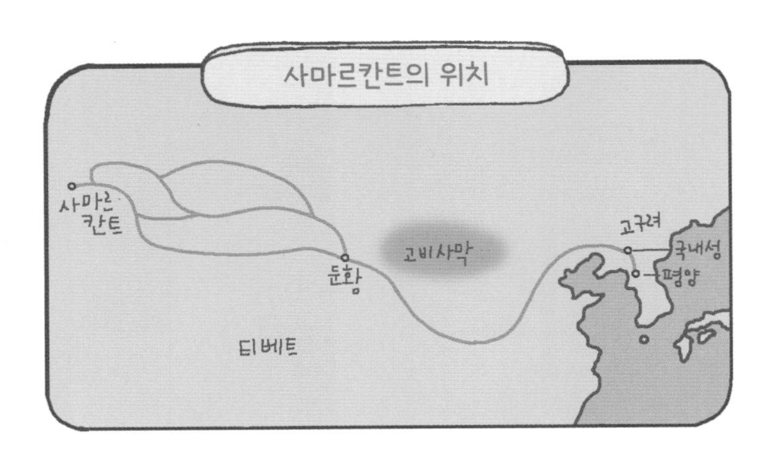

그릇, 금으로 장식한 귀한 칼, 상감 유리구슬 등이 나오기도 했어. 이를 통해 고구려와 신라가 서역과 활발히 교류하고 있었다는 사실을 알 수 있지."

"우아, 신라에서 페르시아 계통의 유리그릇이 발견됐다니 신기해요!"

"그렇다보니 일본은 발달된 삼국의 문화를 전해 받고 싶어 했고, 삼국은 일본에 문화와 기술을 전해 주곤 했단다. 고구려 승려나 백

제의 신하가 일본 태자의 스승이 되기도 하고, 신라는 배 만드는 기술과 둑 쌓는 기술을 전해 줬지. 특히 백제는 일본과 잦은 교류를 하면서 불상이나 절, 탑을 만드는 기술을 고스란히 전해 줬어. 자, 그럼 슬슬 돌아가 볼까나…….”

밖으로 나가는 문을 열어젖히던 용선생이 별안간 문을 다시 닫아 버렸다.

“어? 선생님, 왜요? 안 나가요?”

“저기 얘들아! 우리 여기서 좀만 놀다 갈까? 그러니까…… 평소

서역에서 온 유리그릇들
황남대총에서 나온 유리그릇들이야. 페르시아나 로마에서 만든 것으로 추정하고 있어. 페르시아는 현재의 이란 지역이야. 모양도 색상도 무늬도 제각각이지? 지금 사용해도 손색없을 만큼 세련되고 아름다워. 국립중앙박물관 · 국립경주박물관 소장. 국보.

다카마쓰 고분 벽화의 여인들(오른쪽) 일본 나라현 다카마쓰 고분에 그려져 있는 벽화야. 여인들의 생김새나 주름치마 등이 왼쪽의 고구려 수산리 고분 벽화(복원)에 그려진 그림과 비슷한 점이 많아. 고구려의 고분 벽화 그리는 솜씨가 일본에까지 영향을 준 것이지.

일본에서 찾은 고구려 문화

에 못 나눈 이야기도 다정하게 나누고, 저 유물들도 다시 구경하고. 어때, 좋지?"

용선생의 뚱딴지같은 소리에 아이들은 서로 얼굴을 마주 보았다.

"선생님, 우리한테 숨기시는 거 있죠?"

"이번엔 또 뭡니까!"

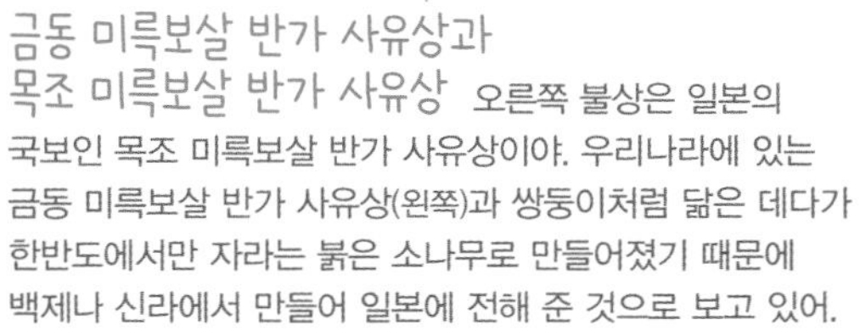

금동 미륵보살 반가 사유상과 목조 미륵보살 반가 사유상 오른쪽 불상은 일본의 국보인 목조 미륵보살 반가 사유상이야. 우리나라에 있는 금동 미륵보살 반가 사유상(왼쪽)과 쌍둥이처럼 닮은 데다가 한반도에서만 자라는 붉은 소나무로 만들어졌기 때문에 백제나 신라에서 만들어 일본에 전해 준 것으로 보고 있어.

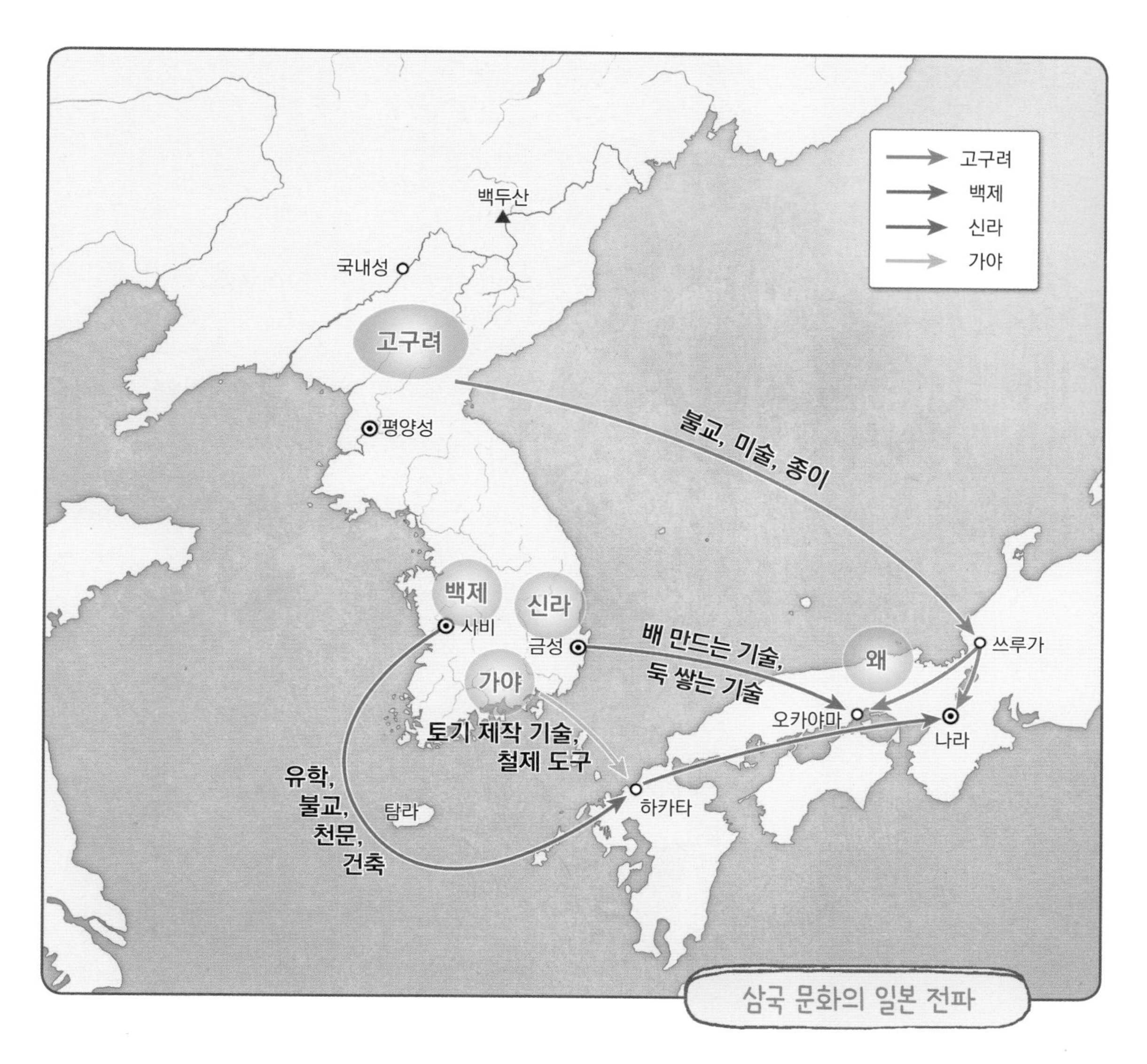

삼국 문화의 일본 전파

"그게…… 실은 이 박물관이 아직 개장 안 한 곳이거든. 지금은 경비 아저씨가 없는 시간이라고 해서 왔더니…… 어휴, 어느새 와서 저 밖에 떡 버티고 있네? 우리가 너무 오래 있었나 봐."

"네? 그럼 어떻게 해요?"

"계속 이대로 무덤 속에 있자고요?"

"그건 싫어! 그냥 나가면 되잖아요? 나, 나갈래!"

흥분한 아이들이 문으로 몰려들자 용선생이 온몸을 던져 문고리를 붙들고 늘어졌다.

"안 돼, 얘들아! 잘못하면 이 선생님이 경비 아저씨한테 크게 혼날지도 몰라. 조금만 참아 주라, 응? 응? 얘들아아~!"

용선생의 애타는 목소리가 넓은 전시실 구석구석에 천천히 울려 퍼졌다.

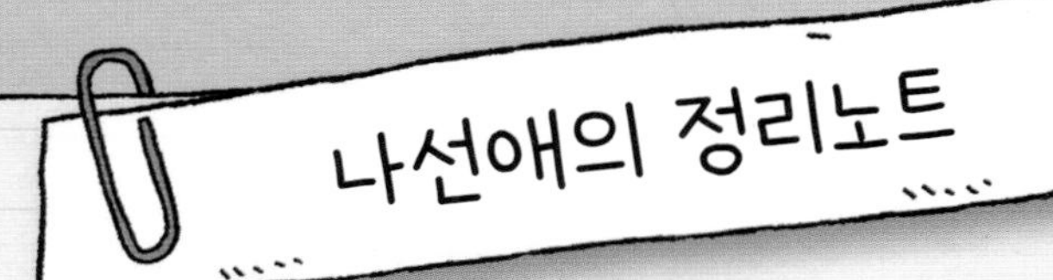

1. 고분 벽화를 통해 본 고구려 사람들의 생활

음식	초기에는 시루, 후기에는 철제 솥을 사용함 김치, 된장 등 발효 식품이 유명함
교통	수레를 주로 이용함(소와 말이 끌었음)
옷	남녀 모두 저고리와 바지를 입음 (여자는 바지 위에 치마를 덧입음)
주거	입식 생활을 함(난방은 '쪽구들')

2. 백제 문화의 보물 창고, 무령왕릉

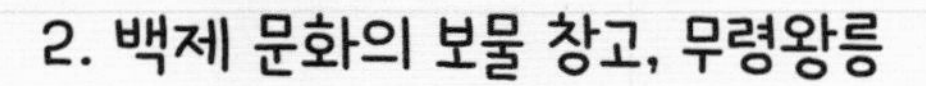

- 지석 ⟶ 무덤의 주인을 알 수 있음
- 벽돌로 만든 무덤 ⟶ 중국 양나라의 영향을 받음
- 왕과 왕비의 관 ⟶ 일본과 활발히 교류했음을 보여 줌
- 각종 장신구 ⟶ 금속 공예 수준이 높았음을 보여 줌

3. 황금의 나라, 신라

- 금관 ⟶ 6개의 화려한 금관이 발견됨
- 무덤 구조 ⟶ 나무 상자 위에 돌과 흙을 쌓는 형식 → 그래서 도굴 ×

4. 삼국의 주요 불교 문화유산

	고구려	백제	신라
불상	금동 연가 7년명 여래 입상	서산 용현리 마애 여래 삼존상	
탑		미륵사지 석탑, 정림사지 오층 석탑	분황사 모전석탑, 황룡사 구층 목탑(아비지)

http://cafe.naver.com/yongyong

용선생의 역사 카페

역사계의 슈퍼스타,
용선생의 역사 카페에
오신 걸 환영합니다

Log in

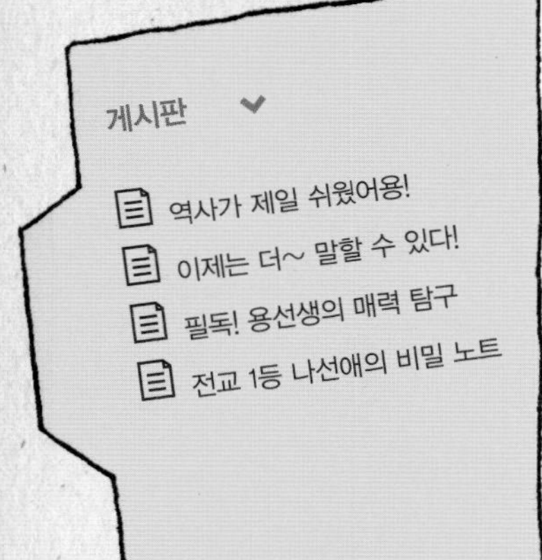

삼국 시대 여성들은 어떻게 살았을까?

지금 못지않게 삼국 시대 여성들은 집 안팎에서 많은 경제 활동을 했어. 먼저 여성들은 남성들과 함께 농사일을 했지. 소를 끌고 밭을 가는 것처럼 힘쓰는 일은 남성들이 했지만 씨를 뿌리거나 다 익은 곡식을 거두는 일은 여성들도 함께 했어. 특히 전쟁이 자주 일어났던 삼국 시대에는 남자들이 싸우러 가거나 성을 쌓으러 가는 경우가 많아서, 여성들은 남자들이 하던 농사일까지 도맡아야 했어.

농사짓기와 달리, 집에서 틈틈이 했던 옷감 만들기는 오직 여성들만의 몫이었어. 신석기 시대부터 시작된 여성들의 옷감 만들기는 삼국 시대 들어 더욱 중요해져서 명주, 베 등 여러 가지 옷감을 집에서 만들었어. 이렇게 만든 옷감으로 가족들의 옷을 직접 지었는데, 중국 사람들이 신라인을 가리켜 '부인을 얻어야만 옷을 입을 수 있다'고 할 정도로 여성들의 옷감 생산은 매우 활발했대.

게다가 여성들이 만든 옷감은 화폐 역할도 했어. 물건을 사거나 나라에 세금을 낼 때 옷감을 사용했던 거야. 그러다 보니 여성들이 옷감을 만드는 일은 단지 한 집안의 문제가 아니라 나라 살림에도 큰 영향을 미치는 일이 되었어. 그래서 나라에서는 옷감을 더욱 많이 생산하도록 권장했고, 귀족 여성이나 왕비도 이 일에 참여했다고 해. 특히 신라에서는 전문적인 여성 기술자들을 모아서 옷감을 생산하는 관청을 운영하기도 했대.

집안일뿐만 아니라 농사를 거들고 옷감을 만드는 등 다양한 활동을 한 옛날 여성들, 슈퍼우먼이라고 불러도 괜찮겠지?

대안리 1호분의 〈베틀 앞의 여인〉

COMMENTS

허영심 : 옷감 만드는 방법 좀 알려 주세요. 저도 만들어 입고 싶어요!

↳ 용선생 : 삼베의 경우 삼을 재배한다→삼을 삶아 하나하나씩 껍질을 벗긴다→햇볕에 말렸다가 하나하나씩 가늘게, 고르게 짼다→가늘게 짼 삼을 한 가닥씩 한 가닥씩 이어 실로 만든다. 참고로, 한 소쿠리 분량의 실을 잇는 데 꼬박 하루가 걸린다는 것만 알아 둬~!

↳ 허영심 : 어이쿠 T.T

한국사 퀴즈 달인을 찾아라!

01 ★☆☆☆☆

역사반 아이들이 고구려 수산리 고분 벽화 앞에서 이야기를 나누고 있어. 뚱딴지같은 소리를 하고 있는 사람은 누굴까? (　　　　)

① 귀족 부인이 시종을 거느리고 곡예를 보고 있어.

② 일본의 영향을 받아서 그려진 벽화야.

③ 지금의 삶이 죽어서도 지속되리라는 믿음이 있었던 거야.

④ 양산을 받쳐 든 젊은 시녀는 귀족 부인보다 훨씬 작게 그려져 있어.

02 ★★☆☆☆

여긴 백제관인데 고구려 유물이 하나 있네. 한번 찾아볼까? (　　　　)

① 정림사지 오층 석탑

② 금동 대향로

③ 금동 연가 7년명 여래 입상

④ 진묘수

도착!

03 ★★★☆☆

역사반 아이들이 삼국 문화 사진전을 열었어. 근데 어느 나라 것인지 표시를 안 했네. 대신 적어 줄래?

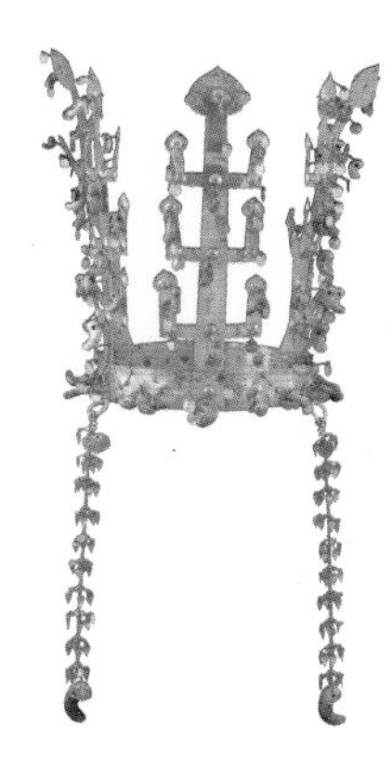

금관총 금관
(　　　　　)

서산 용현리 마애 여래 삼존상
(　　　　　)

무용총 벽화
(　　　　　)

황룡사 구층 목탑
(　　　　　)

04 ★★★★★

아이들이 삼국의 문화유산에 대해 이야기를 나누고 있어. 다음 대화를 통해 알 수 있는 것은 무엇일까? (　　　　)

> 영심: 아프라시압 궁전 벽화에는 고구려 사신으로 보이는 인물들이 그려져 있어.
>
> 하다: 일본의 국보인 목조 미륵보살 반가 사유상은 우리나라의 금동 미륵보살 반가 사유상과 쌍둥이처럼 닮았어.
>
> 두기: 신라 고분에서 페르시아 · 로마 계통의 알록달록한 유리그릇이 나왔어.

① 신라는 그릇을 만드는 기술이 없었다.

② 서역으로 삼국의 사람들이 가지는 못했다.

③ 고구려는 일본과 교류하지 않았다.

④ 삼국은 다른 나라들과 다양한 문화를 주고받았다.

• 정답은 274쪽에서 확인하세요!

교과서에 나오는 한국사–세계사 연표

한국사

1년	**3년**	유리왕이 수도를 국내성으로 옮기다
	22년	대무신왕이 부여를 공격하여 대소왕을 죽이다
	42년	김수로가 금관가야를 세우다
	48년	김수로와 허황옥이 결혼하다
100년	**191년**	고국천왕이 을파소를 국상으로 임명하다
	194년	고국천왕이 진대법을 실시하다
200년	**260년**	고이왕이 공복제를 실시하다
300년	**313년**	고구려가 낙랑군을 무너뜨리다
	369년	근초고왕이 마한을 정복하다
	371년	근초고왕이 평양성을 공격하다
	372년	소수림왕이 불교를 받아들이고 태학을 세우다
400년	**400년**	광개토 대왕이 왜를 물리치다
	404년	광개토 대왕이 후연과의 전쟁에서 승리해 요동 일대를 차지하다
	427년	장수왕이 수도를 평양으로 옮기다
	433년	신라와 백제가 동맹을 맺다
	475년	장수왕이 한강 유역을 손에 넣고, 백제는 웅진으로 수도를 옮기다.
500년	**503년**	지증왕이 나라 이름을 신라로 정하다
	512년	신라 이사부가 우산국을 정벌하다
	520년	법흥왕이 율령을 반포하다
	522년	대가야가 신라와 결혼 동맹을 맺다
	527년	이차돈의 순교로 신라가 불교를 받아들이다
	538년	백제 성왕이 사비로 도읍을 옮기다
	553년	신라가 한강 유역을 차지하다
	562년	신라가 대가야를 정복하다
	598년	수나라 문제가 고구려로 쳐들어오다
600년	**612년**	을지문덕이 살수에서 수나라 군대를 크게 무찌르다
	642년	연개소문이 권력을 잡다
	645년	당나라가 고구려로 쳐들어오다
	648년	김춘추가 당나라 태종을 만나다
	660년	백제가 멸망하다
	668년	고구려가 멸망하다
	676년	신라가 삼국을 통일하다
	681년	신문왕이 왕위에 오르다
	685년	9주 5소경이 정비되다
	689년	신문왕이 녹읍을 폐지하다
	698년	대조영이 발해를 건국하다

가야의 기마 인물형 토기

고구려 고분 벽화 〈접객도〉

금동 연가 7년명 여래 입상

무령왕릉의 진묘수

신라의 금제 허리띠

백제 금동 대향로

금관총 금관

세계사

1년	**25년**	후한이 세워지다
	31년경	예수가 십자가형을 받다
	45년	인도에서 쿠샨 왕조가 세워지다
	64년	로마의 네로 황제가 기독교를 박해하기 시작하다
	79년	화산이 폭발하여 폼페이가 화산재에 묻히다
100년	**105년경**	중국에서 종이를 발명하다
	166년	로마의 사절단이 한나라를 방문하다
	184년	중국에서 황건적의 난이 일어나다
200년	**220년**	한나라가 멸망하고 세 나라(위나라 • 촉나라 • 오나라)가 경쟁하다
	226년	사산 왕조 페르시아가 세워지다
	280년	진(晋)나라가 중국을 통일하다
300년	**313년**	로마에서 기독교를 공식적으로 받아들이다
	316년	중국에서 5호 16국이 우후죽순으로 생겨나다
	320년	인도에서 굽타 왕조가 북인도를 통일하다
	375년	흉노족을 피해 게르만족이 이동하다
	395년	로마 제국이 동로마, 서로마로 갈라지다
400년	**400년경**	아프리카에서 가나 왕국이 세워지다
	439년	중국에서 남북조 시대(북쪽엔 이민족 국가, 남쪽엔 한족 국가)가 시작되다
	476년	서로마 제국이 게르만족에 의해 멸망하다
	486년	게르만족의 일파인 프랑크족이 프랑크 왕국을 세우다
	496년	프랑크 왕국의 클로비스가 가톨릭으로 개종하다
500년	**529년**	유스티니아누스 법전이 만들어지다
	550년경	마야 문명이 전성기를 누리다
	589년	수나라가 약 370년 만에 중국을 통일하다
600년	**610년**	무함마드가 이슬람교를 창시하다
	618년	이연이 당나라를 건국하다
	622년	무함마드가 신자들을 이끌고 메카에서 메디나로 도피하다(헤지라 원년)
	628년	당나라가 중국을 통일하다
	629년	당나라 승려 현장이 인도 여행길에 오르다
	638년	이슬람교도들이 예루살렘을 정복하다
	645년	일본에서 다이카개신(大化改新)이 일어나다
	661년	우마이야 제국이 세워지다
	687년	피핀 2세가 프랑크 왕국의 권력을 차지하다
	690년	측천무후가 당나라의 황제 자리에 오르다

기독교를 공인한 로마 황제 콘스탄티누스

마야 문명의 달력

측천무후

찾아보기

참고문헌

도록

《겨레와 함께 한 쌀》, 국립중앙박물관, 2000

《국립공주박물관》, 국립공주박물관, 2010

《국립광주박물관》, 국립광주박물관, 2010

《국립김해박물관》, 국립김해박물관, 1998

《국립민속박물관》, 국립민속박물관, 1997

《국립부여박물관》, 국립부여박물관, 1997

《국립중앙박물관 100선》, 국립중앙박물관, 2006

《국립중앙박물관》, 국립중앙박물관, 2000

《낙랑》, 국립중앙박물관, 솔, 2001

《북한의 문화재와 문화 유적》, 서울대학교출판부, 2002

《조선유적유물도감》, 조선유적유물도감편찬위원회, 1988~1996

교과서

초등학교 5학년 2학기 **《사회》**, 2015

초등학교 5학년 2학기 **《사회》**, 2019

초등학교 6학년 1학기 **《사회》**, 2016

초등학교 **《사회과부도》**, 2019

주진오 외, **《중학교 역사(상)》**, 천재교육, 2016

주진오 외, **《고등학교 한국사》**, 천재교육, 2016

한철호 외, **《고등학교 한국사》**, 미래엔컬처그룹, 2016

책

강봉룡 외, **《뿌리 깊은 한국사 샘이 깊은 이야기 02 통일신라 · 발해》**, 솔, 2016

강영환, **《집의 사회사》**, 웅진출판사, 1992

강종훈, **《아! 그렇구나 우리 역사 04 백제》**, 여유당출판사, 2005

국립중앙박물관, **《황남대총》**, 국립중앙박물관, 2010

김기홍, **《천년의 왕국 신라》**, 창비, 2000

김부식, **《삼국사기》**, 한길사, 1998

김영수, **《역사를 훔친 첩자》**, 김영사, 2006

김정완 외, **《가야》**, 국립중앙박물관, 2006

김태식, **《미완의 문명 7백년 가야사》**, 푸른역사, 2002

나희라, **《아! 그렇구나 우리 역사 05 신라 · 가야》**, 여유당출판사, 2005

류희경, **《우리 옷 이천 년》**, 미술문화, 2008

박창범, **《하늘에 새긴 우리역사》**, 김영사, 2002

박천수, **《새로 쓰는 고대 한일교섭사》**, 사회평론, 2007

서의식 외, **《뿌리 깊은 한국사 샘이 깊은 이야기 01 고조선 · 삼국》**, 솔, 2015

아틀라스 한국사 편찬위원회, **《아틀라스 한국사》**, 사계절출판사, 2004

안휘준, **《청출어람의 한국미술》**, 사회평론, 2010

여호규, **《아! 그렇구나 우리 역사 03 고구려》**, 여유당출판사, 2005

역사비평 편집위원회, **《논쟁으로 읽는 한국사 1》**, 역사비평사, 2009

역사신문편찬위원회, **《역사신문 1》**, 사계절출판사, 1995

이도흠, **《신라인의 마음으로 삼국유사를 읽는다》**, 푸른역사, 2000

이선복, **《고고학 이야기》**, 뿌리와이파리, 2005

이종욱, **《민족인가, 국가인가?》**, 소나무, 2006

이종욱, **《한국의 초기국가》**, 아르케, 1999

이희준, **《신라 고고학 연구》**, 사회평론, 2007

일연, **《삼국유사》**, 을유문화사, 1994

임기환, **《고구려 정치사 연구》**, 한나래, 2004

임용한, **《난세에 길을 찾다》**, 시공사, 2009

임용한, **《전쟁과 역사: 삼국편》**, 혜안, 2001

전국역사교사모임 외, **《마주 보는 한일사 1》**, 사계절출판사, 2006

전국역사교사모임, **《살아있는 한국사 교과서 1》**, 휴머니스트, 2012

전용신, **《일본서기》**, 일지사, 2002

정동찬, **《살아있는 신화 바위그림》**, 혜안, 1995

조유전, **《발굴 이야기》**, 대원사, 1996

지상현, **《한국인의 마음》**, 사회평론, 2011

진정환 외, **《석조미술》**, 국립중앙박물관, 2006

최선주 외, **《불교조각》**, 국립중앙박물관, 2007

최응천 외, **《금속공예》**, 국립중앙박물관, 2007

최형철, **《박물관 속의 한국사》**, 휴머니스트, 2007

한국고고학회, **《계층 사회와 지배자의 출현》**, 사회평론, 2007

한국고고학회, **《한국 고고학 강의》**, 사회평론, 2010

한국사연구회, **《새로운 한국사 길잡이 上》**, 지식산업사, 2008

한국사특강편찬위원회, **《한국사특강》**, 서울대학교출판부, 2008

한국생활사박물관 편찬위원회, **《한국생활사박물관 03 고구려생활관》**, 사계절출판사, 2001

한국생활사박물관 편찬위원회, **《한국생활사박물관 04 백제생활관》**, 사계절출판사, 2001

한국생활사박물관 편찬위원회, **《한국생활사박물관 05 신라생활관》**, 사계절출판사, 2001

한국생활사박물관 편찬위원회, **《한국생활사박물관 06 발해 · 가야생활관》**, 사계절출판사, 2002

한국역사연구회 고대사 분과, **《고대로부터의 통신》**, 푸른역사, 2004

한국역사연구회, **《삼국시대 사람들은 어떻게 살았을까》**, 청년사, 2005

한영우, **《다시 찾는 우리역사 1》** 경세원, 2010

사진 제공

21 새무늬 청동기(국립김해박물관) / **22** 쌍영총의 고구려 무사(국립중앙박물관) / **24** 압록강 유역의 고구려 무덤(최종택) / **26** 장군총(북앤포토), 석촌동 3호분(문화재청) / **27** 경주 나정(북앤포토) / **29** 경주 계림(북앤포토) / **32** 구지봉석(북앤포토) / **44** 오녀산성(시몽포토), 경주 월성 · 서울시 풍납동 토성(연합뉴스) / **49** 해 뚫음무늬 금동 장식(《조선유적유물도감》) / **56** 청동 자루솥(국립중앙박물관), 몽촌토성(시몽포토), 그릇받침(서울대박물관) / **58** 말모양 청동 허리띠 장식(국립중앙박물관) / **62** 백제의 뼈 갑옷(서울대박물관) / **63** 흑유 닭모양 항아리(공주대학교박물관), 양모양 청자(국립춘천박물관) / **65** 계양산성 목간(선문대 고고연구소) / **66** 칠지도(시몽포토) / **79** 충주 고구려비(시몽포토) / **81** 불꽃 뚫음무늬 금동관(《조선유적유물도감》) / **85** 안악 3호분의 〈행렬도〉(복원)(박진호) / **88** 글씨가 있는 청동 그릇 · 글씨가 있는 은합(국립중앙박물관) / **92** 고구려 중장기병(국립중앙박물관) / **93** 기병 신발(복원)과 신발 바닥(시몽포토) / **96** 안학궁 터(홍기승) / **101** 연천 호로고루(경기도청) / **102** 백제의 바둑판과 바둑알(시몽포토) / **103** 아차산 제4보루의 부엌(사계절출판사) / **104** 광개토 대왕릉비의 옛날 모습(시몽포토), 현재 모습(북앤포토) / **105** 집안 고구려비(한국고대사학회) / **112** 충주 고구려비(PIXTA) / **113** 충주 탑평리 칠층 석탑(충주시청) / **114** 탄금대와 남한강(충주시청), 탄금대 공원 팔천 고혼 위령탑(한국향토문화전자대전/한국학중앙연구원) / **115** 수안보 온천에 몸을 담근 사람들(충주시청), 사과 따기 체험을 하는 아이(충주시청) / **120** 용봉무늬 환두대도(국립공주박물관) / **122** 포항 냉수리 신라비(북앤포토) / **123** 은으로 만든 잔(국립중앙박물관), 금으로 만든 굽다리 접시(국립중앙박물관) / **127** 토우 붙은 항아리(국립경주박물관) / **132** 이차돈 순교비(국립경주박물관) / **135** 부여 궁남지(연합뉴스), 산수무늬 벽돌(국립중앙박물관) / **137** 삼년산성(시몽포토), 백제 창왕명 석조 사리감(국립부여박물관) / **138** 황룡사 복원도(박진호) / **140** 기마 인물형 토기(국립중앙박물관) / **141** 신라 갑옷 · 팔뚝가리개 · 봉황무늬 환두대도(국립경주박물관), 금제 환두대도(삼성미술관 Leeum) / **147** 임신서기석(국립중앙박물관) / **150** 공산성의 성곽(한국관광공사_공공누리제1유형) / **151** 마곡사 대광보전과 5층 석탑(별별여행), 공주 밤(연합뉴스), 밤 파이(베이커리 밤마을) / **152** 백마강과 유람선(뜨래마루 미디어) / **153** 궁남지(부여군청_공공누리 제1유형), 가림성 사랑나무(부여군청_공공누리 제3유형) / **160** 말 머리 가리개(국립중앙박물관), 판갑옷 · 갑옷과 투구(국립김해박물관) / **161** 금제 허리띠 장식(국립중앙박물관), 덩이쇠(국립김해박물관) / **162** 통형동기 · 청동 솥 · 회오리 방패 장식(국립김해박물관), 일본 토기(동아대박물관) / **164** 수로왕릉(북앤포토) / **165** 가야 무덤 속의 토기(연합뉴스), 집모양 토기(국립중앙박물관), 짚신모양 잔(국립경주박물관), 바퀴 달린 잔(국립중앙박물관), 오리모양 토기 · 원통형 그릇받침(국립김해박물관), 굽다리 접시(국립김해박물관) / **166** 나룻배모양 토기(삼성미술관 리움) / **168** 가야 금동관(국립중앙박물관), 고령 지산동 고분군(북앤포토) / **169** 대왕명 토기(충남대박물관) / **172** 기마 인물형 토기(국립경주박물관) / **174** 집모양 토기(호암미술관) / **176** 가야금(쇼소인) / **191** 순장 당한 가야 소녀(북앤포토) / **192** 수산리 고분 벽화(복원)(사계절) / **199** 금동 대접(국립중앙박물관), 장식 빗(삼성미술관 리움), 집모양 토기 · 주철 빗(국립경주박물관) / **202** 고구려 귀족들이 살던 건물(성균관대학교 대동문화연구원) / **205** 삼국 시대의 농기구(국립중앙박물관) / **208** 논 유적에서 발견된 소 발자국(창원대박물관) / **210** 무용총의 〈무용도〉(북앤포토) / **218** 남산신성비(제1비)(국립경주박물관) / **219** 물동이를 진 토우 · 사랑하는 사람을 잃고 슬퍼하는 토우(국립중앙박물관) / **228** 안악 3호분의 〈부엌과 고기 창고〉(사계절출판사) / **231** 무용총의 〈접객도〉(복원)(사계절출판사) / **233** 〈현무도〉(북앤포토) / **236** 무령왕릉 복원 모형(시공미디어) / **237** 지석(국립중앙박물관) / **239** 연꽃무늬 벽돌 · 오수전 · 청자 항아리(국립공주박물관) / **240** 진묘수(국립중앙박물관) / **241** 백제 금동 대향로(국립부여박물관) / **242** 왕의 금제 관식 · 왕비의 금제 관식 · 금제 귀걸이 · 금제 뒤꽂이 · 은팔찌 · 동탁 은잔 · 왕의 발받침 · 왕비의 금동 신발(국립공주박물관) / **245** 금관총 금관 · 천마총 금관 · 황남대총 금관(국립경주박물관) / **247** 〈천마도〉(시몽포토) / **248** 천마총 금제 허리띠 · 굵은고리 귀걸이 · 천마총 관모 · 경주 노서동 금팔찌 · 경주 노서동 금목걸이(국립경주박물관), 금동 신발 바닥(국립중앙박물관), 금관총 금제 관식(국립경주박물관), 가는 고리 귀걸이(국립중앙박물관) / **250** 금동 연가 7년명 여래 입상(국립중앙박물관) / **252** 금동 미륵보살 반가사유상(국립중앙박물관), 황룡사 9층 목탑(복원)(박진호) / **253** 미륵사지 석탑(복원)(시몽포토), 사리 항아리와 금동판(국립문화재연구원) / **255** 분황사 모전석탑(북앤포토) / **256** 〈해신과 달신〉(북앤포토) / **257** 각저총의 〈씨름도〉(북앤포토) / **259** 서역에서 온 유리그릇들(국립중앙박물관) / **260** 다카마쓰 고분 벽화의 여인들(오른쪽)(북앤포토)

정답

1교시

01 고구려, 백제, 신라
02 주몽, 온조, 박혁거세
03 ④
04 ②
05 ③

2교시

01 ① 석촌동 3호분
② 칠지도
③ 풍납토성
02 ①
03 ① 고이왕 / ② 근초고왕 / ③ 온조왕
04 ①
05 ④

3교시

01 ⓐ 장수왕 / ⓑ 소수림왕 / ⓒ 광개토 대왕
ⓓ 주몽
02 ③
03 ②
04 ③

4교시

01 ④
02 ④
03 ③
04 ①

5교시

01 ①
02 ②
03 ②
04 광개토 대왕
05 ④

6교시

01 평민 / 노비 / 귀족
02 ④
03 골품제 / 성골 / 진골 / 6두품
04 ③
05 ④

7교시

01 ②
02 ③
03 신라 / 백제 / 고구려 / 신라
04 ④